Thomas F. Klein

Wege zu den Kelten

Thomas F. Klein

Wege zu den Kelten

100 Ausflüge in die Vergangenheit

THEISS

Bibliografische Information Der Deutschen Bibliothek
Die Deutsche Bibliothek verzeichnet diese Publikation in der Deutschen Nationalbibliografie; detaillierte bibliografische Daten sind im Internet über http://dnb.ddb.de abrufbar.

Umschlaggestaltung: Neil McBeath, Stuttgart, unter Verwendung von Abbildungen aus dem Württembergischen Landesmuseum Stuttgart (janusköpfiges Pfeilerbildwerk aus Holzgerlingen), von O. Braasch, Landshut (Ipf bei Bopfingen, Luftaufnahme) sowie aus dem Band (S. 27, 39, 74, 145 und 185).

Lektorat: extratour, Barbara Locher, Neuenbürg
Satz und Gestaltung: DOPPELPUNKT Auch&Grätzbach GbR, Leonberg
Druck und Bindung: Druckerei Uhl, Radolfzell
ISBN 3-8062-1840-4

Inhalt

Kleine Vorschau auf eine große Zeitreise

„Das Beste, was wir von der Geschichte haben, ist der Enthusiasmus, den sie erregt.“

Johann Wolfgang von Goethe

Es begann mit ein paar Spaten, klapprigen Fahrrädern und geliehenen Militärzelten. Als 1950 Archäologen mit bescheidensten Mitteln daran gingen, die „Heuneburg“ an der oberen Donau zu ergraben, war noch kaum absehbar, um welch großartiges Kapitel einige Jahre später die Frühgeschichte bereichert sein würde. In mühsamer, am Ende von drei Wissenschaftler-Generationen geleisteter Arbeit konnte der Nachweis einer über Jahrhunderte genutzten Siedlung erbracht werden, die alles bislang Bekannte übertraf. Niemand hätte bis dato vermutet, dass die erste „Stadt“ Deutschlands keine römische Gründung war, sondern eine „keltische“ aus der Zeit vor rund 2600 Jahren. Hier lebten begabte Handwerker, deren Erzeugnisse gegen Luxusgüter etruskischer oder griechischer Herkunft eingetauscht wurden. Eine reich und mächtig gewordene Oberschicht ließ gar nach mediterranem Vorbild eine Lehmziegelmauer um die Heuneburg errichten. Die Pracht fand ihre Fortsetzung im Tod. Unter gewaltigen, mit kostbaren Grabbeigaben versehenen Hügeln bestattete man die Stadtherren. Die höchste Aufschüttung, genannt „Hohmichele“, gilt mit über 13 Metern als größte Europas.

Im Unterschied zu Römern und Germanen wusste man von frühen Kelten – ungeachtet vereinzelter, unzureichend geborgener Grabfunde – vor Beginn der Heuneburg-Grabungen nur Bruchstückhaftes. Fortan stand ein neues Stück auf dem Spielplan der Geschichte, natürlich kein geschlossenes Stück, da man, wie sollte es anders sein, bei der Prähistorie nie wissen kann, welche Vorhänge sich noch heben. Das seither Erforschte bildet freilich ein stimmiges Gesamtwerk; somit kann getrost von einer eigenständigen „keltischen“ Kultur gesprochen werden. Immer neue Entdeckungen und Einsichten haben das historische Bild Mitteleuropas für die Zeit vom 8. bis 5. Jahrhundert v. Chr. revolutioniert. Jeder der großen Fundkomplexe, etwa aus dem französischen Vix, dem württembergischen Hochdorf oder zuletzt vom hessischen Glauberg, ist beeindruckend genug, um im Sinne Goethes jenen „Enthusiasmus“ zu empfinden, den Erkenntnisgewinn und Anschauung auslösen können. Auch

Gefäße für die Ewigkeit: Keramik aus den Grabhügeln der Heuneburg.

Die Geschichte nimmt Gestalt an: Grabungen am „Eislfeld“ im österreichischen Dürrnberg.

dem Betrachter ohne spezielle Vorkenntnisse offenbart sich da jetzt eine hoch entwickelte Kultur.

Wer hätte noch vor wenigen Jahrzehnten gedacht, dass im „barbarischen“ Nordeuropa Menschen zu kunsthandwerklichen Leistungen bei der Gold-, Eisen-, Bronze-, Holz- oder Textilherstellung fähig waren, die den Werken der Antike kaum nachstanden? Wer hätte geglaubt, dass jenseits der Alpen gewaltige Grabhügel errichtet wurden, deren Pracht an ägyptische Pyramiden heranreichte? Wer hätte für möglich gehalten, dass in entlegenen Mittelgebirgsregionen monumentale Höhenfestungen standen, gegen die mittelalterliche Burgen klein und unbedeutend anmuten?

Doch der Reihe nach. Leider haben die Kelten nicht die Finger gespitzt und gesagt, hier sind wir. Begonnen hat alles wohl um 800 v. Chr. und gedauert bis zur Zeitenwende, einer Epoche, der das neu aufgekommene Metall „Eisen“ die Hauptüberschrift und die beiden Abschnitte Hallstatt- und Latènezeit die Kapitelnamen leiht. Letztere sind nach zwei Fundorten in Österreich und der Schweiz benannt. Die Hallstatt-Periode wird auf 800 bis 450 v. Chr. angesetzt, die anschließende Latènezeit endet um Christi Geburt. Den wesentlichen Unterschied zwischen beiden machte eine gewandelte Formensprache. Bereits zur vorangegangenen Urnenfelderzeit gibt es einen gravierenden Bruch, ohne dass es, wie lange vermutet, zu einer Zuwanderung gekommen sein muss. Die Bevölkerung blieb ortsfest, änderte aber ihre kulturellen Koordinaten. Warum man nun beispielsweise von der Brand- zur Körperbestattung überging, (später) das Schwert gegen den Dolch tauschte, Gold- und Bronzeschmuck, Fleischspieße und ganze Geschirrsätze mit auf die letzte Reise nahm – die Bessergestellten gar Pferdegeschirr und vierrädrige Wagen – weiß freilich niemand so genau. Im Zweifelsfall schaut man nach Eurasien. Die ausgeprägte Reiterkultur der Skythen in Südrussland strahlte offenkundig weit nach Westen aus.

Von dort wurde vermutlich auch der Brauch übernommen, die Grabhügel immer höher wachsen zu lassen. Mehr noch machte sich fortan mediterraner Einfluss bemerkbar, als Griechenland um 600 v. Chr. ans westliche Mittelmeer ausgriff;

weniger um Land, vielmehr um Märkte zu erobern. Selbst die weit entfernten Kelten gerieten in ihr Händlernetz. Nicht zufällig lag der Schwerpunkt hallstattzeitlicher Hochburgen im Südwesten Deutschlands und in Ostfrankreich. Standesbewusst tranken die Herrscher, für die sich die Bezeichnung „Fürsten" eingebürgert hat, jetzt aus griechischen und etruskischen Gefäßen. Ehrensache, dass man den Anführern diese „Importgüter" in ihre prachtvollen Gräber mitgab. Auch die gewaltigen Bronzekessel für Wein oder Met – vermutlich Gastgeschenke – fehlten nicht. Unter südländischem Einfluss entstand ein komplexer Bestattungskult, dessen Mittelpunkt Opferhandlungen und die Herrichtung der Totenkammer bildeten. Dort wurde nach langer Aufbahrung der verstorbene Fürst, den man nun als „Heros" oder Halbgott verehrte, eingebracht und mit Stoffen verhüllt, ebenso die kostbaren Beigaben. Vermutlich sollten so teilweise eigens für die „Totenfahrt" angefertigte Güter dem profanen Diesseits entzogen werden, zugleich sah man das Jenseits als dessen Verlängerung. Wie zu Lebzeiten traf man sich nach griechischem Vorbild auch in der Anderwelt mit auserwählten Gefährten zu festlichen Trinkgelagen („Symposien").

Über der Grabkammer türmte die Gefolgschaft des Toten in imponierender Gemeinschaftsleistung einen Hügel aus Erde und Steinen, manche bis zu 100 Meter breit und über zehn Meter hoch. Unübersehbar kündeten diese Tumuli von Glanz und Macht der hier Bestatteten. Die soziale Schichtung signalisierten die unterschiedlichen Maße der vielen weiteren, in verstreuten Gruppen angeordneten Großgrabhügel. Zu Zehntausenden überzogen sie um 500 v. Chr. das Land. Der Raum zwischen Rhône und Rhein, Donau und Main war ganz eigentlich das Land der Großgrabhügel.

Kelten sind überall: Wieder aufgeschütteter Grabhügel in einem Wohnviertel von Tübingen-Kilchberg.

Wenn auch jeder „Fürstentumulus“ einen etwas anderen Aufbau und abweichende Beigaben aufwies, gilt das Grundmuster als so regelhaft, dass sie die Wissenschaft praktischerweise zu einer Gruppe, dem so genannten Westhallstattkreis, zusammenfassen kann. Allerdings handelt es sich hierbei um kein einheitliches Gebilde. Nur lose verbanden die jeweils aus ein paar Weilern bestehenden Herrschaftssprengel gemeinsame Wirtschaftsinteressen auf der Grundlage einer verwandten Kultur. Einzig an den Hauptumschlagplätzen, wie der Heuneburg, bestanden stadtähnliche Ansammlungen. Einzutauschen hatte man Salz oder Textilien, in erster Linie aber Produkte aus Eisen. Bei dessen Herstellung und Verarbeitung brachten es Kelten zu großer Meisterschaft: Waffen, Gebrauchsgegenstände, selbst Zierformen. Aus dem 1978 geöffneten Grab von Hochdorf bei Stuttgart konnte ein vollständig mit Eisen beschlagener Wagen restauriert werden.

Der große Aufwand für einige Auserwählte könnte auch auf die gottgleiche Stellung der „Fürsten“ hinweisen. In diese Richtung zielt eine Deutung jener Steinfiguren, wie sie aus der Zeit zwischen dem 7. und 5. Jahrhundert v. Chr. mehrfach – am Glauberg, bei Holzgerlingen oder Hirschlanden in Württemberg – gefunden wurden. Es sind die einzigen vollplastischen Darstellungen der frühen Kelten. Naturalistische Bildnisse, gar Herrschaftsarchitektur wie Tempel oder Paläste blieben unbekannt. Lieber zeigte die Führung ihren Machtanspruch durch befestigte Höhensitze. Kaum ein Berg mit den nötigen Voraussetzungen – steile Flanken, anstehendes Gestein zum Mauerbau –, der nicht im Mittelgebirgsraum okkupiert war. Bis in Höhen von 1000 Metern errichtete man monumentale Wälle, manche vier, fünf Kilometer lang. Diese Anlagen gehören zu den bemerkenswertesten Hinterlassenschaften der späten Hallstatt- und frühen Latènezeit. Als Denkmäler menschlichen Behauptungswillens krönen sie heute noch zu Hunderten die Gipfel.

Wessen Schultern solch gewaltige Leistungen trugen, entzieht sich hartnäckig der Erforschung. Wo lebten die Menschen? In den befestigten Anlagen wahrscheinlich nicht. Mangels Steinbauten sind kaum Siedlungen bekannt, verstreut über ein kaum erschlossenes, weitgehend bewaldetes Land lagen die Weiler wahrscheinlich auf kleinen Rodungsinseln. Der einfache Kelte dürfte mit dem Pflug besser umgegangen sein als mit dem Schwert. Er baute Getreide und Gemüse an, hielt Vieh und ergab sich ansonsten den unergründlichen Schicksalsmächten. Wenn er das 40. Lebensjahr erreichte, war dies viel. Woran er glaubte, welche Ängste, Sorgen und Nöte ihn umtrieben, bleibt naturgemäß unbekannt. Amulette und „Augenperlen“ dienten sicherlich zur Abwehr bösen Zaubers, das Opfern von Tieren stand im Zentrum ritueller Handlungen. Ob man auch Menschen den Göttern darbrachte, kann zurzeit bloß vermutet werden; die Archäologie kennt freilich (rechtsrheinisch) nur vereinzelt Kultstätten, etwa Höhlen in der Fränkischen Schweiz. Gewiss spielte der Kopf in der Mythologie eine bedeutsame Rolle. Schädel werden bei der künstlerischen Verarbeitung übergroß und verzerrt dargestellt. Auf das Sammeln von Menschenköpfen als Trophäen oder im großen Stil für Kulthandlungen gibt es archäologische Hinweise, teilweise entstammt diese Vorstellung aber auch den (verzerrten) Darstellungen antiker Autoren.

Im Großen und Ganzen gilt die Zeit vom späten 7. bis weit ins 5. vorchristliche Jahrhundert als friedlich. Dem müssen die gewaltigen Höhenburgen nicht widersprechen. Vielleicht hatten sie neben ihrer machtpolitischen eine geistig-religiöse Bestimmung, etwa als Heiligtümer. Als die Welt in Bewegung geriet, verwaisten auch diese Großanlagen. Es ist die Ära, seit 450 v. Chr., dem Beginn der Latènezeit, mit der für manchen Historiker das eigentliche Keltentum einsetzt, wobei es einem Zufall gleichkommt, dass gerade damals nach Überlieferungen der Griechen Hekataios und Herodot erstmals der Name „Keltoi“ auftaucht. Ihre Angaben sind sehr vage, und mehr als ein Sammelbegriff für die Menschen nördlich der Alpen kann nicht gemeint gewesen sein. „Kelten“ zerfielen in zahllose, eigenständige Gruppen ohne tiefere, gar staatliche Bindung. Alleine für das späte Gallien, das ungefähr dem Gebiet des heutigen Frankreich entsprach, werden über 60 größere Stämme bei einer unbekannten Zahl kleinerer vermutet.

Wenn schon fehlende Blutsverwandtschaft oder übergeordnete Zugehörigkeit, was verband dann Herodots Kelten? Im 18. Jahrhundert fand man darauf eine überraschende Antwort – die einheitliche Sprache. Bei der Suche nach dem gemeinsamen Ursprung nichtenglischer Idiome, wie sie teilweise in Schottland, Irland oder Wales gesprochen wurden (und werden), glaubten Sprachforscher fündig geworden zu sein: Gälisch, Goidelisch oder Kymrisch sollen auf ein keltisches Idiom zurückgehen, das einst in dem riesigen Raum zwischen Spanien und dem Balkan in Gebrauch war. Die Basis für diese Aussage ist kühn genug. Es existieren nur wenige Inschriften und meist durch Römer weitergeführte Bezeichnungen, etwa die von Orten oder Flüssen. In den Namen wie Mailand, Kempten oder dem Rhein klingen sie nach. „Kelten“ kannten zwar die Schrift – Etruskisch und später vielleicht Griechisch – hinterließen dennoch nichts Geschriebenes. Dieser (scheinbare) Widerspruch ist eines jener Dinge, die die keltische Welt so schwer greifbar machen und von den antiken Hochkulturen scheiden. Das mit Schriftlichkeit gestützte Staats- und Rechtsverständnis der Griechen und Römer war den „Barbaren“ fremd. Warum sollten sie auch schreiben, wenn sich das auf Gefolgschaft beruhende Gewohnheitsrecht von selbst verstand? Religiöse und mythologische Vorstellungen gab man, wie bei vielen Völkern, ohnehin nur mündlich weiter. Hier soll nicht erörtert werden, ob am Ende das „Keltentum“ eine Erfindung der Sprachwissenschaft ist, oder wie britische „Kelten“ sowohl historisch als auch in ihrem heutigen Selbstverständnis zu beurteilen sind (ein heikles Feld). Ungeachtet vieler regionaler Unterschiede galt zweifellos zur Latènezeit ähnlich der vorangegangenen Hallstattepoche eine gleichartige Kulturform als das verbindende oder sie kennzeichnende Element. Erneut entstand ein anderer Stil – ob-

Eine von nur sechs: Nach etruskischem Vorbild gearbeitete Schnabelkanne mit mythologischen Wesen der Kelten; gefunden bei Hallein/Österreich.

Auch ein keltisches Werk: Der spätlatènezeitliche „Stier von Weltenburg"; entdeckt in Kelheim an der Donau.

gleich auch jetzt die Bevölkerung vermutlich die gleiche blieb. Charakterisierten die Hallstattzeit klare geometrische Figuren aus Kreuzen, Kreisen, Strichen, Zick-Zack-Linien, Quadraten oder Rauten, bevorzugte man nun mit dem Zirkel geschlagene Muster und verspielt-ornamentale, aus der Pflanzenwelt entlehnte Elemente, dazu wundersame Wesen auf Fibeln, goldenen Schmuckringen, Schnabel- und Röhrenkannen, deren schwungvolle Konturen von einem ausgeprägten Formempfinden zeugen. Vielen Kennern erscheint der Latènestil als die eigentliche große Leistung von Kelten, da sie hier, zwar ebenfalls von außen, dem norditalischen Raum angeregt, eine selbstständige Fortentwicklung schafften. In seiner Abstraktion und Ästhetik, wie er bei den bedeutenden Grabfunden von Waldalgesheim, Schwarzenbach oder Reinheim zum Ausdruck kommt, mutet dieser Stil sehr modern an, stand dahinter auch ein nur schwer zu entzifferndes Glaubensverständnis.

Die gewandelte Kunstauffassung bildete lediglich das äußere Symptom einer in Bewegung geratenen Welt. Vorbei war die große Zeit der Westhallstatt-Fürsten, die Handelsströme hatten sich verlagert, neue Zentren entstanden zwischen Rhein, Marne und Mosel, andere Regionen, so etwa der Süden Deutschlands, entvölkerten weitgehend. Ganze Trecks zogen von dort seit dem ausgehenden 5. Jahrhundert über die Alpen ins gelobte Land, wo die Zitronen blühen. Ob nun Überbevölkerung, Machtkämpfe, ein Klimawandel oder Missernten im Gefolge von zwei gewaltigen Vulkanausbrüchen irgendwo auf dem Globus um das Jahr 400 v. Chr. – wie entsprechende Bohrkerne aus dem ewigen Eis im Grönland nachwiesen – den Exodus beschleunigten, ändert wenig am Ergebnis: Ohne Massenauswanderungen wären die Kelten schwerlich zum Gegenstand der Ereignisgeschichte geworden. Zuvor spielten sie eine fast unerkannte, um nicht zu sagen unschuldige Rolle im historischen Geschehen, schlicht weil sie mangels schriftlicher Überlieferung kaum in Erscheinung traten. Daten, Schlachten, Namen, alles liegt im Dunkel. Und gäbe es nicht die prachtvollen Hallstatt-Gräber, wäre die frühe Eisenzeit kaum mehr als eine Phantomzeit. Jetzt aber kommt Bewegung ins Geschehen – mit allen Vor- und Nachteilen im geschichtlichen Urteil. Die Heerscharen – kunterbunt gekleidet, zotteliges Haar und Barttracht – fallen erst hungrig in Italien und im 3. vorchristlichen Jahrhundert in Griechenland und Kleinasien ein (Ankara ist eine keltische Gründung). Im Jahre 387 v. Chr. erobern sie gar Rom. Gewiss eine Schmach für die damals noch recht unbedeutende Stadt. Gleichwohl konnte ihr für den weiteren Aufstieg kaum etwas Besseres als der Keltensturm passieren. Nicht zuletzt die allenthalben über den italischen Stiefel vagabundierenden Scharen boten Rom in den nächsten Jahrzehnten willkommenen Anlass, Süd- und Norditalien zu erobern und, einmal in Fahrt, später noch Süd- und am Ende unter Caesar ganz Gallien.

Organisiert nach Stämmen, wo es im Kampf auf persönliche Tapferkeit ankam und man sich mit viel Geschrei unbekleidet ins Getümmel warf, waren die Kelten dem römischen Militär nicht gewachsen. Dies sind allerdings mit Vorsicht zu genießende Aussagen. Alles Wissen entspringt der Sicht der anderen. Verhalten und Aussehen der Kelten, ihre Bräuche und Räusche, ihre Organisationsformen und religiösen Sitten – jede Überlieferung kommt von Römern und Griechen. Entsprechend sind die zeitgenössischen Texte mit Fragezeichen zu versehen. Viel ist da übertrieben, falsch, entstammt Hörensagen und bleibt vor allem immer bruchstückhaft. Zur Gegenprobe können bedauerlicherweise keine keltischen Eigendarstellungen herangezogen werden.

Weitgehend glaubhaft sind dagegen die Angaben Caesars in seiner Schrift vom „Gallischen Krieg“, schon weil der Ausgang unstrittig ist – die totale Niederlage der gallischen Stämme bis 51 v. Chr. mit dem symbolträchtigen Endkampf unter ihrem Anführer Vercingetorix im burgundischen Alesia. (Nur bei „Asterix“ schafft es ein kleines gallisches Dorf unverwandt den Römern zu widerstehen.) Für das fast spurlose Verschwinden der Kelten im südwestdeutschen und bayerischen Raum blieben Caesar und die antiken Autoren eine Antwort schuldig. Als die Römer dort um 15 n. Chr. einrückten, trafen sie auf ein menschenleeres Land. Der großartige Wiederaufschwung nach den Wanderungsbewegungen seit dem frühen 2. Jahrhundert v. Chr., als es zu einer Gründungswelle durch Rückkehrer kam, war lautlos verebbt. Verlassen lagen die – von Caesar Oppida genannten – ummauerten, hunderte Hektar großen „Städte“. Niemand tätigte noch Geschäfte in Manching an der Donau, schürfte nach Erz bei Kelheim, schmiedete auf dem pfälzischen Donnersberg oder am Gleichberg in Thüringen Eisen, keiner bestellte mehr die ausgedehnten Felder, deren Herren in befestigten Gutshöfen („Viereckschanzen“) lebten. Wo waren die Menschen geblieben? Vermutungen reichen von einem völligen Zusammenbruch der Handelsströme und entsprechenden Abwanderungen bis zur Möglichkeit von Seuchen.

So rätselhaft der Beginn, so tragisch das Ende der Kelten. Aber nicht überall. Im alpinen Raum

Die Vergangenheit lebt: Traditionstreffen keltischer Gruppen im Europäischen Kulturpark Bliesbruck-Reinheim/Saarland.

Kulturzeuge: Der 20 Meter hohe Umgangstempel aus gallo-römischer Zeit in Autun/Burgund.

von Österreich und der Schweiz, in Westdeutschland und Frankreich ohnehin, lebte die alteingesessene Bevölkerung unter römischer Besatzung fort. Die neuen Machthaber waren schlau genug, den kulturellen Anschluss nicht zu erzwingen. Hatte man erst einmal die Oberschicht in Verwaltung und Militär eingebunden, ergab sich die Integration fast von selbst. Am Ende gingen die keltischen Götter gar eine Symbiose mit den römischen ein. Für diese gallorömische Mischkultur steht der wieder aufgebaute Umgangstempel auf dem Martberg an der Mosel als augenfälligstes Symbol.

Soweit die mit kräftigen Strichen gezeichnete keltische Geschichte in Mitteleuropa. Der Gesamtrahmen ist jetzt stabil, die Detailausmalungen werden weiter ergänzt und nötigenfalls überarbeitet. Der stetig anschwellende Erkenntnisstrom durch die Wissenschaft beinhaltet zwangsläufig die Korrektur des bislang Gültigen. So galt es noch bis vor wenigen Jahren als ausgemachte Sache, dass Viereckschanzen kultischen Zwecken dienten – die vermeintlichen Opferschächte sind nach dem jetzigen Erkenntnisstand aber als profane Brunnen anzusehen. Und dass es in Manching zur großen Schlacht zwischen Kelten und Römern gekommen sei, zählt nun auch nicht mehr. Keineswegs starben, wie man lange glaubte, die dort aufgefundenen Toten durch Römerhand. Letztlich sind das nur Neudeutungen im Detail. Es war ein langer Prozess, ehe sich die Welt der Kelten stärker erhellte. Hierfür, eine ganze Epoche dem geschichtlichen Dunkel entrissen zu haben, können die Verdienste von Archäologen, Restauratoren, Prähistorikern und jetzt auch Naturwissenschaftlern nicht genug gepriesen werden.

Was da alles in den vergangenen Jahrzehnten unter dem Leitwort „Kelten" zum Vorschein kam oder ihnen – siehe Geländedenkmäler – zugerechnet werden kann, hat sich zu einer beeindruckenden Fülle verdichtet. So viel Gelegenheit war nie, diese auch selbst in Augenschein zu nehmen. Und das nicht allein in den eisenzeitlichen Abteilungen regulärer Sammlungen. Ganze Museen wurden wie bei Hochdorf oder im saarländischen Reinheim um Grabfunde herum erbaut, Grabhügel wieder aufgeschüttet, Keltendörfchen errichtet, Ringwälle mit Lehrpfaden und Mauerrekonstruktionen aufgewertet. Alle Wege sind geebnet, um sich per Anschauung ein Bild von der

Keltische Lebenswelt: Dichte Laubwälder wie hier am Mont Beuvray prägten die Landschaft vor 2000 Jahren.

keltischen Welt zu machen, oder wie schon die alten Lateiner wussten: Lang ist der Weg durch Lernen, kurz und wirkungsvoll durch Beispiele.

Mehr als 100 Ziele sind mit diesem Vorsatz für das vorliegende Buch zusammengestellt. Sie wollen nicht den Anspruch erheben, eine lückenlose Topographie der gesamten eisenzeitlichen Hinterlassenschaft im mitteleuropäischen Raum zu repräsentieren. „Beispiele" sind immer eine Auswahl. Nach bestem Wissen und Gewissen vertreten sie einen Querschnitt der bedeutendsten, sehenswertesten und durchaus auch unterhaltsamsten Ziele der Keltenwelt in Deutschland, Österreich, der Schweiz, Luxemburg und Frankreich. Bewusst unterblieben dabei weitergehende Bewertungen, weil jedes Merkmal für sich steht und individuell entdeckt sein will. Aus praktischen Gründen wurde eine Aufteilung nach Regionen vorgenommen – mit dem schönen Nebeneffekt, dass der Zeit-Reisende ein Gefühl für die Weiträumigkeit des keltischen Kosmos erhält, der mitunter sogar noch etwas von seiner einstigen Ursprünglichkeit bewahrt. Wenn man da nach langer Fahrt in abgelegenen Mittelgebirgsregionen auf Berge stößt, die Wind und Wetter wie Skulpturen zurechtgeschliffen haben, neigt man manchmal zur Annahme, Kelten hätten die Stützpunkte ihrer monumentalen Höhenburgen auch nach landschaftsästhetischen Gesichtspunkten ausgewählt. Unterdessen mit der Vegetation zu einer Einheit verwachsen, umgibt diese Stätten eine ganz eigene Stimmung, die manche mystisch nennen. Die Substanz der Befestigungsanlagen ist jedenfalls imponierend genug, um darüber nachzusinnen, welche Antriebskräfte hinter den schier übermenschlichen, nicht zuletzt logistischen Leistungen zu ihrer Errichtung standen. Dass die Mauern nicht unter Zwang erbaut wurden, gebot schon die schwierige Topographie der Berggipfel. Es muss ein Verständnis der Welt gegeben haben, das nicht nach Zweck und Nutzen heutiger oder auch antiker Ausprägung fragte. Eine Ahnung davon transportiert der phantastische Kosmos jener Masken, Fratzen und Fabelwesen, wie ihn die keltische Kunst auf einzigartige Weise hervorgebracht hat. Kaum verhüllte Beschwörungen nichtirdischer Mächte schimmern dort durch. Das von Caesar beobachtete starke religiöse Empfinden der Gallier beherrschte vermutlich das gesamte Leben, auch wenn Kelten – abgesehen von der Schlussphase – keine Tempel und Götterbildnisse errichteten. Und ob nun die Höhenfestungen als Machtsymbole und/oder als zentrale Heiligtümer anzusehen sind, ist zweitrangig. Irdische und religiöse Dinge waren eins, Rationalität und Spiritualität schöpften aus dem gleichen Geist. In dieser kaum zu begreifenden und doch vielerorts noch spürbaren Weltensicht liegt vielleicht das tiefere Geheimnis der Kelten – und ihre Faszination.

RHEIN-MAIN-GEBIET UND WETTERAU

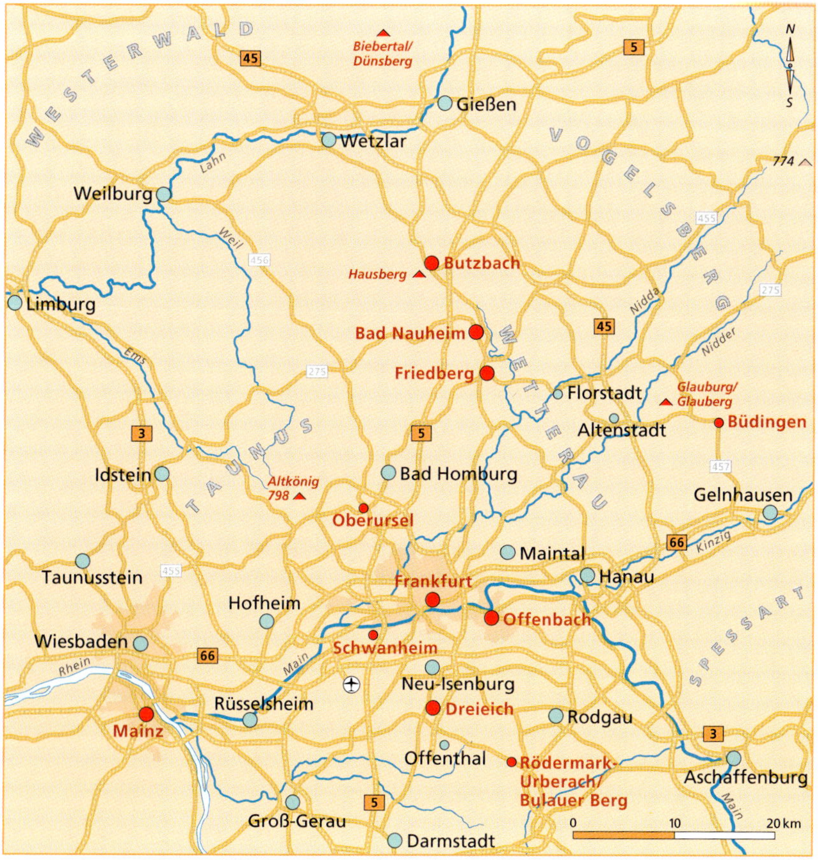

MAINZ

Wo alles Keltische seinen Platz hat

Zu Beginn oder später? Steht der Besuch im Römisch-Germanischen Zentralmuseum (RGZM) in Mainz am Anfang aller „Wege zu den Kelten" oder ist er der krönende Abschluss? Um ein Gefühl für den keltischen Kosmos zu bekommen, gibt es kaum einen anregenderen Ort als diesen langen Saal neben dem Renaissance-Schloss der Mainzer Kurfürsten (dort, wo alljährlich die Fernseh-Fastnacht tobt). Kein anderes Museum besitzt derart viele Exponate aus der Hallstatt- und Latènezeit. Nichts fehlt: Schwerter, Antennendolche oder Zierbeilchen aus dem Gräberfeld von Hallstatt, der Kultwagen von Strettweg/Österreich, die löwenbesetzte Bronzehydria von Grächwil/Schweiz,

Original oder Kopie: Auch eine meisterliche Nachbildung des „Kessels von Gundestrup" fehlt nicht in Mainz.

der gigantische Volutenkrater aus dem französischen Vix, eine bronzene Schnabelkanne aus Hallein/Österreich, der berühmte Kessel von Gundestrup/Dänemark oder die goldglänzende Röhrenkanne des Fürstinnengrabs in Reinheim/Saarland. Daneben gibt es eine große Menge an Fibeln, Helmen, Waffen, Gürtelhaken, Arm-, Bein- und Halsringen, Trink-, Ess- und Vorratsgefäßen aus Eisen, Bronze oder Keramik, nicht zu vergessen plastische Arbeiten, etwa die Stele von Pfalzfeld oder ein vierrädriger Wagen, wie er für die hallstattzeitlichen Prunkgräber kennzeichnend ist. Kurzum, der künstlerische und materielle Reichtum einer ganzen Epoche – der die nüchterne Benennung „Eisenzeit" kaum gerecht wird – findet der Besucher im RGZM ausgebreitet. Mainz, wie es glänzt und prunkt.

Bei aller Faszination, die von dieser „größten Vitrine der Welt" ausgeht, es ist ein Schatz ohne Gebrauchsanweisung und Echtheitszertifikate. Weder werden eine Einführung noch weiter gehende Erläuterungen zu den Exponaten gegeben. Das Ganze strahlt den Charme einer puristischen Lehrsammlung aus; die Objekte stehen eng zusammen, wirken unübersichtlich und sind nur spärlich beschriftet. Für den interessierten Laien ist es da nicht leicht, einen Überblick zu gewinnen, zumal kaum deutlich wird, dass es sich bei den

Praktische Hinweise

Museen: Römisch-Germanisches Zentralmuseum, Ernst-Ludwig-Platz 2, 55116 Mainz, Tel. 0 61 31/9 12 40, www.rgzm.de; geöffnet Di. bis So. 10–18 Uhr (Eintritt frei). Das benachbarte Landesmuseum besitzt einige keltische Exponate: Helme, Schwerter, Goldschmuck; einzigartig das kleinste, 2 cm kurze Objekt, ein blaues, weiß-gelb gestreiftes Glashündchen aus Wallertheim in Rheinhessen: Landesmuseum, Große Bleiche 49, 55116 Mainz, Tel. 0 61 31/2 85 70, www.landesmuseum-mainz.de; geöffnet Di. 10–20, Mi. bis So. 10–17 Uhr.

meisten Ausstellungsstücken um Kopien der über halb Europa verteilten Originale handelt. Eine Erklärung, warum sie gefertigt wurden, fehlt ebenfalls. Dass diese exzellenten Arbeiten auch als Aushängeschild der eigentlichen Aufgabe des RGZM zu betrachten sind, wird erst beim Studium der Begleitbroschüren deutlich. Demnach war der Ursprungsgedanke des 1852 gegründeten Hauses, statt der Originale, die bereits in den großen Museen Europas standen, deren Nachbildung her- und auszustellen. Daraus hat sich eine weltweit tätige Restauratoren-Werkstatt zur Rettung vorgeschichtlicher Objekte entwickelt. Von den rekonstruierten Stücken darf das RGZM als Gegenleistung Repliken abformen. So wuchs im Laufe der Jahrzehnte eine repräsentative Sammlung zur Vermittlung von „4000 Jahren Metallzeit im gesamteuropäisch-vorderasiatischen Vergleich“. Bei einem solch universell angelegten Vogelflug über die Jahrtausende kann das RGZM nur bedingt Antwort darauf geben, worin das typische, unverwechselbare einer Epoche wie der Eisenzeit besteht. Aber Mainz ist der rechte Ort zur Einstimmung auf die keltische Welt mit ihren imponierenden baulichen und (kunst-)handwerklichen Hinterlassenschaften in weiten Teilen Deutschlands und seiner Nachbarländer.

Wenn dann durch deren reale Anschauung ein Gesamtbild entsteht und die eisenzeitliche Abteilung im RGZM erneut aufgesucht wird, ist nicht nur der Wiedererkennungseffekt groß. Plötzlich hat auch alles historisch seinen Platz. Also, fährt man zu Beginn oder am Ende einer Reise ins keltische Universum nach Mainz? Am besten beides.

FRANKFURT/MAIN
Am Grab des Urfrankfurters

Seit Jahrtausenden gehört das Untermaingebiet zu des Menschen bevorzugten Wohnplätzen. Der Boden zwischen Aschaffenburg und Mainz ist übersät mit prähistorischen Siedlungen und Gräbern; im Frankfurter Stadtwald besonders dicht, da hier, im einstigen Königsforst, ein striktes Rodungsverbot die Zerstörung durch Landwirtschaft und Überbauung verhinderte. Bis heute sind nicht alle dieser Wohn- und Bestattungsplätze erforscht. Bei archäologischen Untersuchungen dürfte noch manche Überraschung zu erwarten sein. Niemand glaubte beispielsweise, als es im Zuge eines Autobahnbaus 1966/67 zu einer Notgrabung kam, hier auf eines der frühesten hallstattzeitlichen „Fürsten“-Gräber Deutschlands, zumal soweit nördlich, zu stoßen. In einem Großgrabhügel von 36 Metern Durchmesser, gelegen im Verbund von mehr als 50 kleineren, entdeckte man die Steinkammer eines körperbestatteten Mannes mit kostbaren Beigaben; datiert bei wenigen Jahren Toleranz auf 700 v. Chr.

Welch außergewöhnlichen Fund Frankfurt da sein Eigen nennt, wurde vielen erst mit der neuerlichen Aufbereitung für eine Sonderausstellung 2002 (aus der eine Dauereinrichtung wurde) bewusst. Liebevoll haben die Frankfurter den „Fürsten“, seit sie zu Tausenden an seinem gläsernen Schneewittchensarg im Museum für Vor- und Frühgeschichte vorbeidefiliert sind, als ihren „Urfrankfurter“ adoptiert. Nicht ohne Mitleid. Dass einige Körperteile fehlen oder eingedrückt sind, ist der Zeit geschuldet. Anders die deformierte linke Schulter. Medizinisch-pathologische Untersuchungen diagnostizierten einen schlecht verheilten Bruch. Dieser war zeitlebens schmerzhaft und schränkte die Bewegungsfähigkeit emp-

Praktische Hinweise

Museum: Museum für Vor- und Frühgeschichte, Archäologisches Museum, Karmelitergasse 1, 60311 Frankfurt, Tel. 0 69/21 23 58 96, www.archaeologie-museum.frankfurt.de; geöffnet Di. bis So. 10–17, Mi. bis 20 Uhr.
Tipp: Im Frankfurter Stadtteil Schwanheim gibt es einen 9 km langen Archäologischen Lehrpfad, der durch hohen Eichen- und Buchenwald zu Gräberfeldern aus der Hallstattzeit führt; Beginn am südlich gelegenen Waldspielplatz nahe der Straßenbahn-Endhaltestelle. Einige Funde sind im örtlichen Heimatmuseum, Straße Alt Schwanheim, ausgestellt, geöffnet So. 10–12 Uhr.

findlich ein, was einer Person von Rang sicherlich nicht dienlich war. Doch vielleicht trug der „Fürst" seine Verletzung auch stolz wie ein Ehrenzeichen. Die zur beginnenden Hallstattzeit deutlich kriegerischeren, nach Gefolgschaft organisierten Stammesgruppen erwarteten einen furchtlosen Heros an ihrer Spitze. Jedenfalls lassen die Grabbeigaben am herausgehobenen Rang des hier Bestatteten keinen Zweifel: prachtvoll das taillierte Bronzeschwert mit großer Scheidenspitze (Ortband genannt), prestigeträchtig das Necessaire für die Herrenkosmetik – Pinzette, Ohrlöffel, Nagelschneider im Lederbeutel mit Bernsteinverschluss –, unentbehrlich Speisegeschirr und Vorratsgefäß (Situla) für die Geselligkeit im Jenseits. Die hierfür ebenfalls mitgereichte Rippenschale aus Etrurien gehört zu den frühesten Importwaren nördlich der Alpen überhaupt. Ob man dem Urfrankfurter auch einen Wagen oder Teile davon mit auf die letzte Reise gab, muss offen bleiben – zwei Pferde waren jedenfalls symbolisch in der Grabkammer dabei. Kunstvolle Trensen und ein Doppeljoch belegen es.

Was zunächst eher nebensächlich zu sein schien, entpuppte sich bei näherer Untersuchung als eine der größten Sensationen aus dem einst 3,50 Meter hohen Grabhügel. Für den hier angetroffenen Typus flügelartig verbreiteter Knebelstangen gibt es europaweit kaum Vergleichbares und nicht minder für das mit Tausenden von Bronzekrampen beschlagene Holzjoch. Neben weiteren kostbaren, weil sehr kleinteiligen Funden aus dem Stadtgebiet – Kinderrassel, Feinwaage, Glasperlen oder Zierkämme mit Pferdeaufsatz – gehört das für die Sonderausstellung 2002 rekonstruierte Prunkjoch jetzt zu den schönsten Exponaten in der eisenzeitlichen Abteilung des Frankfurter Museums für Vor- und Frühgeschichte.

OFFENBACH/RÖDERMARK
Ein Druide führt den Trauerzug

Eines hat Offenbach seinem Nachbarn Frankfurt voraus: Es besitzt ein hallstattzeitliches Wagengrab. Entdeckt wurde dieses 1972 im Stadtteil Rumpenheim; nach aufwändiger Rekonstruktion gehört es zu den Prunkstücken des 2004 neu gestalteten Stadtmuseums. Allzu viel blieb von dem Toten und seinen Grabbeigaben im Laufe der Jahrtausende zwar nicht übrig, eiserne Radreifen und Nabenbeschläge waren aber Hinweis genug, dass man dem Verstorbenen als Zeichen seines herausgehobenen Ranges ein vierrädriges Gefährt mit ins Jenseits gegeben hatte. Im Stadtmuseum

Trauerarbeit: Künstlerisch gestaltete Bestattungsszene vor einem Grab der späten Hallstattzeit bei Rödermark-Urberach.

liegt der aristokratische Urahn Offenbachs wieder auf einem nach Maßgabe ähnlicher Funde gebauten Wagen. Vor einem stimmungsvollen Großfoto mit Laubbäumen im Gegenlicht schläft der „Fürst" nun den ewigen Schlaf.

Normalerweise geht man davon aus, dass die neue Oberschicht der Hallstattzeit durch Handel, vornehmlich mit Eisen, als Roh- oder Fertigprodukt, reich geworden sei. Nur sucht man im Rhein-Main-Gebiet vergebens nach Erzvorkommen. Dafür besitzt es einen nicht minder kostbaren Naturschatz: hochwertigen Ton. Bereits zur Jungsteinzeit wurde er abgebaut, und noch bis ins 20. Jahrhundert fehlte die Irdenware mit ihrer typischen Gelbfärbung in keinem südhessischen Haushalt. Ganze Ortschaften wie Rödermark-Urberach lebten von der Töpferei. Ausgerechnet hier, nahe einem ergiebigen Tonlager am Bulauer Berg, entdeckte man hallstattzeitliche Grabhügel oder das, was von ihnen übrig geblieben war. Im Rahmen des „Keltenjahres" 2002 wurden auch sie, ähnlich wie am Glauberg, wieder aufgeschüttet. Einzigartig an diesem Zeugnis keltischer Bestattungskultur ist der „Trauerzug". Geschaffen hat die Beerdigungsszene aus Beton und geschwärzter Glasfaser der Künstler Kai Georg Wujanz. Angeführt von einem Druiden mit erhobenem Schwert, liegt der Leichnam des „Fürsten" auf stiergezogenem Wagen, dahinter einige Trauernde. Alle schwarz gewandet, nur der goldene Halsreif (Torques) sticht heraus.

Wenn auch bei der Gestaltung historisch manches etwas freihändig geriet, so wird doch vorstellbar, welche Bedeutung das Totenritual für den Hallstattmenschen besessen hatte. Unter großer Anteilnahme der Bevölkerung fuhr man den ver-

Praktische Hinweise

Lage: Den Bulauer Berg mit dem Ensemble „Trauerzug der Kelten" erreicht man ab Ortsausgang von Rödermark-Urberach in Richtung Offenthal durch die Rodaustraße und den links abgehenden Wirtschaftsweg Am Zilliggarten (Ausschilderung: Waldfestplatz).
Museum: Stadtmuseum, Herrnstraße 61, 63065 Offenbach, Tel. 0 69/8 06 50, www.haus-der-stadtgeschichte.de; geöffnet Di., Do., Fr. 10–17, Mi. 14–19, Sa./So. 11–16 Uhr.

storbenen Herrscher zu dem einst weithin sichtbaren Grabhügel und beerdigte ihn dort in einer Stein- oder Holzkammer mit kostbaren Beigaben. Ob sich überhaupt ein Wagengrab in der Urberacher Nekropole befand, soll ein Geheimnis bleiben. Bewusst verzichtet man auf archäologische Untersuchungen. Vor Ort wurde übrigens auch eine römische Straße rekonstruiert.

OBERURSEL/TAUNUS
Mit der U-Bahn in die Vergangenheit

Die Geröllfelder auf dem Altkönig im Taunus haben schon immer Phantasie und Forschergeist beflügelt. Auch ohne Luftbild-Archäologie ahnte man, dass die beiden ovalen Steinringe auf dem knapp 800 Meter hohen Berg mehr und anderes waren, als die zufällige Anhäufung von Schuttmassen. Doch wem war eine solche kulturtechnische Großtat zuzutrauen? Selbst ein aufgeklärter Geist wie der Gelehrte Erasmus Alberus (1500 bis 1553) ahnte nichts vom keltischen Wortstamm „altkin“ (Höhe). Er sah auf dem Berg den Sitz eines „Teutschen Königs“, der vom römischen Kaiser Trajan vertrieben worden sei. Dagegen berichtete J. F. Morgenstern 1802 in seiner „Malerischen Wanderung auf den Altkönig“ von „Verschanzungen, welche die Römer zur Schutzwehr gegen die alten Deutschen“ aufgeworfen hätten. So genau konnte man das auch nicht wissen, war doch alles „ziemlich zusammen gestürzt“, die Steinmauern „allenthalben zu übersteigen“.

Dieses Bild stimmt noch immer, und wie vor 200 Jahren ist der markant vor dem Großen Feldberg liegende Altkönig nur zu Fuß erreichbar. Je nach Zugang dauert es ein bis zwei Stunden, die steilen Flanken zu erklimmen. Der untere der 1390 und 980 Meter langen Ringwälle hat sich gut, der obere auf ganzer Länge erhalten. Wie in einem alpinen Geröllfeld kraxelt man da auf Taunusquarzit herum. Bei jedem Schritt knirscht und seufzt das extrem harte Gestein. Wurden die plattenartigen Brocken bearbeitet? Glattrandige Schnitte sind fast unmöglich, dennoch passen die Steine, wie noch an einigen Stellen erkennbar, perfekt über- und ineinander.

Bis zu fünf Meter hoch waren die Mauern im üblichen Verfahren der Pfostenschlitzmauern geschichtet. Das entdeckte dann der bekannte Altertumsforscher Carl August von Cohausen Ende des 19. Jahrhunderts. Er identifizierte die Wälle eindeutig als keltisch und setzte die Erbauungszeit in

Praktische Hinweise

Lage: Der Zugang zum Heidetränk-Oppidum liegt an der U-Bahnendstation Hohemark nahe Oberursel (dort auch große Parkplätze). Der Lehrpfad ist 5 km lang, markiert mit dem „Keltenkopf“ einer Münze. Zum Altkönig gelangt man von der Hohemark zu Fuß: Länge 6 km (eine Strecke), Markierung: gelber, später grüner Strich; oder vom Parkplatz „Teufelsquartier“ unterhalb des Großen Feldberges; Länge 5 km (eine Strecke), Markierung: schwarzer Zeiger, ab Fuchstanz weißes X. Wanderkarte: Taunus Ost, Maßstab 1:50 000, Hessisches Landesvermessungsamt.
Museum: Vortaunus-Museum, Marktplatz 1, 61440 Oberursel, Tel. 0 61 71/50 23 90, geöffnet Mi. 10–17, Sa. 10–16, So. 13–16 Uhr.

das späte 6. oder frühe 5. vorchristliche Jahrhundert. Funde gab es fast keine. Funktion und Nutzung der gewaltigen Anlage müssen also offen bleiben. Blickt man hinunter in das Rhein-Main-Gebiet, ringsum die Gebirgsketten von Taunus, Odenwald und Spessart, sieht man im Altkönig unwillkürlich mehr als eine Fluchtburg. Mit seiner doppelten Mauerstirn muss er wie eine Machtdemonstration gewirkt haben. Wer diesen Berg besaß, beherrschte das Rhein-Main-Gebiet.

Nur wie lange? Noch im 5. Jahrhundert verlor der Altkönig seine Bedeutung. Ähnlich wie am Dünsberg bei Gießen siedelte man zur Spätlatènezeit lieber weiter unten und erbaute stadtähnliche Siedlungen. „Unten" heißt hier am Zugang zum Hochtaunus, auf zwei Höhen links und rechts des Urselbaches. Erschlossen wird die Heidetränk-Oppidum getaufte Anlage von einem fünf Kilometer langen Lehrpfad. Die erste von 16 Tafeln steht neben der Endstation „Hohemark" der U-Bahnlinie 3 am Stadtrand von Oberursel. (Das Oppidum dürfte Deutschlands einziges Bodendenkmal der Kelten mit U-Bahn-Anschluss sein.)

Ein angenehm zu gehender Weg führt durch das waldreiche Terrain. Dessen Topographie bringen die Informationstexte zum Sprechen. Sie wissen die Verwerfungen im Gelände als Reste der zehn Kilometer langen Umfassungsmauer zu deuten, mit der zwei ursprünglich getrennte Siedlungen im 2. vorchristlichen Jahrhundert zu einer 130 Hektar großen Stadt verbunden wurden. Nach Passieren von zwei beeindruckenden Zangentoren mit 35 Meter langen Zufahrten erfährt man gegen Ende des Rundgangs, dass auch die Kelten bessere Wohnlagen zu schätzen wussten. Am sonnigen Südabhang stellte man bei Grabungen bislang 160 so genannte Wohnpodien fest. Die im Vortaunus-Museum von Oberursel gezeigten Funde aus dem Oppidum – Waffen, Pferdegeschirr, Münzen, Handwerkszeug, Schmuck oder eine steinerne Handmühle – lassen keinen Zweifel an der Beschäftigung und dem Können der Menschen zur Spätlatènezeit.

GLAUBURG-GLAUBERG
Heilige Schauer an historischer Stätte

Die Funde unter dem Stichwort „Keltenfürst" haben den Glauberg berühmt gemacht. Die Qualität von Gräbern und Sandstein-Plastik bildete eine der größten Überraschungen der jüngeren deutschen Archäologie, weniger der Fundort selbst. Kaum ein Ort Hessens war derart lang, über fünf Jahrtausende, nachweisbar besiedelt wie dieser Höhenzug in der fruchtbaren Wetterau. Die Schichtenfolge menschlicher Anwesenheit beginnt bei der so genannten Rössener Kultur im 4. Jahrtausend v. Chr., und noch zur Stauferzeit im 13. Jahrhundert nutzte man den lang gezogenen Bergrücken als natürliche Bastion. Auf den Bau hoher Mauern konnte man damals dank des ringsum erhaltenen frühlatènezeitlichen Ringwalls weitgehend verzichten. Lediglich die gefährdete Nordostseite erhielt im Mittelalter zwei weitere, gut erhaltene Schanzwerke.

Selbst die Wasserversorgung dürfte dank der findigen Vorbewohner problemlos gewesen sein. Die Kelten hatten nicht nur ein (erhaltenes) Becken zur Speicherung von Oberflächenwasser angelegt. Aufwändig integrierten sie durch Annexwälle auch die 100 Meter tiefer liegende Quelle an einem ursprünglich 7500 Quadratmeter großen Bassin in das Sperrwerk. Nur ist der vordere – noch auf ganzer Länge erhaltene – Wall zur Westseite unterbrochen, das Verbindungsstück zum Plateau

Jetzt im Licht der Öffentlichkeit: Grabhügel am „Archäologischen Park" von Glauberg.

fehlt. Diese Beobachtung hatte man bislang bei kaum einer anderen keltischen Höhenfestung gemacht. Sollte damit der Zugang zum Wasser auch von weiter unten möglich sein, war dort ein Quellheiligtum, und standen die im Umland erkennbaren Wälle und Gräben damit in Verbindung?

Etwas heiliger Schauer darf sein, begeht man auf Antwortsuche den zum „Archäologischen Park" aufgewerteten Glauberg. Orientierung geben 20 großformatige Erläuterungstafeln eines gut zwei Kilometer langen Rundweges. Am Anfang steht der rekonstruierte Fürstengrabhügel mit der nach Südwesten ausgerichteten Prozessionsstraße. Die

Praktische Hinweise

Lage: Glauburg-Glauberg liegt in der Wetterau zwischen Büdingen und Florstadt nahe der A 45, AS Altenstadt. Das Zufahrtssträßchen auf den Berg ist als „Archäologischer Park" ausgeschildert, der gleichnamige Rundweg 2 km lang.
Museen: Heimatmuseum, Hauptstraße 17, 63695 Glauburg-Glauberg, Tel. 0 60 41/82 68 26; dort auch Anmeldung zu Glauberg-Führungen (Mai bis Sept.), www.glauberg.de; geöffnet So. 14–16 Uhr. – Im Heuson-Museum in Büdingen, Rathausgasse 6, ist anhand qualitätvoller Modelle zu sehen, wie die Menschen am Glauberg gelebt und die Sandstein-Figuren hergestellt haben, Tel. 06042/950032, www.buedingen.de; geöffnet Di. bis So. 10–12, Mi., Sa. und So. auch 15–17 Uhr. Im Wetterau-Museum in Friedberg, Haagstraße 16, gibt es eine kleine Kelten-Abteilung mit guter Einführung in die Eisenzeit, Tel. 0 60 31/8 82 15, www.friedberg-hessen.de; geöffnet Di. bis Fr. 9–12 und 14–17, Sa. 9–12, So. 9–17 Uhr.

Verlängerung ins tief eingeschnittene Seemenbachtal besteht noch als Feldweg. Erst der Blick von hier unten, die gedankliche Vorstellung, wie Grabhügel, Sandstein-Figuren, Wälle und tempelartige Gebäude aufeinander Bezug nahmen, lässt erahnen, wie man am Glauberg über den Tod hinaus Macht und Gedenken inszenierte.

Die Informationstafeln führen weiter über das heute fast parkartig wirkende Plateau. Buchen, Eichen und dichte Heckengirlanden markieren als grüne Mauer den Verlauf der noch gut erkennbaren Kelten-Befestigung. Anders als bei den meisten Anlagen war hier auf 800 Metern Länge und insgesamt acht Hektar Fläche ein weitaus größerer Bereich – in moderater Wohnlage auf 270 Meter Höhe – umwehrt. Dennoch fanden sich trotz mehrfacher Grabungen kaum Zeugnisse einer dauerhaften keltischen Besiedlung, keine mediterrane Importware, nichts; lediglich ein 1906 geborgener, im Stadtmuseum von Friedberg ausgestellter, unvollendet gebliebener Bronzehalsreif gibt einen spärlichen Hinweis. Selbst die geomagnetischen Untersuchungen der noch in zwei Kilometer Entfernung lokalisierten Wälle und Gräben erbrachten wenig Belege für größere Niederlassungen oder gar Gräberfelder.

Dabei ist die Zentralfunktion des Höhenzuges nur zu offenkundig: Wie ein Weltkind in der Mitten steht der Betrachter hier oben zwischen zwei Bachläufen und den weithin ausschwingenden Feldern. Westlich zeichnet sich vor der untergehenden Sonne der Schattenriss von Taunus und Dünsberg ab. Eine friedvolle, fast weltentrückte Stimmung liegt in der Abenddämmerung über dem Plateau, dann, wenn alle Zeithorizonte aufgehoben scheinen.

Und wo bleibt die Hauptperson? Mag auch der „Keltenfürst" nach der wissenschaftlichen Auswertung nicht mehr an seinen angestammten Platz zurückkehren und eines Tages ins Hessische Landesmuseum nach Darmstadt wandern, seine Aufwartung kann man dem Hohen Herren dennoch machen: Eine mit Laser abgenommene Kopie der Plastik steht im Glauberger Heimatmuseum. Hier ist auch die Luftaufnahme zu sehen, mit der man dem Großfund auf die Spur kam.

Die Funde vom Glauberg

Die Erde ist voller Zeichen – man muss sie nur zu deuten wissen. Einige Jahre nachdem Werner Erk im Juni 1987 zu einem Erkundungsflug über den geschichtsträchtigen Glauberg am Rande der gleichnamigen Wetterau-Gemeinde aufgestiegen war, war die europäische Vorgeschichte, die keltische zumal, um ein unverhofftes Kapitel reicher. Erk, Vorsitzender des örtlichen Geschichtsvereins, ahnte, dass er bei seinem Flug etwas Außergewöhnliches entdeckt hatte, als sich unter ihm ein großer, dunkler Kreis im Kornfeld abzeichnete. Es gingen dann einige Jahre ins Land, ehe die Archäologen des hessischen Landesamtes für Denkmalpflege die geheimnisvolle Erdverfärbung, wie erhofft, als Grabhügel identifizieren und freilegen konnten. Von „sensationell" bis „Jahrhundertfund" reichten die Urteile über das, was am Fuße des Glaubergs dann ab 1994 zum Vorschein kam: zwei unberührte, prachtvoll ausgestattete Gräber aus dem 5. Jahrhundert v. Chr. und insbesondere jene Sandsteinfigur, mit der die keltische Welt ein originäres Gesicht erhielt. Staunend standen die Ausgräber vor einem Rund von 48 Metern Durchmesser, umgeben von einem zehn Meter breiten Kreisgraben, auf den ein von Vertiefungen markierter, 350 Meter langer Weg zielte: offenkundig eine Art Prozessionsstraße für die letzte Reise der hier Bestatteten oder auch der Zugang zu einem heiligen Bezirk. Hierfür sprachen die wallartigen Fortsetzungen der Straße weit ins Umland sowie Ansätze zu Säulenreihen und einem kleinen Vierpfostenbau, jedenfalls nach Anlage und Weiträumigkeit bis dato ohne Vergleich in der keltischen Welt.

Neuer Star unter den keltischen Statuen: „Der Fürst vom Glauberg".

Zur einzigartigen Topographie passte, was sich dann nur wenige Meter unter der Erdoberfläche des bald so benannten Fürstengrabhügels 1 verbarg: eine sauber ausgezimmerte Grabkammer – eine Wunderkammer, wie sich herausstellen sollte, als man zur besseren Auswertung den Fund en bloc zur Hauptstelle des Landesamtes nach Wiesbaden brachte. Zum Vorschein kam ein etwa 30 Jahre alter Mann, dessen überreiche Schmuck- und Waffenbeigaben ihn als höher gestellte Persönlichkeit auswiesen, abgesehen davon, dass Knochen und Zähne für gute Kost und wenig körperliche Arbeit sprachen. Allein die Größe von 1,69 Meter passte nicht so recht zur Vorstellung eines „Fürsten". Zum Vergleich: Der Tote von Hochdorf maß 1,87 Meter (siehe S. 117).

Auch sonst gab es wenig Parallelen. Gewandelt hatte sich im Gegensatz zum 100 Jahre älteren Bestattungsritual von Hochdorf das Jenseitsverständnis, genauer, die kulturellen Standards im Diesseits. Erleichterte man dem süddeutschen Herrscher den Eintritt in die Anderwelt als gesellige Runde im symbolischen Kreis auserwählter Gefährten, deutet die Ausstattung am Glauberg auf eine kriegerischere, von gottgleichen Oberhäuptern geführte Gesellschaft, wie auch ein bald im Grabhügel entdeckter zweiter (brandbestatteter) Toter bekräftigte. Die Ehrenzeichen setzten sich nun aus Eisenschwert, Lanzen, Pfeil und Bogen sowie einem lederbezogenen Holzschild zusammen. Beim Schmuck fiel neben kostbaren Finger- und Armringen der goldene Halsring auf. Kein einfacher Torques, vielmehr legte man dem Fürsten ein kostbares Geschmeide von komplexer Symbolik und hoher handwerklicher Qualität um. Den Brustteil bilden zehn hintereinander gefügte Köpfe, daran drei knospenartige Gebilde (Baluster) und zwei Menschenfigürchen mit übergroßen Häuptern. Viel sprach bei dem Halsreif für

eine Herrschaftsinsignie – ein Gedanke, der bei den weiteren Grabungen am Glauberg ungeahnte Bestätigung erfuhr.
Noch untersuchten die Wiesbadener Archäologen die beiden Toten, da kam im Juni 1996 die Nachricht von der Entdeckung einer fast unversehrt erhaltenen Sandstein-Figur. Wenige Meter entfernt vom Fürstengrabhügel lag sie – offenkundig absichtlich dort deponiert – in einer sonst leeren Grube. Nur die Füße fehlten. Die Ausgräber schauten in das grimmig-ernste Gesicht einer typischen Kopfdarstellung der Kelten: Große Augen, breite Nase, heruntergezogene Mundwinkel. Auffälligstes Element ist eine so genannte Blattkrone weit nach oben geschwungener „Ohren", wie sie von anderen Plastiken, etwa der Pfalzfelder Stele oder dem Heidelberger Kopf, vertraut sind. Die Anatomie erinnert dagegen an die weitaus ältere Statue aus Hirschlanden. Hier wie dort verwundert das groteske Missverhältnis zwischen den überaus muskulösen Beinen und einem eher schmächtigen Oberkörper, vor dem die dünnen Arme abwehrend-demütig gekreuzt sind. Anders als der Mann von Hirschlanden erwies sich die lebensgroße Sandsteinfigur vom Glauberg als so exzellent erhalten, dass jedes Ausstattungsdetail erkennbar blieb. Um den Hals ein balustergezierter Reif, am Körper Kurzschwert und Schild, an Arm und Finger goldene Ringe – alles wirkte wie ein steinernes Abbild des Toten aus dem Hauptgrab.
Vor dem Schluss, die Plastik könnte dem Fürsten als Denkmal nachgebildet sein, bewahren die drei weiteren Statuen, deren Fragmente am Glauberg gefunden wurden. Sie standen auf oder an dem sechs Meter hohen Grabhügel und signalisierten den Rang der dort Begrabenen. Die Stelen entsprachen wohl dem Herrscherideal eines Fürsten der Zeit, während man die Toten nach einem solchen Ideal ausstattete. Ohne auszuschließen, dass wechselseitig auch individuelle Besonderheiten Berücksichtigung fanden, zog der Chefausgräber Fritz-Rudolf Herrmann gar den Vergleich zu antiken Vorbildern, wonach hier „reale oder mythische vergöttlichte Ahnen, Heroen, in ihren Bildnissen verehrt wurden". Mithin darf man im Glauberg einen Olymp sehen, zu dem die Menschen von weit her kamen, nachdem sie in einer imponierenden Gemeinschaftsleistung die Anlage errichtet hatten, ein Ritualbauwerk für gottgleiche Führer, die den eher losen Stammes- und Familienverbänden in einem weiten Umfeld Ausrichtung und Zusammenhalt gaben.

Filigrane Arbeit mit komplexer Symbolik: Goldhalsreif aus dem Glauberger Grab 1.

BUTZBACH
Misteln für Miraculix

Zu den eher unbekannten Bodendenkmälern, die sich seit den Funden vom Glauberg größerer öffentlicher Aufmerksamkeit erfreuen, gehören Haus- und Brülerberg am Taunusrand bei Butzbach. Die dortigen Hinterlassenschaften erschließt jetzt ein im Rahmen des Projektes „Keltenstraße" angelegter „Kulturgeschichtlicher Wanderweg". Er hilft besser zu erkennen, was die Topographie streckenweise noch erahnen lässt. Der rampenartige Anstieg zum Hausberg sowie die – kontrastreich mit Moos bewachsenen – Geländeeinschnitte und Aufschüttungen verweisen auf eine mit mächtigen Abschnittsmauern gesicherte Anlage aus zwei Ringwällen, der äußere vermutlich ein reines Erdwerk, der innere nach dem Verfahren von Pfostenschlitzmauern errichtet. Auf zwölf Hektar umschlossen Wehrbauten den Gipfel. Von dessen (später vergrößertem) Plateau hat man die keltische Welt zwischen Glauberg und Dünsberg im Blick. Das ist auch schon eine der wenigen Gewissheiten. Eine 1911/12 unzureichend vorgenommene Grabung erbrachte lediglich vage Hinweise auf die Erbauungszeit, 5. oder 4. Jahrhundert v. Chr., und gar keine, ob die Berge zur Urnenfelderzeit schon und zum Frühmittelalter noch besiedelt waren, wie für den Brülerberg vermutet. Weil von der Vegetation längst verschluckt, wirken die noch immer stattlichen Wälle dort sehr urtümlich.

Beim Abstieg passiert man eine große Streuobstwiese. Kann es Zufall sein, was da in dichten Büscheln auf den Ästen wächst? Misteln. Wer

Miraculix wäre erfreut: Auch auf Obstbäumen, wie hier am Butzbacher Hausberg, wachsen Misteln.

Praktische Hinweise

Lage: Zum Hausberg südlich von Butzbach der Ausschilderung Richtung Oes folgen, etwa 2 km danach links zur Wochenendsiedlung, an deren Ende ein Wanderparkplatz.
Der „Kulturgeschichtliche Wanderweg" ist 8 km lang, Markierung: stilisierter „Kelten-Fürst" auf grünem Grund.
Museum: Kleinfunde sowie ein Modell vom Hausberg befinden sich im: Stadtmuseum, Färbgasse 16, 35510 Butzbach, Tel. 0 60 33/6 50 05 (unter dieser Nummer können auch Hausberg-Führungen gebucht werden), www.stadt-butzbach.de; geöffnet Di. bis So. 10–12 und 14–17 Uhr, Sa. nur nachmittags.

denkt nicht gleich an die keltisch-gallische Verehrung der Pflanze, die nach einem Bericht Plinius des Älteren „alles heilt"? Von ihm stammt ja auch die dank „Asterix"-Comic populär gewordene Vorstellung, Druiden wie Miraculix turnten in die Bäume, um mit einer goldenen Sichel Misteln zu schneiden. Die Phantasie mancher Forscher wird übrigens noch viel weiter gehend angeregt. Könnte die „Blattkrone", die ohrförmigen, unterschiedlich großen Gebilde auf dem Haupt des „Kelten-Fürsten", nicht den gegenständig angeordneten Mistelblättern nachempfunden sein?

BIEBERTAL
Wie auf einem Laufsteg

Dank Mistel verstärktem „Zaubertrank" brauchten die unbesiegbaren gallischen Helden um Asterix ihr Dorf nicht weiter zu sichern. Wie gewaltig die keltischen Festungsanlagen in Wirklichkeit waren, ist am Dünsberg nördlich von Gießen bei Biebertal noch gut sichtbar. Die knapp 500 Meter hohe Erhebung umgürten – von oben nach unten jünger werdend – gleich drei Ringwälle. Der unterste umschloss ein 90 Hektar großes Oppidum. Tausende Häuser müssen im 2. und 1. vorchristlichen Jahrhundert eine stadtähnliche Siedlung gebildet haben. Selbst eigene Münzprägung kannte man. Dass die Bewohner mit Römern in Berührung gekommen sind, erhärten seit 1999 laufende Grabungen: Lanzenspitzen, Schildbeschläge oder Pferdegeschirre lassen auf einen mi-

Torwächter: Rekonstruierte Oppidum-Zufahrt am Fuße des Dünsbergs bei Gießen.

Praktische Hinweise

Lage: Zufahrt zum Parkplatz „Keltentor" an der östlichen Seite des Dünsberges, Abzweigung Krumbach, von Gießen in Richtung Biebertal und Gladenbach. Ab Parkplatz führt der „Archäologische Wanderweg" mit der Markierung weißes A auf den Gipfel (für den direkten Weg zurück: gelber Strich; Gesamtstrecke 6 km). Der Aussichtsturm hat wie die Gaststätte geöffnet: Mi. und Sa. 13–22, So. ab 8 Uhr. Über den Dünsberg-Verein können Führungen gebucht werden, Tel. 0 64 09/96 49, www.duensberg-verein.de.
Tipp: Die genannten Orte – Oberursel, Glauberg, Butzbach, Dünsberg u. a. – sind mit einer touristischen, aber nicht ausgeschilderten „Keltenstraße" verbunden. Über die Geschäftsstelle, angesiedelt bei der städtischen Tourismus GmbH von Bad Nauheim, kann eine Begleitbroschüre bezogen werden, außerdem Unterlagen zu einem (markierten) „Kelten-Radweg", Tel. 0 60 32/92 99 20, www.keltenstrasse.de. Dort auch Auskunft über Termine, wann keltische Salzgewinnung demonstriert wird (Bad Nauheim besaß eine große Solestätte).

litärischen Kampf schließen. Schon jetzt gilt die Fundausbeute als bedeutsamer als die von Kalkriese bei Osnabrück, dem vermuteten Schauplatz der berühmten Varusschlacht im Jahre 9 n. Chr. Mangels schriftlicher Überlieferungen hat das Dünsberger Zusammentreffen freilich nie den Weg in die Geschichtsbücher gefunden. Ein Routinesieg für die Römer, aber das endgültige Aus der Kelten. Fast spurlos sind sie auch im oberhessischen Raum in der römischen oder germanischen Welt aufgegangen.

Bleibt die Topographie der mächtigen Ringwälle. Über weite Strecken sind diese am Dünsberg zu begehen, ein Archäologischer Lehrpfad übernimmt die Führung. Er beginnt am rekonstruierten Tangential- oder Zangentor zu Füßen des Berges, das wie 14 weitere gleicher Machart Einlass gewährte. Am Tor mit der heutigen Zählung 7 betritt man den inneren Bereich. Hier am unteren und dem eine Etage höher angelegten Wall darf man sich unter hohen Buchen wie auf einem Laufsteg fühlen, so breit und komfortabel zu gehen sind die von Erde und Bewuchs überzogenen, einst fünf Meter hohen Wallreste. Für den Bau der insgesamt zehn Kilometer langen Mauern sind rund 700 000 Tonnen Material – Erde, Steine und Holz – bewegt worden. Alleine für den Transport wären rechnerisch 1000 Mann ein Jahr beschäftigt gewesen.

An der südlichen Ecke, im Bereich der Tore 4 und 5, wurden die meisten Funde im Hinblick auf eine vermutete keltisch-römische Schlacht gemacht. Dass der Dünsberg nach der Zeitenwende unbesiedelt blieb, zeigt nicht zuletzt die im nahen Waldgirmes freigelegte älteste römische Zivilsiedlung nördlich der Alpen. Niemand hätte dort gebaut, wäre noch eine Bedrohung vom knapp außerhalb des Limes liegenden Dünsberg ausgegangen. Warum die Kelten sich dort über Jahrhunderte behaupteten, und Rom hier am weitesten nordöstlich ausgegriffen hatte, beantwortet der Blick vom Aussichtsturm auf dem Gipfel. Ob Steinwälle oder Limesbau, keine Anstrengung konnte groß genug sein, um das goldene Ährenmeer von Wetterau und Gießener Becken in seinem Besitz zu wissen.

SAUERLAND UND NORDHESSEN

LANDKREIS SIEGEN-WITTGENSTEIN

Geologischer Glücksfall im Siegerland

Die Voraussetzungen für eine dauerhafte Besiedlung waren denkbar ungünstig – raues Klima, steinige Böden, dicht bewaldete Hänge und die Täler versumpft. Aber wie zum Ausgleich gab es etwas, das die Menschen auch die unwirtlichsten Bedingungen ertragen ließ: erzhaltiges Gestein. Es musste nur aufgehoben werden. Kaum eine Region Mitteleuropas verfügt über so ergiebige und leicht zugängliche Vorkommen wie der Landstrich, der heute als Siegerland, entsprechend dem Landkreis Siegen-Wittgenstein im südlichen Sauerland, zusammengefasst wird. Zuvor fast menschenleer, setzte vor gut 2600 Jahren quasi über Nacht die friedliche Eroberung dieses Raumes im Quellgebiet von Lahn, Sieg und Eder ein.

Diejenigen, die hier seit der ausgehenden Hallstattzeit siedelten, haben das Know-how zur Gewinnung von Roheisen, die hohe Kunst des Schmiedens von Waffen, Schmuck und Alltagsgegenständen, höchstwahrscheinlich mitgebracht. Allein bei Geländebegehungen sind in den vergangenen Jahrzehnten hunderte von Verhüttungsplätzen mit über 1500 Renn- oder Schmelzöfen entdeckt worden. Würde man tiefer graben, den

Gewächshaus: Ein begrüntes Dach schützt keltische Renn- und Schmiedeöfen bei Siegen.

Boden mit Schallwellen abtasten, man fände Tausende.

Mit Blick auf die Eisengewinnung bedeuteten die landschaftlichen und klimatischen Nachteile des Siegerlandes unschätzbare Vorteile. Roherz allein genügt nicht. Man braucht zur Steuerung der Luftzufuhr in den Rennöfen die Abwinde an den Berghängen und natürlich Holz in unvorstellbaren Mengen. Tag und Nacht mussten die Meiler für die Gewinnung von Holzkohle rauchen. Mochte sich später die Eisen- und Stahlherstellung auch stark wandeln, bis weit ins 19. Jahrhundert blieben die qualmenden Holzstöße ein vertrautes Bild an der Sieg. Am Standort des Letzten seines

Praktische Hinweise

Lage: Der historische Hauberg ist ab der Durchgangsstraße von Kreuztal-Fellinghausen ausgeschildert; Parken am Ende des Alfred-Sänger-Wegs. Der Rennofen steht im oberen Bereich der Versuchsanpflanzung. Termine der Vorführungen zur Eisenschmelze im Internet: www.hauberg.onlinehome.de oder über die Tourist-Information des Siegerlandes, Tel. 02 71/3 33 10 20, www.siegerland-wittgenstein-tourismus.de
Der vorgeschichtliche Schmelzofen von Obersdorf (10 km südlich von Siegen) ist ab Schmidthainsweg ausgeschildert; der Fußweg dauert etwa 30 Min., Markierung: weiße Raute. Den Köhler von Walpersdorf findet man 10 km östlich von Netphen nahe der Straße in Richtung Bad Laasphe. Wanderkarte: Siegerland-Wittgenstein, Westteil, Maßstab 1:50 000, Landesvermessungsamt Nordrhein-Westfalen.
Museum: Siegerland-Museum im Oberen Schloß, 57072 Siegen, Tel. 02 72/23 04 10, www.siegen/history/index; geöffnet Di. bis So. 10–17 Uhr.

Fachs, dem eher aus Schaugründen arbeitenden Köhler bei Walpersdorf, wird auf einer Tafel vorgerechnet, dass man zur Gewinnung von einem Kilo Roheisen zehn Kilo Holzkohle und für diese einen Zentner Holz benötigt.

Wie lösten Kelten das Brennstoffproblem, regierte nur die Axt oder praktizierten sie bereits eine Art Nachhaltigkeit, ähnlich der genossenschaftlich organisierten Haubergswirtschaft? Seit dem Mittelalter durfte im Siegerland nur gefällt werden, was man in einem auf 15 bis 20 Jahre berechneten Turnus nachpflanzte. Oberhalb von Kreuztal wächst wieder ein solcher Nieder- oder Haubergswald zu Demonstrationszwecken. Regelmäßig wird dort auch versucht, mit einem rekonstruierten Rennofen nach Art der Kelten schmiedbares Eisen herzustellen. Obgleich dabei Fachleute aus dem Forstwesen und der Stahlindustrie ans Werk gehen, gelingt dies bis heute nur ansatzweise. Ja, wie haben es die Kelten gemacht, wie haben sie die Luft reguliert, wie viel Holzkohle verwendet? Vielleicht waren die Schmelzöfen anders gebaut, als bislang angenommen, und möglicherweise gilt das auch für die häufig zu findenden Schmiedeöfen zur Befreiung von der Schlacke.

Wie so ein Ofenduo nach heutiger Kenntnis in natura aussah, hat man bei Obersdorf südlich von Siegen mitten im Wald rekonstruiert. Man muss gut aufpassen, um den unter einem kuppelartigen Schutzdach – mit Büschen und Gras begrünt wie ein Baumhaus von Friedensreich Hundertwasser – verborgenen Verhüttungsplatz nicht zu übersehen. Besser sind da die Einblicke im Siegerland-Museum von Siegen, wo mit einem Rennofen von 150 v. Chr., originalen Schlackenresten, Düsen zur Luftregulierung und Rohluppen, dem Endprodukt, die prähistorische Eisengewinnung Gestalt annimmt. Dass diese mit dem Einsickern der Germanen nicht zum Erliegen kam, vielmehr zur Grundlage der 2500-jährigen Entwicklungsgeschichte des Siegerlandes wurde, zeigt das Museum mit seinem mittelalterlichen Schaustollen und einem deckenhohen Zylindergebläse von 1840 auf eindrucksvolle Weise. Nicht zu vergessen die großen Kanonen auf der Schlossterrasse.

NETPHEN
Wälle, über die Gras gewachsen ist

Wer hat den steilsten Keltenberg im ganzen Land? Sollte einmal eine Rangliste der spektakulärsten Höhen mit prähistorischer Besiedlung aufgestellt werden, darf die Alteburg bei Netphen nicht in der Spitzengruppe fehlen. Wie der Rücken einer Schildkröte wölbt sich die 633 Meter hohe Erhebung inmitten der kaum besiedelten Bergwelt des Siegerlandes. Von weitem betrachtet fällt unter dem grünen Blätterdach kaum auf, wie steil die Hänge sind; überdies verläuft der einstündige Anmarsch fast ebenen Weges. Hier an der gefährdeten Ostseite, dem einzigen Zugang, trifft man dann auch auf die ersten Sperrwerke. Das Zangentor ist nur noch schwach ausgeprägt, deutlich zeichnen sich dagegen die zusammengesunkenen Mauerzüge von zwei Ringwällen im Gelände ab, der äußere 1100 Meter lang, der innere 680 Meter. Reizvoll sind sie mit Gräsern und Farnen bewachsen, überdacht von den lichten Kronen hochstämmiger Buchen.

Nach Passieren des höchsten Punktes endet jäh das parkartige Terrain. Fast übergangslos bricht der ohnehin nach allen Seiten leicht abfallende „Buckel“ nach vorne ab. Die Alteburg war unein-

Praktische Hinweise

Lage: Die Alteburg liegt östlich von Netphen oberhalb der Obernau-Talsperre. Zugang: Entweder ab Parkplatz Forsthaus Hohenroth an der „Eisenstraße" zwischen Grund und Großenbach, Markierung zunächst X 3, dann liegender Doppelhaken (ein Weg 3,5 km); oder steiler Zugang ab Netphen-Mitte mit der Markierung liegender Doppelhaken (ein Weg 4 km). Wanderkarte: Siegerland-Wittgenstein, Westteil, Maßstab 1:50 000, Landesvermessungsamt Nordrhein-Westfalen (genannter Doppelhaken ist darauf nicht verzeichnet).

nehmbar – aber war sie auch dauerhaft bewohnt? Abgesehen vom Fehlen typischer Siedlungsfunde geben die Höhenlage und die schwierige Topographie bereits die Antwort. Man wird den Berg, wie ein halbes Dutzend weiterer im Siegerland, zum Schutz großflächiger Erzvorkommen und der in Hanglage angeordneten Verhüttungsplätze gesichert haben. Mit Ende der keltisch-germanischen Landnahme hatten alle Bergfestungen im Siegerland ausgedient, erobert wurden sie von der Natur. Das heutige Landschaftsbild zeigt freilich auch nicht das, was es angesichts flächendeckender Bewaldung zu sein scheint, jedenfalls keine über Jahrhunderte unberührt von Menschen gewachsenen Wälder. Erst mit Ende des exorbitanten Holzverbrauchs für die Eisenverhüttung und der seit dem Mittelalter ausgeübten Niederwaldwirtschaft konnten Bäume aus- und in der Fläche zusammenwachsen. Gut zwei Drittel des Kreises Siegen-Wittgenstein sind heute mit Gehölzen bedeckt. Damit gilt die Region zwischen Sieg und Lahn als die waldreichste Deutschlands.

MÜNCHHAUSEN/BURGWALD
Vom Geist des Christenberges

Er gehört noch immer zu den Stillen im Hessenland, der Burgwald nördlich von Marburg. Kaum zersiedelt, von großen Verkehrslinien unberührt, ist hier eine dichte Waldlandschaft zu entdecken, die ein Stück Ursprünglichkeit bewahrt. Mal Nadelgehölze, mal Eichen und immer wieder Buchen, dazwischen Buschwerk und am Boden ein dichter Teppich aus Moosen, Beeren, Pilzen, Flechten – etwas vom mythisch umwitterten Geist der Natur, wie ihn die Kelten empfanden, scheint der Burgwald noch zu atmen.

Zentraler Anlaufpunkt ist der Christenberg oberhalb von Münchhausen. Schon sein Name deutet eine außergewöhnliche Bedeutung an. Ob hier bereits Bonifatius – wie ein steinerner Fußabdruck beweisen soll – den Heiden gepredigt hat, ist eher Glaubenssache. Gewiss ist, dass die Franken auf dem Berg seit dem 8. Jahrhundert ein „Castrum" als Grenzfeste und Operationsbasis gegen die Sachsen errichtet hatten. Teile davon wurden später in den Grundzügen wieder aufgemauert, so das Nordtor und einige Wände südlich vom Friedhof und der Martinskirche. Auch das findet man auf dem Christenberg: Ein Gotteshaus, frühere Pfarr- und noch immer Totenkirche der Münchhausener, das mit seinen romanisch-gotischen Elementen eindrücklich das Gipfelplateau beherrscht. Gegenüber steht das in Fachwerk erbaute Alte Küsterhaus. Seit der umfassenden Sanierung 1999 birgt es eine Dauerausstellung zur

Wälle wie Wellen: Auf dem Christenberg im Burgwald.

Geschichte des Christenberges sowie gut gearbeitete Repliken keltischer Funde.

Latènezeitliche Keramik, Schmuck und Gewandspangen aus Bronze kamen bei den Ausgrabungen der frühmittelalterlichen Festung ans Tageslicht. Worauf im Gelände wallartige Stufen hinweisen, wurde beim tiefen Schnitt in den Christenberg zur Gewissheit: Eine gut vier Hektar große Höhensiedlung muss hier wenigstens für 220 Jahre bestanden haben. Die Angabe einer genauen Zeitspanne erlaubt der seltene Glücksfall erhaltener Balken, genauer, verkohlten Holzes. Aus unbekannten Gründen wurde die Anlage nach einem planmäßig gelegten Feuer um 200 v. Chr. aufgegeben. Die Jahresringuntersuchung ergab für einige der Stämme als Einschlag das Jahr 420. Somit datiert die Befestigung auf dem Christenberg aus einer Zeit zwischen Früh- und Spätlatène, für die nur wenig andere Höhensiedlungen bekannt sind. Darüber hinaus konnten noch weiter gehende Erkenntnisse gewonnen werden. Einige der Holzaufbauten dienten vermutlich als Lager- und Vorratsräume; immerhin fand man auch kiloweise Getreide- und Gemüsekörner. Die Annahme eines Handels- und Stapelplatzes deckt sich mit der strategisch günstigen Lage an der alten Fernhandelsstraße zwischen dem Rhein-Main-Gebiet und Westfalen.

Praktische Hinweise

Lage: Münchhausen liegt 20 km nördlich von Marburg an der B 252. Der Christenberg kann direkt angefahren, aber auch zu Fuß erobert werden; eindrucksvoll dabei die kilometerlange Eichenallee nach dem Waldeintritt. Beginn: Münchhausen, Thalhäuser Straße mit der Markierung X 9 (ein Weg 4 km).
Museum: Altes Küsterhaus auf dem Christenberg mit Fundkopien; den Schlüssel zur Besichtigung erhält man in der Berggaststätte (Mo. Ruhetag), Tel. 0 64 57/3 68.

Stumme Zeugen: Die Bruchhauser Steine bei Olsberg markieren ein vermutetes Heiligtum.

OLSBERG-BRUCHHAUSEN
Vier steinerne Wächter

Auf der Suche nach dem weitesten Vordringen von Kelten blickt die Forschung nach Thüringen oder Nordhessen. Westfalen scheint dagegen bereits jenseits des Horizonts zu liegen, der Istenberg im Sauerland taucht nur selten in der Fachliteratur als äußere Landmarke auf.

Dabei ist hier nahe Olsberg eines der spektakulärsten Siedlungsgebiete der späten Hallstattzeit zu entdecken. Gewiss, weniger im Sinne der archäologischen Hinterlassenschaften; die sind spärlich und noch immer nicht ausreichend untersucht. Die jüngsten Grabungen 1996/97 belegen anhand der Kleinfunde und des Wallaufbaus eine Besiedlung für das 7. bis 5. Jahrhundert v. Chr. Der Wall – von dem unterdessen ein Stück rekonstruiert ist – ragte etwa 3,50 Meter in die Höhe, davor ein Sohlgraben. Weil der Untergrund nachgab und zudem noch stark abschüssig war, sicherte man die Frontpfosten mit schweren Steinpackungen.

Praktische Hinweise

Lage: Bruchhausen liegt 5 km südlich von Olsberg; die Zufahrt zu den Bruchhauser Steinen ist ausgeschildert, parken am unteren Zugang (Parkplatz und das Gelände sind, da in Privatbesitz, kostenpflichtig). Der Rundgang durch das Gesamtareal ist ca. 4 km lang.

Angesichts dieser Befestigung stellt sich die Frage, was es hier, in unwegsamem Gelände auf 700 Meter Höhe, vermutlich fernab der damals besiedelten Welt, zu schützen galt? Die wahrscheinlichste Antwort – ein sakraler Platz – geben vier stumme Zeugen. Ihre Namen: Bornstein, Goldstein, Ravenstein und Feldstein. Gemeinsam heißen sie nach der nächsten Ortschaft Bruchhauser Steine. Auf 45 bis 90 Meter aufstrebend, Grundflächen zwischen 200 und 500 Quadratmetern bedeckend, bilden die Porphyrklötze die größte frei stehende Felsgruppe des Sauerlandes. Wie Findlinge, zurückgelassen aus ferner Zeit, überragt das steinerne Quartett den Wald am Istenberg.

Geht man den steilen Hang hinauf und umrundet die Monolithe, wird ihre Zuordnung deutlich: Die Vier bilden ein fast gleichmäßiges Rechteck, dazwischen, wie an der Ostseite vor Gold- und Feldstein zu sehen, der doppelt ausgelegte Wall. Vermutlich waren die Felsen Teil der Befestigung, gleichsam ihre steinernen Wächter – und ein Heiligtum. Das legt die Fundanhäufung an den Sockeln nahe. Magische Kräfte wird man den Steinen nicht allein wegen ihrer Größe nachgesagt haben. Wundersamerweise soll auf dem 92 Meter hohen Bornstein eine Quelle entsprungen sein, und der goldglänzende Überzug am Goldstein hat früher wahrscheinlich weitaus stärker geleuchtet. Für den heutigen Besucher dürfte der Feldstein der attraktivste Fels sein. Er ist als einziger besteigbar. Von seiner Spitze aus betrachtet, macht das Sauerland seinem Ruf als „Land der 1000 Berge“ alle Ehre. Wie erstarrte Meereswellen schiebt sich Kammlinie hinter Kammlinie bis an den Horizont.

KASSEL/NIEDENSTEIN
Wertvoll wie Gold – Holz aus antiker Zeit

Mit dem Niedenstein südlich von Kassel verhielt es sich lange wie mit dem Teutoburger Wald. Generationen von mehr oder weniger seriösen Feldforschern waren ausgeschwärmt, um dort einen der legendären Schlachtorte aus dem großen Ringen zwischen Römern und Germanen auszumachen. Dabei fand man im Teutoburger Wald ebenso wenig den Schauplatz der für Rom vernichtenden Varusschlacht 9 n. Chr. wie am Niedenstein den Hauptort der Chatten (Mattium), der nach einem Bericht in Tacitus' „Annalen“ von Germanicus im Jahre 15 n. Chr. zerstört worden sein soll. Während man in Sachen Varusschlacht bekanntlich in Kalkriese bei Osnabrück, weitab vom Teutoburger Wald, inzwischen fündig geworden ist, tappt man bei Germanicus und den Chatten weiterhin im Dunkeln.

Die so genannte Altenburg auf dem Niedenstein konnte noch so oft umgepflügt werden, es gab keinerlei Hinweise auf eine germanisch-chattische Besiedlung, geschweige denn für gewaltsame Auseinandersetzungen. Die zeitlich jüngsten Funde decken sich mit dem allgemeinen Ende der keltischen Welt um 50 v. Chr. Denn das war der Niedenstein in Wirklichkeit, ein blühendes Oppidum der Kelten zur Spätlatènezeit. Bei mehreren Grabungsperioden seit Beginn des 20. Jahrhunderts wurde ein außergewöhnlich reiches Spektrum an Hinterlassenschaften geborgen. Zuletzt, 1990, eine vollständig erhaltene Prunktrense aus Bronze mit reich ornamentierten Schmuckscheiben – entdeckt unter einer Baumwurzel. Zwei Jahre zuvor kam bereits ein Massenfund mit 226 Eisenobjekten zum Vorschein, der wie der Musterkoffer eines

Hölzerne Rarität: Klapptür aus dem Niedensteiner Oppidum im Kasseler Landesmuseum.

Handelsreisenden für hochwertige Schmiedeware wirkte: Lanzenspitzen, Messer, Beile, Pflugscharen, Nägel, Pferdegeschirr, Haken, Ösen, und das alles mehrfach in verschiedenen Größen und Formen.

Die eigentliche Sensation trat jedoch bereits bei den ersten Grabungen vor hundert Jahren zutage: organisches Material, sprich Holzgegenstände. Der wasserundurchlässige Basaltuntergrund konservierte in tiefen Gruben mehrere Schaufeln, Holzmesser, Schalen und – als bedeutendste Rarität – eine gut ein Meter hohe Türklappe. Das Fälldatum des Eichenholzes um 100 v. Chr. passt gut zum Zeithorizont der Eisen- und Keramikarbeiten vom Oppidum auf der Altenburg.

Einige der Gruben, die noch heute auf dem lang gestreckten Gipfelzug erkennbar sind, könnten der Tonaufbereitung gedient haben, andere wohl als Wasserbecken oder der Vorratshaltung unter den Wohnhäusern. Selbst eine „Straße" verlief auf dem Plateau. Warum die Bewohner dieser hoch entwickelten Ansiedlung nie den umgebenden Ringwall vollendeten, wie die Archäologen überrascht feststellten, darauf gab die reiche Fundausbeute keine Antwort. Vielleicht bot bereits die felsenreiche Topographie ausreichend Sicherheit. Vom Niedenstein, exponiert in einer offenen, vulkanisch geformten Kuppenwelt liegend, blieb keine Annäherung unbemerkt. Geht man vom Oppidum-Gelände zwei Kilometer weiter zur Ruine Falkenstein, zeigt sich, wie weit das Blickfeld reicht – bis zum Habichtswald, heute bekrönt vom berühmten „Herkules" über Kassel.

Die nordhessische Metropole ist auch der Ort, an dem die Funde der Altenburg präsentiert werden. Zwei große Räume der Staatlichen Sammlungen, Abteilung Landesmuseum, sind der Eisenzeit gewidmet. Den ersten Saal nimmt die stark mit

Praktische Hinweise

Lage: Niedenstein liegt 10 km westlich von Baunatal. Ab der Altenburger Straße führen die Markierungen E und X 2 auf die Altenburg (ein Weg 3 km, weitere 2 km bis Ruine Falkenstein). Einen guten Blick über die Altenburg bietet der „Hessenturm" bei Niedenstein. Wanderkarte: Habichtswald (Blatt 15), Maßstab 1:50 000, Hessisches Landesvermessungsamt.
Museum: Hessisches Landesmuseum der Staatlichen Sammlungen, Brüder-Grimm-Platz, 34117 Kassel, Tel. 05 61/7 84 60, www.museum-kassel.de; geöffnet Di. bis So. 10–17 Uhr.

Keramik vertretene Hallstattkultur ein; der zweite, durch ein nachgebautes Walltor zu betretende Raum, gehört der Latènezeit. Neben den Exponaten vom Niedenstein finden sich hier ein Eisendepotfund aus Wichdorf, der 200 Münzen umfassende „Schatz von Marday" sowie der fast vollständig geborgene Töpferofen aus Wehren bei Fritzlar.

ZIERENBERG
Am Ende der keltischen Welt

Wer aus den Weiten des ostwestfälischen Beckens auf Kassel zuhält, sieht unvermittelt aufragen, was den Namen Berge verdient. In den Landkarten ist die lang gezogene Wand als Habichtswald verzeichnet. Feuergebirge wäre treffender. Den kegelförmigen Erhebungen und wuchtigen Gesteinsrücken mit ausgeprägten Felstürmen ist die vulkanische Abstammung auch Millionen Jahre nach Verlöschen der Lavaglut noch beeindruckend anzusehen. Besonders jenen Formationen, die wie das auf 580 Meter ansteigende Dörnberg-Massiv durch intensive Weidenutzung seit dem Mittelalter unbewaldet blieben – und aus kulturgeschichtlichen und Naturschutzgründen bleiben sollen. Auf der einen, der nordwestlichen Seite des sattelartig eingetieften Dörnbergs stehen

Jenseits des keltischen Horizonts: Panoramablick vom Dörnberg bei Kassel.

Praktische Hinweise

Lage: Zierenberg liegt 12 km westlich von Kassel nahe der A 44. Mehrere Wege führen auf den Dörnberg. Landschaftlich eindrucksvoll der westliche Zugang durch das NSG über „Alpen- und Jägerpfad" ab Ortsausgang Zierenberg in Richtung Calden (ein Weg bis zum Gipfel 5 km). Kürzer und steiler der Anstieg vom Ort Habichtswald-Dörnberg mit der Markierung weißer Winkel (ein Weg 2 km). Wanderkarte: Habichtswald (Blatt 15), Maßstab 1:50 000, Hessisches Landesvermessungsamt.

110 Hektar subalpiner Vegetation – säulenartiger Wacholder, Feldthymian, Primeln, Enzian, verschiedene Orchideenarten – unter strengem Schutz. Auf der anderen, zwei Kilometer entfernten Seite des eigentlichen Dörnbergs wächst nichts dergleichen, nur Gras an steilen, oben wie abgeschnitten wirkenden Flanken. Einer Reliefkarte nicht unähnlich, zeichnen sich darunter wallartige Geländestufen ab.

Der pyramidenförmige Aufbau des Dörnbergs forderte nachgerade zur Okkupation heraus. Nur, wer auf der Kante des vermutlich von Menschenhand abgeflachten Plateaus Mauern errichtete, und wie lange man hier oben die Stellung hielt, muss mangels Grabungen offen bleiben. Vereinzelte Scherbenfunde deuten auf Kelten oder doch wenigstens auf die vorrömische Eisenzeit zwischen dem 5. und 1. Jahrhundert. Auffallendste Geländeveränderungen sind ein an der Südostecke eingetieftes Rechteck von 150 Metern Länge unbekannter Funktion und vor allem ringsum verlaufende Materialgräben. Diese weiß man als Deckung zu schätzen, wenn das Wetter ungebremst von Nordwesten hereinstürmt. Widrige Winde nimmt man in Kauf angesichts der überwältigenden Aussicht vom Dörnberg, vergleichbar der vom bayerischen Alpenrand. Im Rücken die Berge, voraus eine endlose, sich irgendwo am Horizont verlierende Ebene.

Der Dörnberg stellt eine jener symbolischen Landmarken dar, die Nord und Süd, die Mittelgebirge von der niederdeutschen Tiefebene trennen. Und auch die keltische von der germanischen Welt? Das kann natürlich niemand wissen, aber die Vorstellung ist nicht ohne Reiz, das Dörnbergmassiv markiere den äußersten Vorposten der Kelten. Nordwestlich davon finden sich kaum noch ihre Spuren.

RHÖN UND THÜRINGEN

HOFBIEBER

„Der schönste Berg Deutschlands"

Dem Landschaftscharakter der Rhön wurden schon manche Kränze geflochten. Tatsächlich besticht das Gebirge im Dreiländereck von Hessen, Bayern und Thüringen mit einer unverwechselbaren Topographie kühner Auf- und Abschwünge vulkanisch geformter Berge, unter ihnen, wie es Wilhelm von Humboldt empfand, der „schönste Deutschlands", die Milseburg. Den 835 Meter hohen Berg, auf dem man übrigens eine Burg vergeblich sucht, den schönsten zu nennen, ist freilich weniger eine Geschmacksfrage als vielmehr – und so mag es auch Humboldt gemeint haben – ein Loblied auf die einzigartige Formgebung. Was dem Montblanc seine überhängende Spitze, ist der Milseburg ihre von Süd nach Nord um 100 Meter abfallende Flanke. Treffend spricht der Volksmund von einer Totenlade oder einem sargähnlichen Gebilde, das der Phantasie stets Nahrung gegeben hat. Riese Mils, Hausherr des Berges, soll – erbost über die Christianisierung des Heiligen Gangolf – die Gläubigen mit Steinen beworfen haben. Natürlich vergeblich. Erschöpft starb Mils; begraben hat ihn der Teufel unter dem Berg.

Riese Mils und „seine“ Milseburg: Nicht im Bild ist die wallbewehrte Nordflanke.

Ausreichend Wurfmaterial hat der Riese zurückgelassen. Gewaltige Blockmeere eruptiven Gesteins bedecken die Flanken der Milseburg. Es handelt sich um Phonolith, das anders als der sonst in der Rhön vorherrschende Basalt besser zu handhaben und plattenförmig zu schichten ist. Auch das mag Kelten an der festungsähnlichen Milseburg angezogen haben. Einzig hier konnte in der westlichen Rhön eine Wallanlage der Latènezeit nachgewiesen werden. Kein Geringerer als der Universalforscher und Arzt Rudolf Virchow entdeckte diese 1870 und deutete sie – irrtümlich, wie man heute weiß – als Teil einer strategischen Linie zwischen Vacha und Brückenau.

Zu Virchows Zeiten war die Befestigung noch weitgehend vorhanden. Später, 1896, knabberte ein Gleisbau die Nordseite kräftig an. Die offenen Mauerzüge im Osten und insbesondere im Süden, wo sie durch Zusammenrutschen des Gesteins zur Empore des Blockmeeres wurden, sind freilich

Praktische Hinweise

Lage: Der Parkplatz Milseburg liegt an der Landstraße zwischen Hofbieber und Hilders nahe Oberbernhards. Der Gipfel ist nur zu Fuß erreichbar, Hin- und Rückweg entlang eines Lehrpfades etwa 4 km; oben gibt es eine rustikale Einkehr.
Museum: Funde der Milseburg in der Staatlichen Sammlung, Kassel (siehe S. 38) und im Vonderau-Museum, Fulda; dort auch ein großes Modell der Anlage; Vonderau-Museum, Jesuitenplatz 2, 36037 Fulda, Tel. 06 61/92 83 50, www.museum-fulda.de; geöffnet Di. bis So. 10–18 Uhr.

noch imposant genug, um den Forschergeist herauszufordern. Die Erkenntnisse erster Grabungen zu Beginn des 20. Jahrhunderts, die den Nachweis einer bis zu vier Meter breiten Trockenmauer erbrachten, bestätigten seit 2003 laufende Untersuchungen. Ungeachtet weiterer Nachforschungen steht jetzt fest, dass nicht nur vor dem Wall, wie man schon länger weiß, sondern auch innerhalb der Anlage eine größere Ansiedlung bestand. Ob man auch das Gipfelplateau der Milseburg bewohnte? Keine Frage, die Aussicht ist großartig. Weit geht der Blick über die offene Mattenlandschaft mit dem Zentralmassiv der Wasserkuppe im Vordergrund zur bayerischen und thüringischen Rhön. Die tosenden Winde, denen man ungeschützt auf dem Gipfel ausgesetzt ist, sprechen freilich gegen eine dauerhafte Besiedlung. Man muss schon aus besonderem Holz geschnitzt sein, um derartigem Gegenwind stand zu halten. Eine kleine Kapelle unterhalb des Gipfelkreuzes erinnert an den hl. Gangolf, der hier oben den Heiden gepredigt haben soll.

SÜNNA/BAD SALZUNGEN
Speisen und baden wie die alten Kelten

„Das Zeitalter der Kelten begann um 800 v. Chr. und dauerte etwa bis zum Jahre Null. Sie beherrschten große Teile Europas, schmiedeten Eisen, waren kunstfertige Handwerker und betrieben eine hoch entwickelte Landwirtschaft." Zu finden sind diese Angaben nicht etwa in einem keltologischen Fachbuch, sondern in der Infomappe, die der Gast auf dem Zimmer des ersten deutschen „Kelten-Hotels" findet. So historisch korrekt geht es hier zu, dass erst gar nicht der Verdacht aufkommt, dieses in Sünna nahe der hessisch-thüringischen Grenze liegende Haus übe sich in spirituell angehauchten Seminaren oder folge einem modischen Zug, indem es statt Ritter oder Römer eben Kelten auf die Agenda setzt.

Für die nötige Seriosität eines solchen Themenhotels bürgt der Chef des Ganzen, Torsten Stütz. Er vereint die Bodenständigkeit eines gelernten

Nahrungsaufnahme: Ausmalung im „Kelten-Hotel" von Sünna in der thüringischen Rhön.

Praktische Hinweise

Lage: Sünna und der Öchsenberg liegen südlich von Vacha an der B 84. Der (steile) Anstieg auf den Öchsenberg ist ab „Kelten-Hotel" ausgeschildert (ein Weg 2,5 km; von Völkerhausen kann man auch den früheren Fahrweg hinaufgehen). Wanderkarte: Westlicher Thüringer Wald, Maßstab 1:50 000, Thüringer Landesvermessungsamt.
Herr Stütz bietet auch Tages-Gruppen ab 10 Personen geführte Wanderungen an. Kelten-Hotel „Goldene Aue", 36404 Sünna, Tel. 03 69 62/26 70, www.keltenhotel.de – Das Kelten-Bad in Bad Salzungen ist täglich 10–22 Uhr geöffnet, Tel. 0 36 95/6 93 40, www.keltenbad.de, www.badsalzungen.de

Kochs mit der seit Kindheitstagen geweckten Begeisterung für die keltische Welt. Aufgewachsen im Schatten der mit Ringwällen umzogenen Öchsen- und Dietrichsberge, zu deren Füßen das Hotel liegt, hat sich Stütz profunde Kenntnisse in Sachen Keltenkultur angeeignet und auf dieser Basis eine möglichst authentische Küche entwickelt. Vor der Kulisse handgemalter Keltenszenen im Gastraum werden denn auch keine dampfenden Wildschweine aufgefahren (die kamen entgegen der Legende nur höchst selten auf den keltisch-gallischen Tisch), und schon gar nicht – wichtigster Prüfstein – Gerichte mit Kartoffeln. Statt dessen stehen sehr schmackhafte, saisonal abgestimmte Fleisch-Gemüsekreationen auf der Speisenkarte, deren oberstes Gebot Frische ist. Selbst die Kräuter stammen aus den umliegenden Wäldern.

Hotelchef Stütz lässt es sich nicht nehmen, Gästegruppen auf seinen Hausberg, den 627 Meter hohen Öchsenberg, zu führen. Unter lichtem Buchendach sind unterwegs noch gut die Außenbefestigungen eines Wallsystems der späten Hallstattzeit erkennbar. Spärliche Funde lassen auch an einen weiteren Ausbau zur Mittellatènezeit denken, wie ein im oberen Bereich verlaufender Lehrpfad erläutert. Weiter gehende Erkenntnisse sind nicht mehr möglich. Auf der Bergspitze blieb nach jahrzehntelangem Basaltabbau eine Mondlandschaft zurück. Gerade noch rechtzeitig, bevor das gesamte Gipfelplateau abgetragen wurde, kam 1990 die „Wende" und damit die Einstellung aller Steinbrucharbeiten. Bewahrt blieb so einer der beeindruckendsten Aussichtspunkte in der Thüringer Rhön.

Wenn schon ein „Kelten-Hotel", warum nicht auch ein „Kelten-Bad"? Das fragte man sich in Bad Salzungen und schuf im Jahre 2000 unter dem Signet des keltischen Triskels, das für die Einheit von Sonne, Wasser und Erde steht, eine Badelandschaft, die, halb ernsthaft, halb augenzwinkernd, den Versuch unternimmt, keltisch inspiriert Wohlbefinden zu verbreiten. Das Bad und sein Name haben insofern ihre Berechtigung, als die hiesigen Salzquellen bereits in vorgeschichtlicher Zeit zur Gewinnung von Sole genutzt und Kelten überhaupt auf Quellen als heilig und heilend vertrauten – vorausgesetzt, sie vergaßen nicht, mit Opfergaben die Wassergottheiten milde zu stimmen.

Man muss nicht Kurgast sein, um in Bad Salzungen, wie es am Eingang heißt, „in die mystische Welt der Kelten einzutauchen". Auch der Tagesbesucher darf im heißen „Salztopf" mit hoch angereicherter Sole obenauf schwimmen, sich bei einer „Druidenmassage" durchwalken oder in der „Steinofen-Schwitze" einheizen lassen. An keltischen „Festtagen" wird gefeiert, außerdem erinnern acht Kunstbäume im Ruhebereich an den Jahresreigen zwischen Imbolc (1. Februar) und Alban Arthuan (21. Dezember). Eingefangen ist der Geist der Kelten nicht zuletzt in Pflegeprodukten („Kelten-Kosmetik") und Likörfläschchen („Keltengold") für die häusliche Nachbehandlung.

WEIMAR
Ein Gang durch den kulturellen Korridor

„Wir würden ja noch in der Barbarei leben, wenn nicht die Überreste des Altertums in verschiedener Gestalt vorhanden wären." Nur ein Johann Wolfgang von Goethe konnte, wie hier in einem Brief vom Juli 1830, einen Satz von solch allgemeingültiger Aussagekraft formulieren. Lässt man auch die Frage beiseite, ob die Kenntnisse um das „Altertum" und die Geschichte als solcher wirklich zur „sittlichen und ästhetischen Bildung" beitragen. Gemeint war von Goethe zweifellos, bewahrt die Altertümer als sichtbaren Ausdruck der Vergangenheit, mithin eurer kulturellen Wurzeln.

Gewiss hätte der geistige Übervater der Nation seine Freude daran gehabt, was da heute im Schatten der altehrwürdigen Klassikerstätten Weimars zu entdecken ist – eines der bedeutendsten vorgeschichtlichen Museen Deutschlands. Gegründet wurde das dem Landesamt für Denkmalpflege angeschlossene „Museum für Ur- und Frühgeschichte Thüringens" bereits 1889. Zu einem Schmuckstück im modernen museumspädagogischen Sinne wurde es 1999 im Zuge von Weimars Generalüberholung nach der Ernennung zur Europäischen Kulturhauptstadt. Eine Neugestaltung erforderten vor allem die exponentiell vermehrten archäologischen Funde. Mit der „Wende" schnellte, als unverhoffte Zugabe des allgemeinen Baubooms, die Ausbeute auf das Zehnfache gegenüber 1989 hoch; daneben hat das vorbildliche Denkmalschutzgesetz Thüringens von 1992 seine Wirkung nicht verfehlt. Dennoch, im Interesse der Anschaulichkeit heißt die Maxime des Museums: Weniger ist mehr.

Blickfang jeder Epoche sind lebensgroße, nach der jeweiligen Fundsituation arrangierte Szenen: Man trifft auf eine Steinzeitfamilie am Höhlenfeuer, man nimmt Einblick in eine bronzezeitliche Totenhütte, und in der eisenzeitlichen Abteilung tritt man vor das reiche Grab der „Fürstin von Henfstädt". Sonst gehört dieser Raum der „Akropolis" von Thüringen, der keltischen Steinsburg auf dem Kleinen Gleichberg (das dortige Museum ist seit 1993 Weimar angegliedert). Im Mittelpunkt steht ein Modell der Gesamtanlage, von der Decke

Fast wie am Ursprungsort: Aufbauten im Museum für Ur- und Frühgeschichte von Weimar.

Praktische Hinweise

Museum: Museum für Ur- und Frühgeschichte Thüringens, Humboldtstraße 11, 99423 Weimar, Tel. 0 36 43/81 83 00, www.tlad.de; geöffnet täglich 9–17 Uhr, am Wochenende ab 10 Uhr.

hängende Pfeile lokalisieren die wichtigsten Objekte: Wälle, Tore, Quellen. Säulenartige Vitrinen bergen wichtige Fundstücke, darunter eine Auswahl der charakteristischen Fibeln mit Pferdchen oder Vogelköpfen. Rundum verläuft eine deckenhohe Fotowand, die den Blick einfängt über die Geröllhalden und Wälle der Steinsburg. Der Besucher fühlt sich förmlich auf den Gipfel dieser größten aller 16 eisenzeitlichen Höhensiedlungen Thüringens versetzt. Kelten waren freilich nicht die ersten auf den Gleichbergen. Bereits um 1000 v. Chr. hatten der Urnenfelderkultur zugerechnete Menschen dort oben Platz genommen. Dabei spielten sie, wie es im Museum heißt, eine wichtige Rolle als „Mittler der Kulturen" zu den in Ostthüringen siedelnden Gruppen. Ein Beispiel für Kontakt und Vermischung, das sich in Thüringen noch oft wiederholen sollte. Der Gang, den man nach Verlassen der Steinsburg-Abteilung passiert, belegt diesen kulturellen Korridor namentlich zwischen den keltischen und germanischen Einflusszonen sehr eindrücklich. Rechts liegt eine Gürtelschnalle im plastischen Latènestil, aber mit zungenförmiger Ausprägung, wie man sie von der Jastorfkultur kennt; links sieht man ein germanisches Urnengrab, dem Latène-Gefäße und Fibeln beigegeben waren. Es entbehrt nicht einer gewissen Symbolik, dass dieses Grab beim Autobahnbau in Simmel/Eischleben im Rahmen des „Projektes Deutsche Einheit" entdeckt wurde.

RÖMHILD
Im Steingebirge der Steinsburg

Steine, nichts als Steine. Erst in lockerer Hangstreuung, dann blockmeerartig verdichtet, schlussendlich zu Mauern, Wällen und haushohen Wänden getürmt – mit jedem Schritt näher zur Steinsburg auf dem Kleinen Gleichberg scheint man tiefer in eine gewaltige Festung vorzudringen. Einmal um und durch die Gesteinsschluchten marschiert, und man weiß, keine andere vorgeschichtliche Burg Deutschlands hat sich derart gut und geschlossen erhalten wie diese auf dem 642 Meter hohen Berg am Südrand des Thüringer Waldes. Es gab weitaus größere Anlagen als die hier umwehrten 66 Hektar, längere als die gut drei Kilometer des untersten und damit zeitlich jüngsten (Spätlatène) der auf drei Ebenen angelegten Wälle. Doch in solch archaischer Ursprünglichkeit, zumal weitgehend ohne Bewuchs, haben nur wenige der keltischen Burgen überdauert. Steht man erst auf der Südspitze des Gipfelplateaus, machen nicht nur körperliche Anstrengung und die Fernsicht über halb Franken atemlos. Vor der titanischen Leistung, wie hier Hunderttausende Kubikmeter Basaltgestein verbaut wurden, bleibt nur ehrfurchtsvolles Staunen.

Dieses Monument der Vorzeit, dazu exponiert auf dem weit in das nordfränkische Grabfeld vor-

So sahen es die Kelten: Weit geht der Blick vom Kleinen Gleichberg nach Franken.

geschobenen Zwilling von Großem und Kleinem Gleichberg gelegen, konnte den späteren Menschen nicht ruhen lassen – in der ganzen Janusköpfigkeit seines Charakters. Die einen beurteilten das Steingebirge nach dem materiellen Wert, die anderen nach dem ideellen. Im gleichen Jahr, 1838, als der keltische Mauerkranz zu einem leicht ausbeutbaren Basaltbruch wurde, setzte auch die archäologische Ausbeute ein. Deren Ergebnisse waren dann so spektakulär, dass der verdiente Pionier der Steinsburg-Forschung, Professor Alfred Götze, um 1900 die Einstellung des Steinabbaus bewirken konnte. Da war allerdings das Zerstörungswerk bereits weit fortgeschritten,

Praktische Hinweise

Lage: Gleichberge und Steinsburgmuseum liegen an der Straße zwischen Römhild und Hildburghausen. Vom Parkplatz zwischen den beiden Gipfeln sind alle Ziele – Kleiner und Großer Gleichberg sowie das hallstattzeitliche Gräberfeld im Merzelbachwald – gut ausgeschildert; Zum Kleinen Gleichberg 30 Min., zum Großen Gleichberg und zu den Gräbern je 1 Std. Fußweg. Ein 10 km langer „Archäologischer Rundweg" verbindet alle. Durch das Terrain führt der „Kelten-Erlebnisweg" (siehe S. 53). – Wanderkarte: Westlicher Thüringer Wald, Maßstab 1:50 000, hrsg. vom Thüringer Landesvermessungsamt; außerdem gibt es einen Übersichtsplan im Museum.
Museen: Steinsburgmuseum, Waldhaussiedlung, 98631 Römhild, Tel. 03 69 48/2 05 61, geöffnet täglich 9–17 Uhr; weitere Funde in Weimar.
Museum Jüchsen, Markt 6, 98631 Jüchsen, Tel. 03 69 47/2 02, geöffnet n. V.

und manches, was heute wie keltische Aufbauleistung wirkt, entpuppt sich bei näherem Hinsehen als Arbeitsgassen, Bremsberge und (schienenlose) Gleistrassen. Nahezu authentisch sind die Trockenmauern, die hier ohne die üblichen Holzgerüste auskamen, noch an der Nordseite erhalten.

Götze war es auch, der 1929 die verstreuten Funde in einem Museum am Fuße der Gleichberge zusammenführte. Paradestücke sind über 200 Gewandspangen, die nachgerade zum Markenzeichen der „Steinsburg-Kultur" wurden; am schönsten die Vogelkopffibeln. Mit ihren stilisierten, nach hinten gedrehten Entenköpfen scheinen sie so etwas wie das Ruhegebaren von Wasservögeln anzudeuten. Als Müßiggang wird man diese Haltung schwerlich interpretieren. Die Steinsburg-Leute übten sich im Weben, Töpfern und betrieben natürlich Landwirtschaft, vor allem aber waren sie, wie nicht nur die kunstvollen Fibeln zeigen, große Meister der Metallverarbeitung. Mehr als 1000 Eisenfunde liegen vor, fünf bis acht Werkstätten waren ständig in Betrieb – unterscheidbar an der Eisenqualität. Das Geheimnis lag, wie chemische Untersuchungen ergaben und wie auch im Museum erläutert wird, in der „Aufkohlung", einer an Stahl heranreichenden Kohlenstoff-Legierung. Entsprechend qualitätvoll fielen Hämmer, Punzen, Pickel, Pinzetten, Tüllenbeile, Tranchiermesser, Sensen, Pflugscharen, Sichelmesser, Gabeln, Krampen, Sägen, Bohrer, Keile, Scheren und eben Fibeln aus. Am Ende ein vergebliches Werk. Wie allenthalben endete die blühende Kultur an den Gleichbergen abrupt und ohne äußerlich erkennbaren Anlass zur Mitte des 1. Jahrhunderts v. Chr.

OSTHEIM V. D. RHÖN
Friedhof mit Aussicht

Rhön-Grabfeld heißt der Landkreis an der bayerischen Nordgrenze zwischen den Ausläufern von Rhön und Thüringer Wald. Grabfeld – da werden düstere Assoziationen wach, und manchen Spott haben sich die Bewohner schon anhören müssen. Dass hier der sprichwörtliche Hund begraben liege, hatte insofern seine Berechtigung, als die Region in den Nachkriegsjahrzehnten etwas in den

Praktische Hinweise

Lage: Das Gräberfeld findet sich am südlichen Ortsrand von Ostheim nahe der Ausfallstraße Richtung Urspringen (schräg gegenüber ein Orgelbaubetrieb). Die Gräber von Urspringen erreicht man vom Platz unterhalb der Kirche aus, wenn man der kleinen, durch das Torhaus führenden Straße 1 km nach Südosten folgt.
Die meisten Grabfunde sind im Archäologischen Museum von Bad Königshofen, einige Objekte (Keramik, Schmuck) auch im Rhönmuseum von Fladungen, geöffnet Di. bis So. 10–17 Uhr (Nov. bis März geschlossen), Tel. 0 97 78/15 75.
Tipp: Etwa 15 km südöstlich von Ostheim findet man auf dem Eiersberg bei Mittelstreu einen imposanten Abschnittswall von 130 m Länge mit tiefen Gräben aus der späten Hallstattzeit. Anfahrt über Mellrichstadt bis B 19, noch vor Mittelstreu rechts Richtung Sportplatz abbiegen und dort parken; nach Unterqueren der Eisenbahn links hinauf.

Ausschnitt und Anschnitt: Das Ostheimer Gräberfeld mit einsehbarer Grabkammer.

toten Winkel der Geschichte rutschte. Hier endete die (westliche) Welt. Erst mit der „Wende“, als wieder erkennbar war, dass sich das Grabfeld jenseits der Kreisgrenze im Thüringischen fortsetzt, wurde auch die Bedeutung des Namens „Grab“ ersichtlich. Wahrscheinlich stammt er von „grap“, dem slawischen Wort für Buche. So weit, bis in den Saale- und Werraraum, waren die Slawen im Frühmittelalter zwar nicht vorgestoßen, irgendjemand wird das Wort „grap“ aber eingebürgert haben. Buchenwälder gab es in der Rhön nämlich schon immer. Nach Osten, in Richtung Grabfeld, tritt die Bewaldung dagegen zugunsten fruchtbaren Landes zurück; günstige Lebensbedingungen, die bereits zur Jungsteinzeit Menschen anzogen.

Auffälligster Beleg dichter Besiedlung sind unzählige Grabhügel der Eisenzeit. Rund hundert Nekropolen mit Tausenden von Gräbern sind noch heute nachweisbar (nein, auch der Kreisname hat nichts mit den prähistorischen Friedhöfen zu tun). Wer sich da die Mühe gemacht hatte, derart aufwändig seine Toten zu bestatten, beschäftigte den Forschergeist bereits im frühen 19. Jahrhundert. Einer der Ersten, der Gräber öffnete, war ein gewisser J. G. Hartmann. Seine wenig fachmännischen Versuche korrespondierten mit dem verwegenen Geschichtsdenken der Zeit. Hartmanns Bericht von 1824 vermutet die Hinterlassenschaft „eines deutschen Volkes, den Catten“, Brandspuren deutete er als „Überreste der geschlachteten Sklaven, die bei dem Tod ihres Gebieters geopfert wurden.“

Erst mit Beginn des 20. Jahrhunderts, als Hallstatt- und Latènezeit zum Begriff wurden, wusste man es besser. Seitdem scheint die Region einen besonderen Ehrgeiz zu entwickeln, die Gräberfelder im Grabfeld fachgerecht zu erforschen. Angefeuert wurde der Elan durch die Auffindung eines prachtvollen Wagengrabs 1954 in Großeibstadt, das heute neben vielen anderen Objekten in Bad Königshofen ausgestellt ist. Als sich 1968 zudem die ehrenamtlich wirkende „Archäologische Arbeitsgruppe Rhön-Grabfeld" gründete, riss die Kette der Funde nicht ab, darunter kostbare Glasringe und nur hier auftretende Trennwandschalen. Mehr als 300 Gräber in vielen Höhen- und dreißig Flachlandsiedlungen hat der Verein mit Segen des Landesdenkmalamtes bislang untersucht – eine Sisyphusarbeit, 2001 mit dem bayerischen Archäologiepreis honoriert. Gewürdigt wurde nicht zuletzt, dass die Gruppe mit der Rekonstruktion von zwei großen Grabfeldern dem keltischen Totenkult Anschauung verleiht.

In Sichtweite von Ostheim und im zehn Kilometer entfernten Urspringen sind in den Nekropolen die kreisrunden Hügelgräber, fast wie Kettenglieder ineinander greifend, aufgereiht. Zehn sind es bei Ostheim, gleich 15 im Nachbarort, darunter auch der größte mit 18 Metern Durchmesser. Hier wie dort erlauben Anschnitte den Blick ins Grabinnere – ausgezimmerte Kammern mit Urne und Gefäßen für die dem Verstorbenen beigegebene Fleischzehrung. Es zeigt sich, dass man Brandbeerdigungen ähnlich aufwändig wie Körperbestattungen betrieb. So fehlt auch nicht die Steinpackung über der Kammerdecke, ein Steinkranz um den Hügel und obenauf eine kleine Stele, das Ganze prominent platziert. Leicht erhöht am Hang liegend, blickt man bei Ostheim weit über das Flusstal der Streu in die offene Landschaft des Grabfeldes, in Urspringen auf den kleinen Ort und die im Hintergrund ansteigenden Rhönberge. Friedhof mit Aussicht.

BAD KÖNIGSHOFEN
Wagenpark im Untergrund

Erst findet der Ortsfremde keine Hinweisschilder, dann läuft er fast daran vorbei. Nichts lenkt den Besucher in Bad Königshofen zu einem der größten prähistorischen Schätze Bayerns. Nur das unscheinbare Schild „Archäologisches Museum" an der hellen Fassade eines historischen Gebäudes lässt aufmerken. Hier also muss es sein, das rekonstruierte Wagengrab von Großeibstadt, die bedeutenden Funde aus den keltischen Nekropolen des Grabfeldes. Wie so viele Gemeinden übt sich das fränkische Bad Königshofen in Bescheidenheit, wenn es um seine Kulturgüter geht. Doch bevor man zu sehr darüber nachsinnt, ob es in Deutschland leichter ist, einen archäologischen Fund zu machen, als diesen angemessen zu würdigen, entschädigt dann die Präsentation im Königshofener Museum – immerhin eine Außenstelle der Archäologischen Staatssammlung München – für manche Unbill.

Die Vitrinen sind übersichtlich aufgebaut, die schriftlichen Erläuterungen überlegt auf die exzellente Begleitbroschüre abgestimmt. Bereits die quantitative Aufteilung der Ausstellungsfläche zeigt die reiche Fundausbeute unter „keltischen" Vorzeichen. Die Hallstattzeit nimmt so viel Platz ein wie die 80 000 Jahre zuvor: je eine Etage. Den größten Raum beansprucht das knapp sechs Meter lange „Grab 1" der 1954/55 geborgenen Nekropole von Großeibstadt. Die auf etwa 675 v. Chr. datierte Begräbnisstätte veranschaulicht mit ihren Beigaben, wie eine neue Gemeinschaft in vergleichsweise kurzer Zeit zu beträchtlichem Wohlstand und damit sozialer Differenzierung kam. Hier produziertes Eisen wurde offenkundig gegen

Praktische Hinweise

Museum: Archäologisches Museum, Martin-Reinhard-Straße 9, 97631 Bad Königshofen, Tel. 0 97 61/4 09 34, www.dieschranne.de; geöffnet Di. bis So. 10–12 und 14.30–16.30 Uhr, Nov. bis März nur Di., Do. und So.

Luxuswaren aus dem Süden eingetauscht. Wie sonst sollte ein Tonbecher der Estekultur aus dem italischen Venetien in dieses Grab gelangt sein?

Mit dem Handel zogen neue Kulturformen ein, etwa die Übernahme des etruskischen oder griechischen Brauchs, den Toten mit einem vierrädrigen Wagen zu bestatten. Und ein solcher fand sich nicht nur in einem Grab. In jedem der sechs Großeibstädter Gräber wurden Wagenteile entdeckt, ebenso sechs in einem dort 1982 geborgenen zweiten, gleich 60 Grabstätten umfassenden Feld sowie an weiteren Orten. Damit zählt die fruchtbare Region im Übergangsland zu Rhön und Thüringer Wald zu den ergiebigsten hallstattzeitlichen Fundstätten überhaupt. An kaum einer anderen Stelle, schon gar nicht so weit nördlich, konzentrieren sich derart viele Wagengräber. Entsprechend ist die Ausbeute: farbenfreudige oder mit schwarzem Graphit verzierte Keramikgefäße in allen Größen, eisenbeschlagene Zaumzeuge, Bronzesitula und -schalen, Fleischmesser, Bratspieße, Toilettenbesteck, nicht zu vergessen die nur hier anzutreffenden Trennwandschalen. Mit den Archäologen darf gerätselt werden, wozu diese in der Mitte abgeteilten, vereinzelt mit kleinen Vögeln besetzten Tongefäße gedient haben mochten.

MAINFRANKEN UND TAUBERTAL

KNETZGAU

Auf schmalem Grat

Rhenus, Menos, Danubius – Rhein, Main, Donau – , wenn es eine fortdauernde Erinnerung an die Kelten gibt, dann sind es ihre von den Römern übernommenen Flussnamen. Unschwer ist daran weiträumiges Denken abzulesen, nicht alle, aber viele keltische Zentren entstanden an großen Strömen. Keine Frage, auch der Main spielte eine bedeutende Rolle während der eisenzeitlichen Landnahme. Fast will es scheinen, Kelten hätten gezielt die wichtigsten Punkte von Maindreieck und Mainviereck besetzt, den östlichen Zugang der Knetzberge bei Haßfurt ebenso wie den südwestlichen Bereich um Miltenberg und Bürgstadt, vom Würzburger Marienberg am Südostrand nicht zu reden.

Bereits den Menschen zur Urnenfelderzeit waren die natürlichen Eckpfeiler der Flusskehren nicht entgangen. Großen Knetzberg und Wannenberg bei Bürgstadt umzogen Wallanlagen aus der Zeit um 1200 v. Chr. In der archäologischen Erforschung ergänzen sich beide gut. Am Wannenberg wurde ein Tor rekonstruiert (siehe S. 60),

Praktische Hinweise

Lage: Zugang auf den Großen Knetzberg ab Knetzgau-Eschenau mit der „Fibel" des Kelten-Erlebnisweges (KEW) ab Eulengasse in Richtung Neuhaus; oben führt ein Abstecher auf das Gipfelplateau. Zum Kleinen Knetzberg geht es weiter mit dem KEW, an der Ostseite Zugang ohne Markierung. Man kann auch von Zell a. Ebersberg mit dem KEW hinaufsteigen. Eine Strecke ca. 5 km. Wanderkarten: Naturpark Haßberge oder Steigerwald, 1:50 000, Fritsch-Verlag.
Museum: Schloss Oberschwappach mit Archäologie-Abteilung, Tel. 0 95 27/79 12 (Stadtverwaltung), www.knetzgau.de; geöffnet So. 14–17 Uhr (Dez. bis März geschlossen).

während die 1986 vorgenommenen Grabungen auf dem Großen Knetzberg eine mehrfach erneuerte Umwehrung zu Tage förderten. Diese umschloss ein 23 Hektar großes, völlig ebenes Gipfelplateau. Es muss für eine dauerhafte Nutzung regelrecht abgeraspelt worden sein, fanden sich doch im Inneren Hinweise auf Besiedlung und Bronzeverarbeitung. Belegt wird diese Annahme durch zahlreiche Depots, bestehend aus Waffen, Schmuck und Werkzeug.

Zur allgemeinen Überraschung erbrachten die Grabungen 1986 kaum etwas zu Hallstatt- oder Latènezeit. Warum Kelten nicht von dem bereits erschlossenen Großen Knetzberg Besitz ergriffen, sondern vom Kleinen Knetzberg zwei Kilometer weiter östlich, wird eines der Rätsel in ihrem (Sicherheits-)Denken bleiben. Frühlatènezeitliche Besiedlung bezeugen jedenfalls Lesefunde und die Wallkonstruktion. Möglicherweise sagte ihnen die noch markantere Topographie des kleineren der beiden Knetzberge eher zu – ein schmaler, höchstens auf 100 Meter geöffneter Gipfelgrat. Im Westen, an der breitesten Stelle, fällt der 447 Meter hohe Berg fast senkrecht ab. Der in einem Sattel auslaufende Osten war dagegen so schmal, dass er mit einem kaum 20 Meter breiten Sicherungswall leicht zu verschließen war. Als Geländestufe erkennt man ihn noch unter einer dichten Blätterdecke.

Selbst wenn man die Zerstörungen durch einen Steinbruchbetrieb berücksichtigt, erscheint es fast ausgeschlossen, auf dem lang gezogenen Rücken des Kleinen Knetzberges dauerhaft zu siedeln, geschweige denn Verhüttungsplätze und Eisengießereien zu unterhalten. Und doch fanden sich auf dem Gipfel einige Fibeln, die zu den schönsten Arbeiten der frühlatènezeitlichen Kunst gehören. In vielen Museen sind Abgüsse dieser Gewandspangen mit ihren plastischen Tier- und Menschenköpfen zu sehen. Einige Exemplare bewahrt die Archäologische Abteilung des Museums im Oberschwappacher Barockschloss.

HOFHEIM IN UNTERFRANKEN
Die Fibel weiß den Weg

Wie kann man Kelten ein Denkmal widmen, Menschen oder Gruppen, von denen man keine Namen und keine Gesichter kennt? Frankreich hat wenigstens einen Vercingetorix, den man aufs Podest stellen und auch sonst überhöhen konnte. Hier zu Lande bleibt nur das summarische Bekenntnis, und sei es in Gestalt eines „Kelten-Erlebnisweges". Ausdrücklich heißt es in der zu-

Vorbild: Eine schöne Vogelkopffibel dient als Logo für den Kelten-Erlebnisweg.

gehörigen Broschüre, dieser 200 Kilometer lange Wanderweg von Südthüringen nach Unterfranken wurde eingerichtet, „dem Volk der Kelten ein würdiges Denkmal zu setzen." Ein Schelm, wer anderes denkt beim Blick auf die Initiatoren des Ganzen: die Tourismusverbände von Südthüringen sowie der Naturparks Haßberge und Steigerwald.

Ein Kelten-Erlebnisweg – warum nicht. Wenn es selbst Gebrauchsgegenstände wie Porzellan oder Uhren mittlerweile zu veritablen Ferienrouten gebracht haben, stand den Kelten allemal eine zu, erst recht, wenn man wie hier, Pionierarbeit leistet. Der „Erlebnisweg" wurde 1993 eröffnet, zu einem Zeitpunkt, da Kelten als populäre Vermittler einer Geschichtsepoche sicherlich noch nicht Allgemeingut waren (abgesehen von der gallischen Variante durch Asterix & Co). Vielleicht musste man deshalb den „Erlebnis"-Charakter – allenthalben wird am Wegesrand eingekehrt, gebadet oder besichtigt – etwas überbetonen, um Besucher in eine landschaftlich reizvolle, gleichwohl noch zu entdeckende Region abseits der großen Urlauberströme zu locken. Dolmar, Gleich- und Knetzberge, Schwedenschanze, Schwan- oder Bullenheimer Berg, um nur einige Wegestationen zu

Praktische Hinweise

Auskünfte und Broschürenbezug zum „Kelten-Erlebnisweg" gibt es über die regionalen Touristikbüros, z. B.: Tourist-Information Haßberge, Obere Sennigstraße 4, 97461 Hofheim in Ufr., Tel. 0 95 23/9 22 90, www.hassberge-tourismus.de. Der Wegeverlauf ist auch auf Wanderkarten (Haßberge, Steigerwald) vom Fritsch-Verlag und dem Bayerischen Landesvermessungsamt eingezeichnet.
Zu beachten ist, dass die Exponate des geschlossenen Vorgeschichtsmuseums von Bad Windsheim in die Archäologie-Abteilung des dortigen Fränkischen Freilandmuseums kamen; Tel. 0 98 41/6 68 00, geöffnet 9–18 Uhr, im Herbst bis 16 Uhr (ab 3. Advent bis Mitte März geschlossen).

nennen, sind zwar wundervolle (Aussichts-)Punkte, aber selten wegen Überfüllung geschlossen. Es war nicht die schlechteste Idee, diese durchweg mit eisen- und auch urnenfelderzeitlichen Großanlagen besetzten Berge im Zeichen einer Vogelkopffibel zwischen Meiningen und Bad Windsheim zu vernetzen – und als Nebeneffekt ein Stück deutsche Einheit zu markieren. Wegstrecke, Adressen, Öffnungszeiten samt (kenntnisreicher) Einführung zur Kultur und Geschichte der Kelten können einer Begleitbroschüre entnommen werden.

WÜRZBURG
Griechenland am Main

Als 1962 Bagger anrückten, um auf der Würzburger Marienfestung neue Abwasserrohre zu verlegen, war die Gelegenheit günstig, endlich nachzuschauen, was unter der seit dem frühen 8. Jahrhundert überbauten Erde an älteren Kulturschichten schlummerte. Rasch fand eine schon länger gehegte Vermutung ihre materielle Unterfütterung, wonach der Marienberg bereits zur Hallstattzeit eine Festung trug, die, wie unterschiedlichste Keramikreste offenbarten, dauerhaft besiedelt war. Die kleinsten und unscheinbarsten Fundsachen entpuppten sich dann als die größte Sensation: acht Tonscherben von rostbrauner Färbung mit schwarzen Verzierungen. Den Experten war sofort klar, dass hier Reste von griechischer Keramik aus der Zeit um 500 v. Chr. vorlagen.

Scherben beweisen es: Wie dieses Weinmischgefäß fand griechische Keramik den Weg nach Würzburg.

Für sich genommen besagte das noch nicht viel, antike Gefäße waren seit dem späten Mittelalter ein beliebtes Sammelobjekt an den Höfen. Leicht hätte 1744 beim Umzug der Würzburger Fürstbischöfe vom Marienberg in die neue Stadtresidenz etwas zu Bruch gehen können. Dagegen sprach die Lage der Scherben in den hallstättischen Zeitschichten und eine viel weiter gehende Schlussfolgerung: Mehrfach war bereits andernorts attische Keramik, überhaupt mediterrane Importware, in luxuriösen Gräbern und in so genannten Fürstensitzen wie in der Heuneburg an der oberen Donau gefunden worden. Die Scherben vom Marienberg bestätigten jetzt einmal mehr, dass die reiche Oberschicht im späten 6. Jahrhundert v. Chr. prestigeträchtige Güter einführte und die damit verbundenen Kulturformen, etwa das gesellige Gelage (Symposion), vielleicht gleich mit. Und es gilt natürlich der umgekehrte Schluss: Kostbare Importware definierte erst den Elitestatus.

Praktische Hinweise

Museen: Mainfränkisches Museum, Marienfestung, 97082 Würzburg, Tel. 09 31/20 59 40, www.mainfraenkisches-museum.de; geöffnet Di. bis So. 10–17, im Winter bis 16 Uhr. Eine große Sammlung der Universität zeigt in der Stadtresidenz griechische Keramik: Martin-Wagner-Museum, Residenzplatz 2a, 97070 Würzburg, Tel. 09 31/31 28 66, www.uni-wuerzburg.de/museum; geöffnet Di. bis Sa. 14–17, So. 9.30–12.30 Uhr.

Im westlichen Hallstattkreis zwischen dem ostwürttembergischen Ipf und dem Mont Lassois in Burgund konnten bis heute erst ein Dutzend solcherart geadelte „Fürstensitze" nachgewiesen werden. In diesem erlauchten Kreis – zumal als nördlichster Vertreter – bewegt sich das vorgeschichtliche Würzburg. Entsprechend feierlich werden die acht Scherben im Mainfranken-Museum präsentiert. Unter einem rundum einsehbaren Glaskubus liegen sie ausgebreitet wie die englischen Kronjuwelen.

Wie klein die Bruchstücke sind, verdeutlicht das Maßverhältnis zu den im Schattenriss dahinter angebrachten Gefäßen, denen sie entstammen: ein großes Weinmischbehältnis (Volutenkrater) und zwei flachbödige Trinkschalen. Warum die Scherben so genau zuzuordnen sind, wird gleich miterläutert: In der so genannten schwarz- und rotfigurigen Keramik Athens herrschte eine strenge Motiv- und Formensprache vor dem Hintergrund einer zeitlich belegten Ereignisgeschichte – was die Datierung ortsfremder Fundstätten wie auf dem Marienberg natürlich sehr erleichtert.

Bleibt die Frage, wie griechische Keramik an den Main kam. Sicherlich nicht auf direktem Wege. Sie dürfte über verschiedene Zwischenhändler und die große Verteilerstation Heuneburg an der oberen Donau gen Norden gewandert sein. Ohne seine verkehrsgünstige Lage an einer Mainfurt und dem Kreuzungspunkt mehrerer Fernhandelswege wäre der Marienberg nicht in den kulturellen Horizont des Südwestens geraten. Zahlreiche Großgrabhügel in der näheren und weiteren Umgebung sprechen zudem für eine Mittelpunktfunktion des stark gesicherten Berges. Weitere Exponate im Mainfranken-Museum wie die eleganten Kegelhalsflaschen oder eine der seltenen Trennwandschalen stammen aus solchen Gräbern.

IPHOFEN
Ein Feld der Ähre

Glaubensvorstellungen, soziale Ordnung, Handelsbeziehungen, überhaupt jede Kenntnis ereignisgeschichtlicher Zusammenhänge – das und manches mehr der keltischen Welt bleibt vermutlich für immer ungeklärt. Eines freilich hat die moderne, längst nicht mehr nur mit Spaten und Pinselchen arbeitende Archäologie gut erforscht: was gegessen und getrunken wurde. Die biochemische Analyse organischer Reste aus Vorrats- und Abfallgruben oder den Gefäßen der Grabbeigaben erlauben gute Rückschlüsse auf die vorherrschenden Ernährungsgewohnheiten. Nebenbei korrigierte man so auch das Zerrbild antiker Autoren, die „barbarischen" Menschen des Nordens würden sich in wüster Völlerei ergehen, saufen und fressen bis zum Umfallen.

Gedeih und Verderb: Ähren aus dem Versuchsfeld auf dem Iphofener Schlossberg.

Viel spricht dafür, dass der gewöhnliche Kelte ein braver Bauer war, dessen Leben um Familie, Hof und die Feldbestellung kreiste. Wenn überhaupt, dann kamen Braten und gefüllte Methörner (Wein gab es schon gar nicht) nur zu besonderen Anlässen auf den Tisch. Gelegentlich Schweine-, Rind- und sogar Hunde- oder Pferdefleisch verschmähte man ausweislich entsprechender Knochenfunde nicht. Üblich war jedoch eine Art Vollwertkost aus Getreide, Gemüse und etwas Obst in der Darreichungsform Brot und Brei.

Womit der keltische Landmann seinen Acker bestellte, hat der Landschaftspflegeverband Kitzingen in einem Versuchsfeld an historischer Stätte, dem wallumkränzten Schwanberg bei Iphofen, nachgepflanzt. Auf zwölf schmalen Feldstreifen wachsen Dinkel, Hirse, Emmer, Einkorn, Weizen, Hafer, Gerste, außerdem Lein, Erbsen und die einst so beliebte Ackerbohne. Selbstverständlich wird die Fläche extensiv bewirtschaftet, einzig Regen und etwas natürlicher Dung helfen beim Gedeihen. Das Ergebnis ist ernüchternd. Nach Größe und Ertrag erreicht man kaum ein Drittel heutiger Nutzpflanzen. Nur wenn diese weit auseinander gesetzt werden und die Fruchtfolge regelmäßig wechselt, lassen sich nennenswerte Ernten erzielen. Mag man auch die historischen Anbaumethoden nicht genau kennen – etwa im Hinblick auf die Düngung oder die Frage, ob es besser ist, wie nachweislich praktiziert, mehrere Getreidearten gemeinsam auszubringen –, das Leben der keltischen Bauersfamilie dürfte so kümmerlich gewesen sein, wie der Anblick, den die Pflanzen auf dem Schwanberg bieten.

Womit erst recht die Frage offen bleibt, ob in den höher gelegenen Bergfestungen Landwirtschaft betrieben wurde. Der bereits zur Urnenfelderzeit ausgebaute, in der Latènezeit wiederholt besiedelte Schwanberg bietet mit 170 Hektar ebener Fläche viel Platz, liegt aber 475 Meter hoch und besitzt keine ausreichende Wasserversorgung. Die Topographie war wohl immer das wichtigere Argument. Nach drei Seiten steil abfallend, dabei großartige Aussichten in die Weite Mainfrankens eröffnend, musste man nur den flachen Ostzugang massiv befestigen. Als hoher Damm ist der vermutlich im Mittelalter verstärkte Wall noch beeindruckend im Gelände sichtbar und kann als Teil eines um die Schwanberg-Traufe verlaufenden Rundweges abgegangen werden.

Praktische Hinweise

Lage: Der Schlossberg liegt am Westrand des Steigerwaldes zwischen Iphofen und Rödelsee. Von beiden Orten kann man durch Weinberge hinaufgehen (jeweils ca. 2 km); mit dem Auto Zufahrt ab der Landstraße in Richtung Wiesenbronn. Um das Plateau führt ein 12 km langer Rundwanderweg, Markierung: Schwan. Das Versuchsfeld liegt nahe des Parkplatzes (gegenüber ein „Kelten-Spielplatz"). Zum Wall kommt man auch auf direktem Weg (300 m hinter dem Schlosspark im Wald). Zu Anbau und Pflanzen der Kelten werden Gruppenführungen angeboten, Tel. 0 93 23/38 77 (Frau Reiffenscheid-Eckert).

CREGLINGEN
Keltenburg ob der Tauber

Millionen von Urlaubern, unterwegs auf der „Romantischen Straße“ oder dem Main-Tauber-Radweg, sind schon daran vorbeigefahren, ohne zu ahnen, was sich bei Creglingen hoch über ihren Köpfen verbirgt. Den Blicken hinter einem dichten Laubvorhang entzogen, von keinem Hinweisschild neugierig gemacht, ruhte fast unentdeckt einer der größten deutschen Oppida über den steilen Hängen des Taubertals. Nun ging ein Ruck durch Creglingen, und man hat sich darauf besonnen, dass der Riemenschneider-Altar in der Herrgottskirche zwar bedeutsam, aber nicht das einzig Interessante in der weitflächigen Gemeinde ist.

Im Rahmen „der touristischen Erschließung und Inwertstellung“ der als Finsterlohr-Burgstall bekannten Keltenburg soll diese nach und nach archäologisch und infrastrukturell erschlossen werden. Als Erstes machen nun Hinweisschilder den Reisenden im Taubertal auf die Anlage aufmerksam. Oben angelangt, wird man vor dem Weiler Burgstall in den sehens- und gehenswertesten Teil des 123 Hektar großen Oppidums eingewiesen. Sieben aufwändig gestaltete „Stationen“ eines Informationsweges helfen dem Besucher, geistig wieder auferstehen zu lassen, was in groben Zügen im Gelände sichtbar blieb. Namentlich an der flachen Westseite sind die Befestigungen

Orientierungshilfe: Erläuterungen zum neuen Lehrpfad am Oppidum Finsterlohr bei Creglingen.

Praktische Hinweise

Lage: Der Rundweg über das Oppidum Finsterlohr ist 4 km lang; einen Flyer und Auskünfte zur weiteren Erschließung erhält man über die Tourist Information Creglingen, Tel. 0 79 33/6 31, www.creglingen.de.
Etwa 10 km südwestlich von Creglingen liegt die gut erhaltene Viereckschanze Wermutshausen; ausgeschildert ab der Landstraße Rinderfeld-Wildentierbach, Fußweg dann 300 m in den Wald.

aus Vorwerk, tiefem Graben und dem Hauptwall mit einer 17 Meter langen Rampe noch beeindruckend erhalten. Jetzt, da auch streckenweise der Bewuchs auf dem Wall entfernt ist, fühlt man sich wie auf einen Nordseedamm versetzt.

In lichter Folge stehen noch einige Bäume. Sie erinnern an die 2200 Frontbalken, von denen der fünf Kilometer lange Steinwall zusammengehalten wurde. Wie dieser im Sockelbereich aussah, vermittelt ein rekonstruiertes Mauerstück. Mehrere Wallanschnitte erbrachten eine vielfach erneuerte, auf jahrzehntelange Nutzung hindeutende Anlage aus der Spätlatènezeit, ohne dass man gleichzeitig Hinweise auf eine nennenswerte Besiedlung fand. Auch wenn Begehungen mit Bodenradar inzwischen an einigen Stellen Bauten vermuten lassen, bleibt es völlig schleierhaft, wer hier warum eine solche Kolossalanlage 120 Meter über dem Taubertal errichtete. Erklärungsversuche kreisen um eine Art „Volks- oder Fliehburg" für die Bewohner der benachbarten Weiler; immerhin hat man einige Viereckschanzen wie bei Wermutshausen in gemessener Entfernung entdeckt. Für Freund und Feind unübersehbar thronte jedenfalls der Bau mit seiner vier Meter hohen Mauer aus hellem Muschelkalk über dem Land. Wald, wie er heute an drei Seiten das Areal umhegt, gab es nicht.

Zwischen Baumrand und Abbruchkante lässt sich das Terrain ringsum abgehen. Die begleitenden Lehrtafeln beschreiben einen kürzeren Weg: Sie biegen bereits zuvor ab und führen zu einer früheren, als Museum eingerichteten Flachsbrechhütte, die nun auch das „Finsterlohr-Infozentrum" des Oppidums beherbergt. Aus denkmalpflegerischen Gründen bleibt die Südwestecke ausgespart, hier ist noch ein Stück Mauer im Originalzustand erhalten. Zum Greifen nah erscheinen von dieser Stelle die Türme und Mauern von Rothenburg ob der Tauber, einem, wenn man so will, Oppidum unter mittelalterlichen Vorzeichen.

MILTENBERG/BÜRGSTADT
Einsam wie eine Dschungelfeste

An der südwestlichen Ecke des Mainvierecks liegen gleich zwei prähistorische Anlagen in direkter Nachbarschaft. Beide, die Wälle am Wannenberg bei Bürgstadt sowie auf dem Greinberg oberhalb von Miltenberg, nahmen eine ähnliche Entwicklung, dürften aber nie zu gleicher Zeit besetzt gewesen sein. Bei Ersteren ist die Frühphase besser greifbar, bei Letzteren die jüngere Geschichte – und beide sind durch Rundwanderwege gut erschlossen. Bürgstadt beließ es nicht bei einem

Einer baute auf den anderen: Tor der Urnenfelderzeit zwischen keltischen Wällen bei Bürgstadt.

Lehrpfad, es hat ein ganzes Netz aus sieben „Wald-Wanderwegen“ geknüpft. Berührt werden 50 beachtenswerte Punkte, am größten ist die Dichte auf dem „Historischen Wanderweg“. Seine 15 Stationen umfassen einige bemerkenswerte Zeugnisse aus 5000 Jahren Menschheitsgeschichte, herausragend ist dabei ein frühmittelalterlicher Steinmetzbetrieb mit zurückgelassenen Sandsteinrohlingen. Im Volksmund heißen sie Heunesäulen oder -fässer, sah man doch früher einen Zusammenhang mit den Wällen einige hundert Meter oberhalb davon. Natürlich konnten nur Riesen oder Hünen solche Felsbrocken bewegt und die Mauern getürmt haben. Von Menschen der Urnenfelderzeit wusste man noch nichts. Sie haben als erste, etwa um 1200 v. Chr., den Wannenberg mit einer Befestigung gesichert.

Der Wallaufbau erwies sich bei Grabungen seit 1987 als so gut erhalten, dass man zum Abschluss die Rekonstruktion eines Tores wagte. Der einsam

Praktische Hinweise

Lage: Ab der Ortsmitte von Bürgstadt ist der „Wannenberg“ gut ausgeschildert, Markierung: gelbes Quadrat (ein Weg 3 km). In Miltenberg führt der „Römerweg“ ab dem Museum am Marktplatz steil auf den Greinberg, Markierungen: stilisiertes L und blaues X (ein Weg 2,5 km).
Museen: In beiden Stadtmuseen sind vorgeschichtliche (Bürgstadt) und gallo-römische Funde (Miltenberg) ausgestellt, geöffnet: Bürgstadt So. 14–18 Uhr; Miltenberg Di. bis So. 11–17 Uhr (Mo. und im Winter auch Di. geschlossen).

wie eine Dschungelfeste im Wald liegende Zugang der 40 Hektar großen Anlage veranschaulicht den Unterschied zu den späteren Zangentoren der Kelten. Überbrückt waren beide, zur Urnenfelderzeit gab es aber keine tief gestaffelte Torstraße. Die heute im Gelände sichtbaren Wallstufen stammen übrigens von den Kelten. Sie haben zu einem unbekannten Zeitpunkt die Urnenfelderleute beerbt und den Wannenberg in bewährter Mauertechnik umfriedet. Links und rechts des Tores kann man den ein bis zwei Meter hohen Damm ein Stück ablaufen, ehe er sich in fast undurchdringlicher Vegetation verliert.

Übersichtlicher, weil von lichten Buchen bestanden, sind die Verhältnisse am Greinberg hoch über Miltenberg. Gut 300 Höhenmeter sind en suite ab historischem Marktplatz zu bewältigen. Begleitet wird man vom Anfangsstück eines 20 Kilometer langen „Römerweges“. Dass dieser den einst mit einem doppelten Ringwall aus Urnenfelder- und keltischer Zeit umgürteten Greinberg anläuft, hat einen besonderen Grund: In die Anlage setzten die Römer einen Merkurtempel. Mehrere Weihealtäre belegen die Weiternutzung des exponiert über der Mainkehre liegenden Greinberges als heiligen Bezirk, außerdem fand man ein nadelförmiges, knapp fünf Meter hohes Fragment aus dem frühen 3. nachchristlichen Jahrhundert, genannt Toutonenstein, dessen Funktion und Inschrift rätselhaft blieben (zu sehen im Stadtmuseum und als Replik frei zugänglich im Hof der Mildenburg, an der man beim Aufstieg vorbeikommt). Von den Ringwällen, die ein Oval von 600 Metern Länge umschließen, blieben insbesondere an der gefährdeten Südostseite beeindruckende Eintiefungen im Gelände erhalten.

OBER- UND MITTELFRANKEN

BAD STAFFELSTEIN
Bastion zwischen Rhön und Fichtelgebirge

„Dieser Berg ist ein heiliger Berg, ich bin nicht würdig, ihn mit Schuhen zu besteigen.“ Man muss sich nicht mit Bußabsichten dem Staffelberg nähern, doch etwas von der Ehrfurcht, wie sie der Weihbischof Söllner aus Würzburg 1654 empfand, dürfte jeden Besucher erfassen, der die bastionsartige Erhebung 280 Meter über Bad Staffelstein erstmals sieht, dann beherzt in die steile Westflanke hineingeht und schließlich die überwältigende Fernsicht von der vorderen Felskante erlebt. Der halbe Erdenkreis scheint hier ausgebreitet – oder doch wenigstens das Frankenland zwischen Rhön und Fichtelgebirge.

Gleich unterhalb stehen zu beiden Mainseiten die doppeltürmigen Barockanlagen von Kloster Banz und Vierzehnheiligen. Ihr ockergelber Sandstein ist schön anzuschauen, aber sehr witterungsanfällig.

Am Fuße des Staffelbergs tritt dieser Eisensandstein offen zutage. Beim „Standort 7“ eines begleitenden Lehrpfades hat man dann den geologischen Übergang, die nächste Stufe – oder Staffel, wie der Franke sagt – vom Sandsteinsockel zum Kalkriff erreicht, jenem Material, aus dem der 540 Meter hohe Staffelberg in der oberen Hälfte aufgebaut ist. Wie eine Ziehharmonika entfaltet sich die fast senkrecht aufragende, tief zerklüftete Hinterlassenschaft eines urzeitlichen Meeres. Nicht durch die Wand, freilich immer noch steil genug, führt der Weg links daran vorbei zum Gipfelplateau, dabei einen Schlenker an die östliche, weniger stark ansteigende Seite anhängend.

Was bereits vor der Felsenfront auffallende Eintiefungen andeuteten, wird hier angesichts gewaltiger Verwerfungen zur Gewissheit: Ein spätlatènezeitlicher Wall umzog einst den Staffelstein. Grabungen in den Siebziger- und Achtzigerjahren des 20. Jahrhunderts ergaben für die gefährdete Ostseite eine Befestigung von dreieinhalb Metern Höhe mit zwölf Meter weiter Hinterschüttung, davor ein breiter Graben. Umschlossen wurde damit seit dem 2. vorchristlichen Jahrhundert ein Oppidum. Damit nicht genug. Zusätzlich war das drei

Gestaffelter Fels: Den oberfränkischen Staffelberg umwallte einst ein großes Oppidum.

Hektar große Gipfelplateau von einer Holz-Steine-Mauer umfasst. Ihr Verlauf ist als eine markante, tiefe Einkerbung in der Hangkante des senkrecht abfallenden Geländes noch heute ohne Probleme zu verfolgen. Höhe und Aufbau einer solchen Pfostenschlitzmauer demonstriert ein aus Originalsteinen rekonstruiertes Wallstück am Plateau-Nordrand.

Das Aussehen der Gesamtanlage zeigt ein großes Modell im Stadtmuseum von Bad Staffelstein. Vor allem aber birgt die Sammlung neben Alltagsgegenständen – Äxte, Fibeln, Nadeln, Pinzetten oder auffallend große Vorratsgefäße – einen ungewöhnlichen Fund. Bei den Grabungen wurde Lehmverputz gesichert, in dem sich Flechtwerk abgedrückt hat. Wie im späteren Fachwerkbau waren Hauswände also bereits vor über 2000 Jahren dreilagig aufgebaut und wahrscheinlich ausreichend isoliert, um Wind und Wetter auf dem exponierten Staffelberg zu widerstehen.

Praktische Hinweise

Lage: Der direkte Weg auf den Staffelberg beginnt in der Victor-von-Scheffel-Straße von Bad Staffelstein; ab Ortsrand/Friedhof begleitet auch der Lehrpfad (Gesamtlänge ca. 5 km). Weniger steil ist der Anstieg ab Romansthal. Auf dem Gipfel gibt es eine Gaststätte. Östlich von Bamberg liegt bei Litzendorf-Naisa ein rekonstruiertes Hügelgräberfeld der Hallstatt- und Frühlatènezeit (allerdings in einem ungepflegten Zustand).

Museen: Stadtmuseum, Kirchgasse 14, 96231 Bad Staffelstein, Tel. 0 95 73/41 60, geöffnet Di. bis Fr. 10–12 und 14–17 Uhr, am Wochenende nur nachmittags (im Winterhalbjahr Sa. 14–16 Uhr). – Zahlreiche Funde Oberfrankens sind in Bamberg zu sehen: Historisches Museum, Domplatz 7, 96049 Bamberg, Tel. 0951/5190746, www.bamberg.de/museen; geöffnet Di. bis So. 9–17 Uhr (im Winterhalbjahr geschlossen).

KIRCHEHRENBACH

Das Walberla, ein wundersamer Berg

Wer Lage, Gestalt und Bedeutung der Ehrenbürg, einem Bergzug bei Forchheim, gerecht werden will, findet nur schwer Worte. Für die „Heimatbeilage zum Amtlichen Schulanzeiger des Regierungsbezirkes Oberfranken“ (Ausgabe 207 von 1994) hat der Autor Georg Schwarz einmal Urteile und Wissenswertes über die „fränkische Akropolis“ zusammengetragen. Ein schöner, fundamentaler, anmutiger, wuchtiger, schroffer, singulärer, eigentümlicher, stolzer, gar wundersamer Berg erhebe sich da am Westrand der Frankenalb; in jeder Hinsicht, topographisch, geologisch, prähistorisch, natur- und volkskundlich, kirchen-, kultur- und literaturgeschichtlich und nicht zuletzt touristisch von herausragender Bedeutung.

Soviel Überschwang provoziert natürlich die Frage, ob der Berg eines deutschen Mittelgebirges, gerade einmal 555 Meter hoch, am Rande der eher lieblichen Fränkischen Schweiz angesiedelt, derart vielen Vorschusslorbeeren gerecht werden kann? Keine 20 Minuten Aufstieg von Kirchenehrenbach aus, und man weiß, er kann. Alle Adjektiv-Girlanden, die der Ehrenbürg geflochten werden, stimmen – und stimmen nicht, weil sie doch nur unzureichend umschreiben können, was die Berggipfel auszeichnet. Womit bereits einer der „wundersamen“ Dinge benannt ist. Die Ehrenbürg hat nicht einen, sondern zwei Gipfel. Im Süden des 1500 Meter langen Höhenzuges liegt der Rodenstein, entgegengesetzt das so genannte Walberla, benannt nach der hl. Walburga, der auch die kleine Kapelle auf dieser Seite geweiht wurde. Zwischen den Spitzen sinkt das Plateau parabelförmig 70 Meter tief ein. Die Mitte der aus unterschiedlichem Kalkgestein aufgebauten Ehrenbürg verwittert schneller, während sich an den Rändern ein bizarrer Kranz Dolomitfelsen gegen die Abtragung stemmt. Nach keiner Seite scheint dieser Berg eine Begrenzung zu haben, isoliert wie ein gestrandeter Ozeandampfer liegt er da, ohne Verbindung zum Umland, unendlich das Sichtfeld. Nur das schmale Band des Steigerwaldes irgendwo am westlichen Horizont gibt dem Auge Orientierung.

Ein Gefühl von Entrücktheit und Weltenferne liegt über der Szenerie. Einzig der ungebremst einfallende Wind erinnert an die ganz praktische Frage nach den Lebensbedingungen auf diesem sperrig gegen die Hauptströmung des Wetters gerichteten Berg. Mag es auch dem individuellen Schutzbedürfnis widersprechen, hier oben zu siedeln, die deutlich abgesetzten Geländestufen quer über das Plateau, die ringsum sichtbaren Gräben und künstlichen Erhöhungen sagen etwas anderes. Tatsächlich übte die Ehrenbürg, wie zahlreiche Funde belegen, seit der Jungsteinzeit magi-

Praktische Hinweise

Lage: Am einfachsten ist der Weg auf die Ehrenbürg von Kirchehrenbach; gut ausgeschildert, Markierung: rotweißer Strich. Ein Weg 1,5 km (steil), Rundgang über das Gesamtplateau ca. 3 km. Außerdem lässt sich von den Wanderparkplätzen am Südrand bei Schlaifhausen einsteigen. Zur Einstimmung: www.walberla.de

Museen: Funde sind im Pfalzmuseum von Forchheim, Tel. 0 91 91/71 43 27 (bis auf weiteres geschlossen) sowie im Historischen Museum von Bamberg (siehe S. 63) und dem Naturhistorischen Museum in Nürnberg zu sehen (siehe S. 69).

Von unten gefällig, oben überwältigend: Zwei Bergspitzen bilden die Ehrenbürg bei Forchheim.

sche Anziehungskraft aus. Wer hier saß, kontrollierte die Verbindungen zwischen Ober- und Mittelfranken und zur Frankenalb. Bereits in der Bronzezeit gesichert, wurde dann ab der Späthallstattepoche vom Rodenstein ausgehend, zunächst bis in den eingetieften Sattel, zur Frühlatènezeit schließlich hinauf zur Walberla, der gesamte Berg mit Wällen umzogen und damit uneinnehmbar – und bewohnbar. Hinter den hohen Mauerkronen dürfte es in der Senke erträglicher gewesen sein, zahlreiche Pfostenlöcher von Hausbauten und die in den Fels gehauenen Vorratsgruben deuten dort auf dauerhafte Besiedlung. Am Ende ein vergebliches Werk. Wie bei so vielen anderen, kam für die bedeutendste Frühlatène-Anlage Bayerns um 400 v. Chr. das Aus. Vielleicht schlossen sich auch die Bewohner der Ehrenbürg dem großen Treck der Kelten in die verheißungsvolle Welt jenseits der Alpen an. Zu einer Neubesiedlung kam es später nicht mehr.

GÖSSWEINSTEIN-LEUTZDORF
Gang in die Unterwelt

„Der kindliche Schädel Nr. 2 weist einen Lochbruch des linken Scheitelbeins in der Gegend des Scheitelhöckers mit radiären Sprüngen und Absplitterung der inneren Knochentafel auf – vermutlich hervorgerufen durch stumpfe Gewalteinwirkung.“ Was hier wie ein aktueller Fall aus der Gerichtsmedizin klingt, ist der Befund eines vor etwa 2500 Jahren gewaltsam getöteten Kindes, aufgefunden neben 16 weiteren Ermordeten in der Esperhöhle, Fränkische Schweiz. Schlaglichtartig beleuchtet dieser „Fall“ eines der düstersten Kapitel in der keltischen Welt: Das Töten von Menschen für kultische Zwecke. Antike Autoren konnten sich ja gar nicht genug daran weiden, wie grausam den gallischen Göttern geopfert worden sei. Wenn auch vieles davon auf Hörensagen beruhte und die

Höllenschlund: Zugang zur kultisch genutzten Esperhöhle in der Fränkischen Schweiz.

römische „Zivilisation" durch die phantasievolle Schilderung barbarischer Akte um so heller erscheinen musste, steht das ritualisierte Opfern oder die entsprechende Behandlung von Leichen (-teilen) in Gallien und andernorts außer Frage. Man denke nur an die schauerlichen Schädelstätten Nordfrankreichs, hier vor allem das „Totenfeld" in Ribemont-sur-Ancre mit seinen in die Hunderte gehenden, ohne Kopf angetroffenen Kriegern.

In dieser Größenordnung wurden rechts des Rheins keine Entdeckungen gemacht. Aber es fehlt nicht an Hinweisen, dass auch hier – über die allenthalben vorgefundenen „Sachopfer" hinaus – durch das menschliche und tierische Blutopfer Einfluss auf überirdische Mächte genommen werden sollte. Neben Brandopferplätzen und möglichen Kultschächten in Viereckschanzen bieten Höhlen die beste Gewähr für derartige Nachweise. Die Fränkische Schweiz mit ihrer löchrigen Karstlandschaft hat davon einiges zu bieten, etwa den Dietersbergschacht bei Egloffstein, verfüllt mit den Knochen von zahlreichen Tieren und mindestens 46 Menschen. Die gleiche Situation in der Esperhöhle westlich von Leutzdorf bei Gößweinstein, hier sind es freilich „nur" 17 Individuen. Bei diesen Opfern, Frauen, Männern und

Praktische Hinweise

Lage: Von Leutzdorf, 5 km westlich von Gößweinstein, führt die Markierung blauer senkrechter Strich zur Esperhöhle (eine Strecke ca. 2 km), weitere 500 m zum Schlossberg; vom Hauptweg dem Hinweis „Keltenwall" folgen. Wanderkarte: Fränkische Schweiz, 1:50 000, Fritsch-Verlag. Tipp: Taschenlampe mitbringen.
Museen: Funde aus der Esperhöhle zeigen das Historische Museum in Bamberg (siehe S. 63) und das Naturhistorische Museum, Nürnberg (siehe S. 69). Ansonsten ist die Eisenzeit der Fränkischen Schweiz gut im gleichnamigen Museum in Tüchersfeld bei Pottenstein dokumentiert, Tel. 0 92 42/16 40, www.fsmt.de; geöffnet Di. bis So. 10–17 Uhr (Nov. bis März So. 13.30–17 Uhr).

Kindern, gilt als sicher, dass sie größtenteils per Schlageinwirkung starben und an der tiefsten Stelle der Höhle unbekleidet, möglicherweise bereits skelettiert, abgelegt wurden, wie der oben zitierte pathologische Befund ergab. Warum, konnten auch nicht die Untersuchungen in den Dreißigerjahren des 20. Jahrhunderts klären. Dass es Menschen der Späthallstatt- und Frühlatènezeit waren, belegten zwischen den Knochen angetroffene Keramikreste, Schmuck und eine Lanzenspitze.

Von Gebeinen sieht man natürlich nichts mehr, macht man sich auf den Weg zur Esperhöhle. Sie ist, anders als etwa der Dietersbergschacht, leicht in kaum 20 Minuten Fußweg erreichbar und auch ein Stück zu begehen. Wie ein aufgerissenes Maul dräut von unten, vom Wanderweg aus gesehen, der Zugang. Erst beim Näherkommen bemerkt man, dass zunächst eine lichte „Vorhalle" betreten wird und die eigentliche Öffnung an der linken Seite liegt. Rasch verjüngen die hoch aufragenden Kalkfelsen, ein tunnelartiger Gang scheint direkt in die Unterwelt zu führen. Nur im Schein einer Handlampe kommt man jetzt zu jener Verengung, durch die einst die Knochen der Geopferten in den tieferen Bereich eingebracht wurden.

Wieder zurück am Tageslicht, lässt sich die Wanderung noch zu einem nahen Ringwall fortsetzen. Auf dem senkrecht abfallenden Felsplateau des Schlossberges bei Burggaillenreuth sind beachtliche Reste eines bis zu zehn Meter breiten Walles mit langer Torgasse erhalten. Ob diese reizvoll unter hohen Buchen liegende Anlage aus der Zeit um 500 v. Chr. mit der Esperhöhle in Verbindung stand, kann vermutet, aber nicht belegt werden.

HAPPURG
Die Chinesische Mauer Frankens

Manche geschichtliche Irrtümer sind zäh. Seit ein ansonsten verdienstvoller Bodendenkmalpfleger in den Zwanzigerjahren des vergangenen Jahrhunderts die mächtige Wallanlage bei Happurg fälschlich als „Oppidum" einstufte, geistert dieser Begriff durch viele Veröffentlichungen über die Fränkische Schweiz, einschließlich neuester Wanderkarten. Vielleicht hat die Größe von 88 Hektar zur Annahme verleitet, es handele sich bei der Houbirg genannten Festung um ein stadtähnliches Gebilde nach dem Muster von Staffelstein oder Manching. Alle Begehungen und Grabungen der jüngeren Vergangenheit konnten jedoch keinen Nachweis für eine spätlatènezeitliche Großsiedlung erbringen. Dagegen weist das Zusammengetragene – Feinkeramik, farbige Augenperlen, Bronzeschmuck, Schneidwerkzeug – einige Jahrhunderte zurück; offenkundig war zur Frühlatènezeit das riesige Plateau dichter bevölkert, und auch lange zuvor, in der mittleren und ausgehenden Bronzezeit, wurde es bereits befestigt und mit größeren Unterbrechungen immer wieder aufgesucht.

Sonst weiß man wenig über die Houbirg (Hohe Burg) – aber sie vermittelt dem Besucher eine Ahnung von den Antriebskräften der Kelten, eine solche Anlage zu erbauen. Das gewaltige, über vier Kilometer lange Rechteck kann fast ringsum abgegangen werden, davor, dahinter und vor allem darauf. Wenn nach einstündigem Rundgang der metertief eingefurchte Zugangsgraben oberhalb von Happurg erreicht wird, bleibt nur respektvolles Staunen über die logistische, physische und auch soziale Leistung, die hinter einem Großbauwerk wie der Houbirg steht. Wie viele Menschen werden daran wie lange gebaut haben? Und wofür? Keine der späthallstatt- und frühlatènezeitlichen Burgen war – wenn überhaupt – flächendeckend bewohnt, schon gar nicht die hiesige. Hierfür ist das Gelände zu wellig und zu steinig. Streckenweise glaubt man beim Gänsemarsch über den Wall in einem umzäunten Felsengarten unterwegs zu sein, das schwungvolle Auf und Ab entspricht eher dem Verlauf der Chinesischen Mauer als der Vorstellung gradliniger Befestigungswerke. Den guten Erhaltungszustand verdankt die Anlage übrigens ringsum wachsenden Bäumen. Sie bilden ein schützendes Dach und halten mit ihrem Wurzelwerk das Gebilde zusammen. Walldurchstiche geben Einblicke, wie das Wurzelgeflecht die Steine umklammert.

Ergänzend zur Houbirg lässt sich einige Kilometer weiter westlich bei Neunkirchen a. Sand ein Archäologischer Lehrpfad abgehen. Unterwegs trifft man auf ein rekonstruiertes Gräberfeld sowie einen Abschnittswall, und fast zum Schluss steht man auf der aussichtsreichen Felsgruppe Glatzenstein. Deren Perspektive gibt eine mögliche Antwort auf das Warum riesiger Wallanlagen wie der Houbirg: Auf der anderen Talseite liegt der gewaltige Festungsstern der Burgruine Rothenberg. Fast provozierend glänzt das helle Mauerwerk in der Sonne – ein militärisches, mehr noch machtpolitisches Unterpfand.

Praktische Hinweise

Lage: Happurg liegt ca. 20 km östlich von Nürnberg nahe der B 14. Ab dem Kriegerdenkmal oberhalb des alten Kerns führt die Markierung grüner Punkt auf die Houbirg (oben empfiehlt sich ein Abstecher zum aussichtreichen Hohlen Fels) und weiter rings um den Wall; zurück durch den „Tiefen Graben" (Gesamtlänge ca. 6 km).
Der Zugang zum Archäologischen Wanderpfad (8 km) liegt hinter dem Ortsausgang von Speikern in Richtung Kersbach nicht weit von der B 14 östlich von Lauf a. d. Pegnitz.

NÜRNBERG
Kelten in alter Städte Mauern

Wer in Nürnberg auf die Suche nach Kelten geht, wird sie nicht unbedingt in einem naturhistorischen Museum erwarten. Außenstehende müssen sich erst an den Gedanken gewöhnen, dass die altehrwürdige Reichsstadt mit der bereits 1801 gegründeten „Naturhistorischen Gesellschaft Nürnberg" (NHG) eine Institution besitzt, die weit über ihr angestammtes Feld hinaus aktiv ist – Vorgeschichte, Archäologie und Völkerkunde ergänzen die traditionellen Aufgaben zur Erforschung von Geologie, Botanik, Höhlen und vielem mehr. In der Fränkischen Schweiz wurden von der NHG seit dem 19. Jahrhundert zahllose Bodendenkmale untersucht, etwa die Houbirg oder keltische Kulthöhlen.

Die NHG ist mit 2200 Mitglieder der größte ehrenamtlich geführte naturwissenschaftliche Verein Deutschlands; selbst ein eigenes Museum unterhält man (das freilich einen repräsentativeren Rahmen verdient hätte als die wenig ansehnliche Norishalle).Wen nackte Betonwände nicht schrecken, der wird reich entschädigt mit einem umfas-

Praktische Hinweise

Museen: Naturhistorisches Museum, Marientorgraben 8 (Norishalle), 90402 Nürnberg, Tel. 09 11/22 79 70, www.naturhistorischesmuseumnuernberg.de; geöffnet So. bis Fr. 10–17 Uhr. – Germanisches Nationalmuseum, Kartäusergasse 1, 90402 Nürnberg, Tel. 09 11/1 33 10, www.gnm.de; geöffnet täglich 10–18, Mi. bis 21 Uhr. (Die Vorgeschichtsabteilung ist bis 2005 geschlossen).

senden Einblick in die Erdgeschichte Nordostbayerns und der anschaulich aufbereiteten Entwicklungslinie des Menschen durch die Jahrzehntausende. Die Höhlen der fränkischen Karstlandschaft haben ihn, den Jäger und Sammler, schon immer angezogen. Seine spätere Sesshaftigkeit illustrieren qualitätvolle Funde der Bronze- und Eisenzeit. Standorttreue war schließlich die Voraussetzung für die Metallverarbeitung. So steht ein nachgebauter Verhüttungsplatz im Mittelpunkt der neu gestalteten eisenzeitlichen Abteilung; daneben Rekonstruktionen von Pfostenschlitzmauer und einem hallstattzeitlichen Wagen. Unter den Terrakotten ragen zwei einzigartige Stücke heraus: ein Pferd mit aufgelegter Schale sowie der „Reiter von Speikern", eine fast rührend einfache Arbeit, wie von Kinderhand gefertigt.

Nicht vergessen sollte man bei einem Besuch in Nürnberg natürlich das Germanische Nationalmuseum. Wenn auch unter seinen 1,2 Millionen Exponaten die Eisenzeit nur einen Bruchteil ausmacht und diese keinen Sammelschwerpunkt bildet, gibt es auf dem Hintergrund griechischer und etruskischer Exponate, etwa eines großen Bronzekessels, einige sehr interessante Arbeiten zu sehen – eine elegante Stierplastik aus Hallstatt, reicher Frauenschmuck, beispielsweise Fußringe mit verzierten Hohlbuckeln, und nicht zu vergessen die berühmte Parsberger Maskenfibel. Sie gilt als Paradebeispiel dafür, wie die Welt der Kelten mit der beginnenden Latènezeit Einflüsse aus dem Mittelmeerraum übernahm und zu einem ganz eigenen plastisch-drastischen Stil verarbeitete: Weg von der geometrischen Form, hin zu strengen, ins Stilisierte übergehenden Gesichtern, deren weit hervortretende Augen und maskenhafte Züge charakteristisch für die keltische Kunst werden sollten.

DONAU- UND ALTMÜHLTAL

THALMÄSSING
Alles ist da

So tief man auch ins Land hinein fährt, man trifft auf Kelten. Markt Thalmässing im Tal der Thalach, im Irgendwo zwischen Weißenburg, Greding und Hilpoltstein gelegen, ist so ein Ort für unverhoffte Entdeckerfreuden. Alles ist da: Gräberfelder, Viereckschanze, Verhüttungsplatz, Ringwall, ein keltisches Wohnhaus und, nicht zu übersehen am Marktplatz von Thalmässing, ein Museum für Vor- und Frühgeschichte. Weil alles so schön zusammenliegt, bot sich ein verknüpfender Wanderweg unter archäologischen Vorzeichen an. Drei bis vier Stunden Laufen, abgerundet mit dem Museumsbesuch, und man hat einen querschnittartigen Einblick in die keltische Welt gewonnen.

Einmal mehr waren es die ehrenamtlich wirkenden Mitarbeiter der Naturhistorischen Gesellschaft Nürnberg (NHG), denen die archäologische, pädagogisch wertvolle Aufbereitung der Vorzeit auch im Thalmässinger Raum zu verdanken ist. Elf Schautafeln begleiten den Wanderer durch eine bereits seit der mittleren Steinzeit vor mehr als 8000 Jahren besiedelten Landschaft. So verfolgt man zunächst die Spur von Menschen in der Bronzezeit – nach längerem Anstieg trifft man vor Waizenhofen auf die wie übergroße Maulwurfshügel wirkenden 35 Grabhügel aus dieser Zeit –, um dann mit einer weiteren Stunde Gehzeit 1000 Jahre zu überbrücken.

Praktische Hinweise

Lage: Thalmässing erreicht man über die A 9, Ausfahrt Greding oder Hilpoltstein. Der Archäologische Wanderweg ist 15 km lang, Markierung: Amphore. Karte und Begleittext können über das Landratsamt in Roth angefordert werden, Tel. 0 91 71/8 13 29, Wegbeschreibung auch im Internet: www.urlaub-im-altmuehltal.de/thalmaessing
Museum: Vor- und frühgeschichtliches Museum, Marktplatz 1, 91177 Thalmässing, geöffnet Di. bis So. 10–12 und 13–16 Uhr (im Winterhalbjahr geschlossen).
Tipp: An jedem 3. So. im Sept. veranstaltet die NHG am Keltenhaus in Landersdorf ein Keltenfest.

Unterhalb der so genannten Göllersreuther Platte wurde in den Achtzigerjahren des 20. Jahrhunderts das bedeutendste späthallstattzeitliche Gräberfeld Mittelfrankens freigelegt. Dabei untersuchte man 27 Grabhügel und rund 70 Urnenbestattungen, ohne dass man einen nachvollziehbaren Grund gefunden hätte, warum die einen Toten verbrannt wurden und die anderen nicht. Reich ausgestattet waren die Gräber beider Varianten insbesondere mit farbenfroh bemalten Keramikgefäßen, die wie viele andere Funde, einschließlich eines vollständig nachgebauten Frauengrabes, im Vorgeschichtsmuseum von Thalmässing zu sehen sind. Auffallend bei diesem Gräberfeld war die unterschiedliche Gestaltung der Steinkreise um die Grabhügel. Mal bestanden sie aus übereinander gelegten Platten, mal aus senkrecht gesetzten Kalksteinen, dann wieder aus einer Mischung von beiden, einmal fanden sich auch kreisförmig aufgestellte Holzpfosten. Bei der Rekonstruktion von fünf der bis zu 14 Meter breiten Hügel wurden die unterschiedlichen Varianten berücksichtigt. Die Gräber sind wie die olympischen Ringe angeordnet und ineinander verflochten.

Zwischen den beiden Gräberfeldern aus Bronze- und Eisenzeit haben die Mitarbeiter der NHG noch vor Landersdorf einen Platz vorzeitlicher Eisenverhüttung kenntlich gemacht sowie, mit kurzem Abstecher vom Hauptweg zu erreichen, am Ortsrand das typische Haus einer keltischen Bau-

So lebten fränkische Kelten: Wohnhaus mit Versuchsgarten in Landersdorf.

Jeder war anders: Auch diese Grabhügel berührt der Archäologische Wanderweg im Raum Thalmässing.

ernfamilie errichtet. Gleich daneben gedeiht ein kleines Versuchsfeld der vor 2500 Jahren angebauten Pflanzen: Einkorn, Emmer, Dinkel, Lein, Mohn und – sehr wichtig bei der damaligen Vorliebe für Buntes – Färbepflanzen: Aus Krapp gewann man Rot, aus Waid blau und aus Kamille gelb.

Der Wanderweg zieht dann in weitem Bogen zurück ins Tal, vorbei an einer (überwiegend verschliffenen) Wallanlage und einem weiteren Grabhügel der Hallstattzeit. Jetzt fehlt noch die Viereckschanze, um die kleine Tour d'Horizon in die keltische Welt abzurunden. Die Schanze von Ohlangen steht zwar nicht mehr am Wanderweg, kann aber leicht mit dem Auto zwei Kilometer westlich von Thalmässing angesteuert werden. Am Waldrand, knapp dem Pflug entronnen, liegt dieses aus dem späten 2. Jahrhundert v. Chr. stammende Rechteck. Nach Größe (15 000 Quadratmeter) und Erhaltungsgrad gilt die Anlage als eine der bedeutendsten Viereckschanzen Bayerns. Kaum eine besitzt vor allem noch so hohe Wälle wie die hiesige.

KIPFING/KINDING
Zwei natürliche Festungen

Sie sind zum Verwechseln ähnlich, der Michaelsberg bei Kipfing und die Schellenburg genannte Erhebung zwischen Kinding und Enkering, von der Lage über die Formgebung bis zur Nutzung – selbst das Gipfelkreuz steht jeweils an der linken Seite. Beide schieben sich als 100 Meter senkrecht aufragende Bergzungen gegen das Altmühltal, beide sind nur im Süden über einen flacheren Sattel zugänglich. Und bei beiden nutzte man die Bergsporne für eine vorgeschichtliche Festung – zu einladend war es, die natürlichen Gegebenheiten für Höhenburgen auszunutzen. Jede der Festungen überzieht außerdem ein doppelt angelegter Abschnittswall auf gesamter Plateaubreite.

Die äußeren Wälle werden jeweils der Urnenfelder- und Hallstattzeit zugeschrieben, ebenso der innere auf der Schellenburg. Hier enden die Ge-

Fast uneinnehmbar: Felspartie auf dem Michaelsberg über Kipfing.

meinsamkeiten. So mächtige Gräben wie die auf dem Michaelsberg mit bis zu elf Metern Breite wurden zur Bronze- und frühen Eisenzeit üblicherweise nicht ausgehoben. Das ganze System von Wällen und Annäherungshindernissen wurde vielmehr im 10. Jahrhundert n. Chr. zur Zeit der Ungarneinfälle unter größter Anstrengung zur Sicherung einer Fluchtburg in und auf das Dolomitgestein gesetzt. Der vorgeschichtliche Wall nimmt sich mit zwei Meter Höhe und vier Meter breitem Graben bescheidener aus, zumal er mittlerweile vom Wald friedlich erobert wurde.

Anders das Landschaftsbild im Sattelbereich der Schellenburg. Das struppige Gras einer Steppenheide mit schlanken Wacholdersäulen konturiert beide Wälle und die im Westen einbiegenden Torgassen. Wie verpackt liegen sie da. An den Zugängen beginnt ein Lehrpfad und gibt auf dem Weg zur Bergspitze Einblicke in das Alltagsleben zur Urnenfelder- und Hallstattzeit. Ob Menschen, wie durch die Erläuterungen zu Haus und Hof suggeriert, auf dem wasserlosen Hochplateau der Schellenburg dauerhaft gelebt haben, bleibt fraglich. Eher bildete der Berg den machtvollen Mittelpunkt für die am Zusammenfluss von Schwarzach, Anlauter und Altmühl Siedelnden. Neben einem herrschaftlichen Hof bei Enkering, wie er im östlichen Bayern für die Oberschicht vielfach nachgewiesen ist, sind hier bei Grabungen zahlreiche Grabhügel der Hallstattzeit entdeckt worden; der größte in der Nekropole von Ilbing maß 35 Meter.

Praktische Hinweise

Lage: Kinding und Kipfing liegen nahe der A 9, AS Altmühltal. Beide Berge, Schellenburg (2 km) und Michaelsberg (3 km) können jeweils von der Westseite (Hinweistafeln) bequem bestiegen werden. Am Michaelsberg gibt es eine steile Variante; Ausschilderung „Ostaufstieg" ab Parkplatz am Ortsrand. Über die Gemeindeverwaltung Kinding erhält man eine örtliche Wanderkarte, Tel. 0 84 67/8 40 10.

DIETFURT/RINGELAI
Kelten zum Anfassen

Aufbauarbeit: Eines von sechs keltischen Häusern im Freilichtmuseum „Gabreta" bei Grafenau.

Österreich machte es vor: Zahlreiche Freilichtmuseen – Hallein, Kulm, Mitterkirchen, Asparn und andere mehr – bieten seit Jahren lebendigen Anschauungsunterricht in Sachen keltischer Alltagskultur. Abgesehen von dem bereits in den Achtzigerjahren des 20. Jahrhunderts entstandenen Dörfchen bei Bundenbach im Hunsrück sah das in Deutschland lange anders aus. Jetzt aber, nicht zuletzt befördert durch die großen archäologischen Entdeckungen der jüngeren Vergangenheit, erwachen die Kelten vielerorts wieder zu neuem Leben. Den Anfang machten die Häusernachbauten in den Museen von Hochdorf bei Stuttgart und der Heuneburg im oberen Donautal. Seit 2001 wächst ein Keltendorf namens Gabreta bei Ringelai in den südlichen Ausläufern des Bayerischen Waldes, weiterhin entstand ein latènezeitliches Gehöft am Chiemsee bei Seebruck-Stöffling, und im Frühjahr 2004 erblühte eine Siedlung in Steinbach am Fuße des nordpfälzischen Donnersbergs.

Am großzügigsten plant man unter keltischen Vorzeichen im Altmühltal bei Dietfurt. Wo Menschen seit der Altsteinzeit siedelten und es auch nicht an Anwesenheitsbeweisen der Hallstattmenschen in Gestalt zahlreicher Grabhügel fehlt, sollen in einer ersten Ausbaustufe 13 Häuser entstehen, mit der Besonderheit, dass diese während der Saison dauerhaft bewohnt sind. Bevor die Kelten zum Anfassen Realität werden, dürfte allerdings noch viel Wasser die Alcmona – nach dem keltischen Namen der Altmühl ist das „Erlebnisdorf" benannt – hinunterfließen, genauer, der tröpfelnde Geldfluss von öffentlicher wie privater Seite muss erst noch zu einem breiten Strom anschwellen. Unterdessen werden archäologische Aktionstage angeboten. Einige Häuschen stehen übrigens schon – virtuell im Internet und modellhaft in der Vorgeschichtsabteilung des örtlichen „Museums im Hollerhaus".

Praktische Hinweise

Museen: Über den Ausbau des Freilichtmuseums „Alcmona" in Dietfurt informiert das Städtische Touristbüro, Tel. 0 84 64/64 00 19, www.dietfurt.de oder www.alcmona.de
Museum im Hollerhaus, Pfarrgasse 6, 92345 Dietfurt, Tel. 0 84 64/91 45, geöffnet täglich 14.30–17.30 Uhr (im Winterhalbjahr geschlossen).
Archäologischer Erlebnispark Gabreta, Lichtenau 1a, 94160 Ringelai, Tel. 0 85 55/40 73 10, www.gabreta.de; geöffnet ganzjährig Di. bis So. 10–18, im Winter bis 16 Uhr.
(Hinweis: Der Park liegt außerhalb des auf Seite 70 abgedruckten Kartenausschnitts im südöstlichen Bayern, nahe Grafenau und Freyung.)

Worum Dietfurt noch kämpft, ist am Bayerischen Wald mit dem „Archäologischen Erlebnispark Gabreta“ bereits Realität. Dank ungewöhnlicher Trägerschaft sind hier Finanzierung und Ausbau gesichert. Wer hätte gedacht, dass die „Beruflichen Fortbildungszentren der Bayerischen Wirtschaft“ in Kooperation mit dem Arbeitsamt ein Freilichtmuseum unterhalten? Die Beschäftigungsmaßnahme der besonderen Art gibt hier Handwerkern Gelegenheit, sich in alten Techniken zu üben. So entstanden zunächst sechs Häuser und Ställe, etwa ein Blockhaus nach Vorbild von Hallein oder das ungewöhnlich große Herrenhaus samt Stallgebäude aus Köfering bei Regensburg. Tiere wie Skudde (Schaf), Mangalitza (Wollschwein) und Hinterwälder (Rinderart), die wie zu keltischer Zeit eher kleinwüchsig sind, geben der attraktiv vor der Bergkulisse des Bayerischen Waldes liegenden Anlage ebenso die nötige Authentizität wie Ackerflächen, Kräutergarten, Backofen und Töpferei. Mit einem „Versuchshaus“ spricht man besonders Kinder an. Dort dürfen sie sich beim Verarbeiten von Lehm austoben. Außerdem haben Jugendgruppen die Möglichkeit, in einem externen Langhaus „wie die Kelten zu leben“. Die Einrichtung ist entsprechend spartanisch, es gibt keinen Strom, geschlafen wird auf Strohsäcken und natürlich wird sich auch selbst versorgt. Der Übernachtungspreis von vier Euro dürfte konkurrenzlos sein.

KALLMÜNZ
Grüner Mantel um den Schlossberg

Wenn man einen Stadtführer in der Hand hält, der über 100 Jahre fast unverändert nachgedruckt wird – dann ist man im oberpfälzischen Kallmünz. Seit 1904 wird die kleine Broschüre nunmehr in der 7. Auflage verkauft, selbst die Fotografien entstammen noch der Erstausgabe. Das spricht nicht gegen das achtzigseitige Büchlein, sondern für den Ort am Zusammenfluss von Naab und Vils. Weil sich das Ortsbild mit seinen kunterbunten Häusern seit dem 19. Jahrhundert kaum verändert zeigt, kann das vom alteingesessenen Verlag Laßleben in der vierten Generation herausgegebene Bändchen auch weiterhin verlegt werden. So „wunderschön in seiner hochromantischen Umrahmung“, wie es Urgroßvater Johann Baptist Laßleben empfand, also das harmonische Zusammenspiel der Naab mit den eng ineinander geschachtelten Gebäuden vor einer burggekrönten Felskulisse, so präsentiert sich Kallmünz noch heute.

Nur diesem Burg- oder Schlossberg mit seinem mächtigen Felssockel, stellt man im Vergleich zu den frühen Fotografien fest, wurde inzwischen ein grüner Mantel umgelegt. Strauchwerk, Laub- und Obstbäume wachsen nun dort, wo bis vor einigen Jahrzehnten nacktes Gestein vorherrschte. Im Hinblick auf Anschauung und Authentizität mag das der in Sachen Kelten Reisende etwas bedauern. Wie noch vor 100 Jahren, kahl, schroff und abweisend, dürfte der felsige Unterbau einer frühlatènezeitlichen Höhensiedlung auf dem Schlossberg ausgesehen haben. Es lag nahe, diesen bis zu 100 Meter aufragenden Monolithen aus hellem Jurakalk, um den Naab und Vils einen natürlichen Wassergraben bilden, wehrtechnisch auszubauen. Bereits zur Urnenfelderzeit zog man einen mächtigen Abschnittswall über das Plateau, den Kelten dann nochmals verstärkten. Vom Turm der Burgruine aus gesehen, zeichnet er sich als auffallende Hangkante im vergrasten Gelände ab.

Der Himmel stürzt nicht ein: Über dem Schlossberg von Kallmünz ein Wetter wie gemalt.

Beim Näherkommen erkennt man die volle Breite von rund 30 Metern bei gut zwölf Metern Höhe an den abgerundeten Enden. Die machtvolle Position dieser Festung unterstreichen zahlreiche kleinere Anlagen und ausgedehnte Gräberfelder im Umland. Nicht weit vom Schlossberg entdeckte man in Schirndorf eine der bedeutendsten hallstattzeitlichen Nekropolen Deutschlands. In mehr als zehnjähriger Arbeit wurde sie seit 1964 ergraben. Die Fundausbeute von 224 Gräbern mit ungewöhnlich großen, reich verzierten Keramikgefäßen steht im Mittelpunkt der Vorgeschichtlichen Museen von Amberg und München (siehe S. 82).

Praktische Hinweise

Lage: Kallmünz liegt ca. 20 km nordwestlich von Regensburg im Tal der Naab. Der kurze Aufstieg zum Schlossberg ist ausgeschildert.
Museum: Funde aus Kallmünz und Umgebung, darunter die Rekonstruktion einer Grabkammer aus Schirnding, sind in Amberg zu sehen: Vorgeschichtsmuseum der Oberpfalz, Eichenforstgasse 12 („Klösterl"), 92224 Amberg, Tel. 0 96 21/1 02 47, www.amberg.de/kultur; geöffnet Di. bis So. 10–12 und 14–16 Uhr, Sa. nur nachmittags.

KELHEIM
Wallkrone über der Donau

Bei flüchtiger Betrachtung scheinen Aufwand und Nutzung in einem grotesken Missverhältnis zu stehen. Im zweitgrößten Oppidum Deutschlands, dem 600 Hektar großen Michelsberg bei Kelheim, gibt es kaum Hinweise auf großflächige Besiedlung, kein Vergleich jedenfalls zur benachbarten, zeitgleich bestehenden „Großstadt" Manching. Was war auf dem keilartigen Plateau am Zusammenfluss von Donau und Altmühl so bedeutsam, dass man im 2. Jahrhundert v. Chr. eine zehn Kilometer lange Pfostenschlitzmauer errichtete, für die 350 000 Kubikmeter Erde bewegt, 8000 Bäume gefällt und 30 000 Kubikmeter Kalkplatten für die Außenverblendung verbaut wurden?

Einblicke: Rundum begehbare Vitrinen im Archäologischen Museum von Kelheim.

Folgt man einem über den Michelsberg führenden Archäologischen Wanderweg, stößt man bald auf merkwürdige Kuhlen – kilometerweit überziehen diese mehr oder weniger stark eingetieft den Waldboden. Das also ist es, erhärten die begleitenden Infotafeln den Verdacht: Auf der Suche nach erzhaltigem Gestein haben Kelten das Gelände regelrecht durchpflügt. In bis zu sieben Meter tiefen Löchern spürten sie den Eisenerzvorkommen nach (viele der dann in einfacher Schachtbauweise ausgebeuteten Gruben stammen allerdings aus dem Mittelalter). Praktischerweise hat man das Erz vor Ort verhüttet, woran Schlackefunde und die Reste entsprechender Öfen keinen Zweifel lassen.

Merkwürdig bleibt trotzdem, der ganze Aufwand einer gigantischen Befestigung, nur um Erzfelder zu sichern? Problemlos ausbeutbare Vorkommen gab es schließlich vielerorts im Großraum von Donau und Altmühl. Vielleicht bewegten Kelten bereits ähnliche Motive wie den Bayernkönig Ludwig I., als er Mitte des 19. Jahrhunderts seine Befreiungshalle zur Erinnerung an die napoleonischen Kriege auf der stadtseitigen Michelsbergspitze errichtete. Mit Blick auf diesen repräsentativen Standort ist gut vorstellbar, was ein schneeweißer Wall, der wie eine Krone auf

Praktische Hinweise

Lage: Der Archäologische Wanderweg beginnt am Museum; man kann auch am (kostenpflichtigen) Parkplatz der Befreiungshalle starten, Markierung: Ammonit auf gelbem Grund. Der Weg zum Wall und zurück ist ca. 8 km lang, er lässt sich zum Kloster Weltenburg im Donaudurchbruch fortsetzen (Fähre); zurück durch das reizvolle NSG Weltenburger Enge (15 km) – oder in der Saison mit dem Fahrgastschiff. Zum Wanderweg gibt es Unterlagen bei der Tourist-Information Kelheim, Tel. 0 94 41/70 12 34.
Museum: Archäologisches Museum, Lederergasse 11, 93309 Kelheim, Tel. 0 94 41/1 04 92, www.altmuehltal.de; geöffnet Di. bis So. 10–16 Uhr (Nov. bis März geschlossen).

dem Plateau saß, den auf Donau und Altmühl Vorbeikommenden signalisierte. Noch heute, obgleich längst mit Bäumen verwachsen, verfehlt dieser bis zu sechs Meter aufragende Monumentalbau nicht seine Respekt heischende Wirkung. Am westlichen Wendepunkt des Archäologischen Wanderwegs kann man über Kilometer den Damm abgehen.

Es muss ein selbstbewusster, wohlhabender Stammesverband gewesen sein, der das Gelände auf und um das Oppidum kontrollierte. Dessen Name drang übrigens bis zum alexandrinischen Geographen Ptolemaios. Als „Alkimoennis" hat er ihn überliefert. Der Reichtum drückte sich nicht nur im Wallbau auf dem Michelsberg und dessen mehrfacher Erneuerung aus. Man errichtete später auch eine Befestigung entlang der Altmühl zum Schutz der dortigen Siedlung. Die Häuser besaßen – offenkundig musste einiges vor fremdem Zugriff bewahrt werden – aufwändige Türschlösser. Im Archäologischen Museum von Kelheim können diese technisch durchdachten Verriegelungen – „schieben statt schließen" – selbst ausprobiert werden. Ansonsten zeigt das in einem spätgotischen Getreidespeicher untergebrachte Museum schöne Keramik der Hallstattzeit, zahlreiche Funde zur Eisenverarbeitung und ein Modell des Oppidums. Im Freigelände steht ein Stück rekonstruierter Wallmauer, das mit seinen acht Metern Höhe fast die Nachbarhäuser verdeckt.

MANCHING
Goldener Glanz in der Dürren Au

Wo, bitte, geht's zum Oppidum? Die Suche nach der bedeutendsten Keltenstadt Deutschlands, benannt nach der Gemeinde Manching bei Ingolstadt, endet an einer Wiesenbrache, deren Gesichtslosigkeit mit den Flurbezeichnungen Dürre Au, Hundsrücken und Leisenhartfeld hinreichend umschrieben ist. Und sonst: Straßen, Häuser, Spargelfelder, Kiefernwäldchen und irgendwo im Hintergrund ein dunkler Komplex, der sich beim Näherkommen als Militärflughafen samt angeschlossener Rüstungsschmiede entpuppt. Es fällt schwer, diesen Ort mit dem Glanz in Einklang zu bringen, den ihm die Archäologen mit ihren bahnbrechenden Entdeckungen verliehen haben. Dabei wurden erst 25 der 380 Hektar großen Fläche in mehr als fünfzigjähriger Arbeit untersucht. Aber das reichte aus, um in summa den Nachweis eines seit dem 3. vorchristlichen Jahrhundert sozial, wirtschaftlich, kulturell und technologisch hoch entwickelten keltischen Gemeinwesens zu erbringen.

Dem weiteren Erkenntnisdrang stehen die größtenteils der Öffentlichkeit entzogenen Areale entgegen. Im Falle der Kommune Manching konnte wenigstens das Ausgreifen über das bisher Bebaute hinaus, entsprechend einem Fünftel der Oppidum-Fläche, verhindert werden. Beim Militärkomplex reicht der Sündenfall bis 1936 zurück, als man wider besseres Wissen das Gelände für die Luftwaffe trassierte. Kelten passten nun mal nicht in das vorherrschende Germanenbild. Auch nach 1945 blieb es bei der wehrtechnischen Nutzung.

Immerhin, am Südostrand des Oppidums lässt sich ein Stück der einst sieben Kilometer langen, fast kreisrunden Umwallung abgehen. Der Zugang liegt an der Straße in Richtung Geisenfeld an einem (eher einfach) wieder hergestellten Zangentor. Einige Schautafeln erläutern Besiedlungsgeschichte und Mauerkonstruktion – bemerkenswerterweise fand ein Wechsel von der zunächst er-

So könnte es ausgesehen haben: Bauversuch eines Zangentores am Oppidum von Manching.

richteten, hier zu Lande unüblichen Holzkastenverstrebung (Murus Gallicus) zur traditionellen Pfostenschlitztechnik statt. Eine Vorstellung der räumlichen Dimension gibt der Blick vom teilweise erhaltenen Haupttor im Osten. Wo der mehr als zwei Kilometer entfernte Kirchturm von Manching aus den Häusern ragt, vermutet man den Westzugang des damals an einem Nebenarm der Donau gelegenen Oppidums.

Schiere Größe sagt noch nichts über die Bedeutung. Nur dank der archäologischen Sisyphusarbeit konnte dem Erdreich der Nachweis eines blühenden, von Handel und Handwerk lebenden Gemeinwesens mit 5000 bis 10 000 Einwohnern

Praktische Hinweise

Museen: Die Funde aus dem Oppidum sind an mehreren Orten verteilt. Für einen Museumsneubau sollen diese Anfang 2006 in Manching zusammen geführt werden. Bis dahin findet man Goldbäumchen, Goldmünzen, Vogelkopf-Achsnägel u. a. m. in der Archäologischen Staatssammlung München (siehe S. 82); viele Exponate, die mit der Eisenverarbeitung zusammenhängen, stehen im Ingolstädter Stadtmuseum sowie im Heimatmuseum von Manching; dort außerdem Repliken der schönsten Stücke und ein großes Oppidum-Modell.
Stadtmuseum, Auf der Schanz 45, 85049 Ingolstadt, Tel. 08 41/3 05 18 81, www.ingolstadt.de/kultur; geöffnet Di. bis So. 9–17 Uhr.
Heimatmuseum, Ingolstädter Straße 2 (Altes Rathaus), 85077 Manching, Tel. 0 84 59/8 50, www.museum-manching.de; geöffnet jeden 1. Sa. im Monat 14–16 Uhr (und n. V.)

abgerungen werden. Die dabei gemachten Entdeckungen waren so ungewöhnlich, dass man mitunter Jahrzehnte benötigte, um gesicherte Aussagen abzuleiten. Erst unter dem Eindruck andernorts gewonnener Einsichten wagte man 30 Jahre später bestimmte Bodenstrukturen als heiligen Bezirk mit Umgangstempelchen zu deuten. Erhärtet wurde diese sensationelle Erkenntnis von Funden wie einem für Kultzwecke bestimmten Goldbäumchen oder Teilen eines eisernen Pferdes. Auch die verstreut angetroffenen Menschenknochen stellen sich jetzt in anderem Lichte dar. Sie stammen nicht, wie man lange glaubte, vom Endkampf der Bewohner gegen römische Usurpatoren. Sie dienten vielmehr rituellen Handlungen, ohne deshalb die Opferung von Menschen anzunehmen. Die Frage nach dem Verlöschen Manchings muss weiterhin offen bleiben. Irgendwann vor Mitte des 1. vorchristlichen Jahrhunderts erstarb die Stadt ohne erkennbaren Anlass. Die Spekulationen über das Warum reichen von Seuchen bis zum Zusammenbruch der Absatzmärkte.

NEUBURG AN DER DONAU
Ein ganz eigener Kosmos

Einer der Begriffe, dem man im Gefüge der keltischen Welt häufig begegnet, ist das schöne Wort Regenbogenschüsselchen. Es steht zwar nicht im „Duden", fehlt aber nie, wenn Münzen ins Spiel kommen, wie etwa 1999, als bei den Grabungen in Manching ein großer Schatz goldener Regenbogenschüsselchen entdeckt wurde. Vielleicht hat die ungewöhnliche Form den Volksglauben genährt, wer die leicht eingedellten Münzen beim Pflügen findet, auf den wartet am Ende des Regenbogens ein großer Schatz.

Für die Erforschung von Kultur und Geschichte der Kelten sind Münzfunde immer ein großer Gewinn. Sie geben Auskunft über das Auftreten „keltischen" Geldes nach griechischem Vorbild im 4. vorchristlichen Jahrhundert wie über dessen Verbreitung vom Mittelmeerraum nach Gallien, Britannien und Deutschland. Im 2. und 1. Jahrhundert entwickelte sich mit der Verstädterung („Oppida-Zivilisation") ein regelrechter Hartgeldboom. Geht man davon aus, dass die heute bekannte Zahl von über 100 000 Gold-, Silber- und Bronzemünzen in öffentlichen oder privaten Sammlungen nur einen Bruchteil der damals vorhandenen ausmachen, müssen Millionen im Umlauf gewesen sein, obgleich jedes Stück einzeln hergestellt und geschlagen werden musste.

Schwieriger als Verbreitung und Herstellungsart sind für Numismatiker die Fragen nach einzelnen Prägeorten oder die Nutzung als Zahlungsmittel

Praktische Hinweise

Museum: Neben dem keltischen Münzkabinett gibt es in dem – mit seiner prachtvollen Renaissance- und Barockausstattung sehr sehenswerten – Neuenburger Schlossmuseum einen weiteren Raum mit eisenzeitlichen Funden aus Donaumoos und Stadtgebiet. Schlossmuseum, Residenzstraße A 2, 86633 Neuburg an der Donau, Tel. 0 84 31/88 97, www.neuburg-donau.de; geöffnet Di. bis So. 9–18 Uhr (im Winterhalbjahr 10–16 Uhr). Tipp: Lupe und Handlampe mitbringen.

Kunstvolles Geld: Keltische Münze, wie sie in der Ostschweiz verbreitet war.

zu beantworten. Auch wenn üblicherweise Münzen aus fast reinem Gold oder Silber bestanden, wie hat man sich über große Entfernungen auf eine wirtschaftliche Basis verständigt? Geldumlauf kann ja nur funktionieren, wenn Einigkeit über den Tauschwert besteht. Wer oder was wurde mit Barem bezahlt? Oder blieb es überwiegend beim reinen Güterhandel, und Goldmedaillen hortete man als Ausdruck von Prestige und Wohlstand? Unbenutzt waren jedenfalls die Münzen der Goldschätze von Manching. Die Prägungen steuern bei der Antwortsuche nach dem Geldumlauf wenig Erhellendes bei. Porträts oder Aufdrucke, wie bei Griechen und Römern, sucht man weitgehend vergebens. Womit man im Raum 5 des Schlossmuseums von Neuburg an der Donau wäre.

Nirgends sonst lässt sich mit 770 Exemplaren eine derart große Sammlung keltischer Geldstücke im unmittelbaren Vergleich studieren. Es kann nicht überraschen, diese je nach Herkunft aus halb Europa unterschieden zu sehen – die keltiberischen sind am größten, die hiesigen am kleinsten.

Was die Münzen eint und unverwechselbar macht, sind die Abbildungen, die mehr über das keltische Kunst- und Weltverständnis aussagen als über einen möglichen numerischen Wert. Wie schon bei den frühen Kelten, die offenkundig einen Anstoß von außen, zumeist aus dem mediterranen Raum benötigten, um der eigenen Formensprache Ausdruck zu verleihen, hat es nicht lange gedauert, ehe die keltischen Graveure aus den zunächst nachgeahmten griechischen Porträts stilisierte Gesichter entwickelten oder römische Pferdegespanne in wilde Hufwirbel zerlegten. Am Ende scheint jede Gegenständlichkeit aufgehoben, sind, besonders in Süddeutschland, nur noch Punkte, Striche und wundersame Zeichen erkennbar. Glaubt man, wie einige Autoren, mit den Kelten an eine außersinnliche Realität, gleichsam die Überwindung materiellen Denkens, dann lassen sich die Münzmotive als Auflösung von allem Anatomischen und Stofflichen deuten, welche dann, einem anderen Rhythmus gehorchend, neu zusammengesetzt werden. Nur, warum sollte man für den Transport dieser Weltsicht ausgerechnet Geld gewählt haben? Vielleicht fiel so das Opfern leichter, bei vielen Kultstätten fand man massenhaft Münzen. Worin auch immer die Aussage lag, das keltische Geldwesen bildet einen ganz eigenen Kosmos, der sich vorschnellen Deutungen entzieht.

OBERBAYERN

MÜNCHEN

Geschirr für die Ewigkeit

Als 1885 in München eine private Schenkung von Altertümern „zur Aufhellung der Vorgeschichte des Vaterlandes" erfolgte, war noch nicht absehbar, dass diese einmal zum Kern der größten vorgeschichtlichen Sammlung Bayerns werden würde. Jahrzehnte gingen ins Land, ehe sich verschiedene staatliche und nichtöffentliche Einrichtungen rechtlich und auch räumlich unter einem Dach vereint fanden: 1976 konnte endlich die „Archäologische Staatssammlung" einen Neubau in München beziehen. Der dunkle Kasten am Rande des Englischen Gartens ist zwar architektonisch und mit zu geringen 1400 Quadratmetern Ausstellungsfläche nicht mehr auf dem neuesten Stand. Doch für den komprimierten Überflug über 120 000 Jahre bayerische Ur- und Frühgeschichte gibt es keine bessere Adresse. Nun wollte sich die Landeshauptstadt aber nicht dem Verdacht aussetzen, das Sehenswerteste zentralistisch zu horten. Deshalb gibt es seit 1979 ein „Museumsentwicklungsprogramm", wonach mit Zweig- und Partnermuseen dem föderalen Gedanken im Freistaat Rechnung getragen werden soll. Und da Bayern aus vielen Stämmen und Landsmannschaften besteht, sind daraus – alleine im Bereich Vorgeschichte – 13 geworden. Als

Praktische Hinweise

Museum: Archäologische Staatssammlung – Museum für Vor- und Frühgeschichte, Lerchenfeldstraße 2, 80538 München, Tel. 089/2 11 24 02, www.archaeologie-bayern.de; geöffnet Di. bis So. 9–16.30 Uhr (So. Eintritt frei).

bis dato letztes kommt 2006 das Kelten- und Römermuseum von Manching hinzu. Das heißt für die Staatssammlung Abschied nehmen von einigen Prunkstücken, etwa dem vergoldeten „Kultbäumchen".

Noch füllt „Manching" einen der insgesamt 14 Räume und Lichthöfe im Münchner Museum, zwei weitere nehmen die Epochen von Hallstatt und Latène ein. Aus der unendlichen Fülle des dort Präsentierten – Fibeln, Gürtelbleche, Hohlbuckel- und Rasselringe, bronzene Kleinplastik („Stier von Weltenburg"), Werkzeuge zur Leder- und Eisenverarbeitung, Düsenziegel, Angelhaken, Fleischgabeln, Schlüssel aller Größen, Herdschaufeln, farbiges Glas, Goldmünzen – sei hier nur die beeindruckende Keramiksammlung herausgegriffen. Neben regionalen Unterschieden zeigen sich im direkten Vergleich die gravierenden Änderungen zwischen hallstatt- und latènezeitlichen Gefäßen. Das ist nicht nur der Wechsel von rottonig-bunten, mit vielfältigen Mustern gezierten Arbeiten zu eher schmucklos-dunkleren, jetzt auf der Töpferscheibe gedrehten Behältnissen. Mit den abgewandelten Formen und Farben war auch ein großer Einschnitt im Bestattungswesen einhergegangen. Während vom 8. bis 6. vorchristlichen Jahrhundert ganze Geschirrsätze mit ins Grab wanderten, reduzierten sich die Keramikbeigaben später auf Einzelstücke oder verschwanden fast ganz. Das Lebensfrohe, Gastfreundliche der früheren Menschen, die ihr Gut real und symbolisch mit ins Jenseits nahmen, riss parallel zu den großen Umbrüchen seit dem 5. Jahrhundert ab. Vermutlich entwickelte man damals eine ernstere, nicht mehr von Freude und Festlichkeiten bestimmte Todesvorstellung.

Für das anders geartete Lebensgefühl der Hallstatt-Menschen steht in München die „Wand von Schirndorf". Die vom Boden bis zur Decke reichenden Beigaben aus 36 der 224 Gräber von Schirndorf bei Kallmünz – jedes Brett entspricht den Funden eines Grabes – zeigen bei den Keramiken ein Kaleidoskop wundervoller Muster: Spiralreihen, Zierbänder, geometrische Friese, mal geritzt, mal gestempelt, farbig ausgelegt oder weiß getüpfelt. In einer Tonschale fand sich sogar die Rarität eines nach griechischem Vorbild eingekratzten Leierspielers.

LANDKREISE LANDSBERG UND MÜNCHEN
Kleine Viereckschanzen-Tournee

Kultplatz oder profaner Bauernhof, Schutz- oder Versammlungsraum oder am Ende etwas ganz anderes? Kaum etwas beschäftigte die archäologische Zunft mehr als die Frage: Was ist eine Viereckschanze, wozu hat sie gedient? Obwohl oder weil „Schanzen" eher zur unspektakulären Gattung der keltischen Bodendenkmäler gehören, wurden sie zu einem Lieblingsobjekt nicht nur der

Ums Eck: Anschnitt einer typischen Viereckschanze in Oberbayern, wie hier bei Utting.

Historiker: Eine viereckige Fläche zwischen 80 und 150 Metern Seitenlänge, eingefasst von einem zwei bis vier Meter hohen Erdwall mit abgerundeten Ecken und durchlaufendem Graben. Leicht kann man an kleine Natureisstadien denken, stößt man im süddeutschen Raum unvermutet auf diese Rechtecke. Mit gut 500 Anlagen zwischen Main und Alpen sind angesichts großräumiger Kultivierung erstaunlich viele erhalten. Wälder bieten natürlich den besten Schutz, aber selbst mitten in Ackerland entgingen einige der Einebnung. Ist das Respekt vor den Kulturleistungen der Altvorderen oder umgibt diese Schanzen gar, wie manche glauben, eine besondere Aura, die es auch ohne Denkmalschutzgesetze gebietet, dort nicht verändernd einzugreifen?

Kelten erbauten ihre Kultstätten an Plätzen „unsichtbar wirkender Kräfte und Strahlungen …, ein Phänomen, das auch noch heute bei sensiblen Menschen spürbar wird, die hier in sich lauschen und innere Bilder, Farben, Töne oder Stimmungen hervorruft." Dieser Satz steht nicht etwa in einem Fachbuch für angewandte Esoterik, sondern auf den Erläuterungstafeln zur Viereckschanze der Gemeinde Utting am Ammersee. Gewiss ist dies ein landschaftlich inspirierender Ort, schaut man von der 12.000 Quadratmeter großen Anlage zum Kloster Andechs auf der anderen Seeseite. Aber wie muss man gepolt sein, um hier einen „Kraftort mit linksdrehender Energie" zu spüren, so stark, das man sich besser vor dem Betreten an der alten Eiche in dem Gelände „erdet"? (Nach-

Praktische Hinweise

Lage: Die genannten Viereckschanzen a) Utting, b) Holzhausen c) Deisenhofen sind wie folgt erreichbar: a) A 96 München-Landsberg, AS Ammersee-West, in Utting die Landsberger Straße bis zur Ludwigshöhe, vom dortigen Parkplatz etwa 1 km Fußweg; b) von Utting über Starnberg und Schäftlarn bis Dingharting, hier 3 km südöstlich nach Holzhausen; c) von dort 8 km nordöstlich nach Oberhaching; die Schanzen liegen kurz vor Deisenhofen beidseits der Straße.

zulesen in Fritz Fenzls einschlägigem Werk „Keltenkulte in Bayern".) Man mag darüber lächeln. Doch wäre nicht der (archäologische) Streit um die Funktion der zur Spätlatènezeit aufgetretenen Viereckschanzen über Jahrzehnte hin und her gegangen, würde vermutlich weniger Spirituelles hineingeheimnist.

Als Gefangene einer Erwartungshaltung, die auch im Alltäglichen das Verborgene sucht, war und ist natürlich die Versuchung groß, in den Schächten, wie sie neben Utting insbesondere im 30 Kilometer entfernten Holzhausen bei archäologischen Grabungen entdeckt wurden, etwas anderes als Brunnen zu sehen. Gleich drei dieser, bis in 36 Meter Tiefe führenden Schächte sind dort um 1960 in einer der beiden benachbarten Schanzen freigelegt worden. Ein dabei geborgener Fleischspieß belegte für den Archäologen Klaus Schwarz die Vorstellung einer Opferstätte für Mensch und Tier; außerdem passten für ihn die, wie allerorten, regelmäßig ausgeführten Einfriedungen der Gesamtanlagen zur Vorstellung eines heiligen Bezirks. Nur fand man weder in Utting oder Holzhausen noch in einer anderen Viereckschanze seitdem weitere Hinweise auf kultische Handlungen – bekannte Gegenbeispiele, wie die in einem Brunnen entdeckten „göttlichen" Tierplastiken von Fellbach-Schmieden, müssen dem nicht widersprechen. Ob weggeworfen oder geopfert, Sakrales und Profanes unter einem Dach sind ja durchaus vereinbar. Seitdem sich die Archäologen weitgehend auf diese Formel verständigt haben, können die meisten gut mit der Annahme leben, bei Viereckschanzen handle es sich um gesicherte Gutshöfe mit genügend Raum für Kulthandlungen.

Eine weitere Theorie zur Deutung der Anlagen geht davon aus, dass sie der Bevölkerung als zentraler Versammlungsort gedient haben. Dem widerspräche allerdings die Tatsache, dass die Rechtecke mitunter dicht beieinander lagen. Zwischen Wolfratshausen und Oberhaching sind gleich 13 Schanzen nachweisbar, sechs davon nahe des Hachinger Ortsteils Deisenhofen. Hier gibt es die einzigartige Variante von zwei kleineren innerhalb eines großen Gevierts, und das Ganze fast spiegelbildlich in 1500 Metern Entfernung. Die westliche ist, weil bewaldet, gut erhalten, die östliche nur zur Hälfte. Aber noch immer beherrscht der hohe Südwall die Wiesen. Wenn da entlang friedlich Kühe grasen, weiß man um die Kontinuität jenseits aller Spekulation und Spiritismen.

FENTBACH-WEYARN
Platz an der Sonne

Zu den wenigen Orten, die während der Eisenzeit im oberbayerischen Alpenvorland großflächig gesichert und besiedelt waren, zählt die so genannte Fentbachschanze; gelegen bei Weyarn und Valley, auf halbem Wege zwischen Holzkirchen und Feldkirchen-Westerham im Landkreis Miesbach. Einer genauen Lokalisierung bedarf es, da dieses Oppidum, wie es richtigerweise auch heißt, ungefähr so leicht zu finden ist wie eine verirrte Kuh ohne Glocke. Im 50-Seelen-Dorf Fentbach weisen weniger Ausschilderungen als vielmehr die in einer Wiese endende Straße „Keltenschanze" den Weg. Und ist endlich der Baumkranz durchschritten, hinter dem sich die Anlage vor Blicken verbirgt, bleibt noch immer die Unsicherheit, ob das Ziel erreicht ist, fehlt doch augenscheinlich das, was gemeinhin ein Oppidum kennzeichnet – der Wall.

Praktische Hinweise

Lage: A 8 München-Salzburg, AS Weyarn, ca. 2 km bis Fentbach; ab nördlichem Ortsausgang, Straße Keltenschanze, etwa 1 km Fußweg. Das Oppidum-Gelände kann nur bedingt am Rande abgegangen werden. – Einige Funde wie ein mit Tierköpfen besetzter Armring sind in der Archäologischen Staatssammlung München zu sehen (siehe S. 82).

Erst ein etwas verloren wirkendes Schild macht darauf aufmerksam, dass „Schanze" hier ganz wörtlich zu verstehen ist. Die fast zehn Meter hohe Rampe, von der man das trapezförmig zugeschnittene Wiesengelände überblickt, senkt sich wie eine kleine Sprungschanze – freilich mit 375 Metern Spurweite – in den abgeflachten Teil. Nur hier an der Südseite musste ein mächtiger Abschnittswall das Terrain abriegeln. An den übrigen Flanken reichte der Steilabfall zu den 100 Meter tiefer fließenden Bächen Moosbach und Mangfall.

Eine kluge Wahl für einen dauerhaften Wohnsitz. Bei (bislang unzureichenden) Untersuchungen wurde eine im Vergleich zu anderen Oppida dichte Besiedlung geortet, mit dem Schwerpunkt an der östlichen Seite. Dort lagen vermutlich die Verhüttungsplätze. Funkenflug konnte so beim vorherrschenden Westwind keinen Schaden anrichten. Ein Großfeuer muss den in die Spätlatènezeit datierten Ort dennoch heimgesucht haben. Bei 1877 vorgenommenen Wallanschnitten entdeckte man eine dicke Brandschicht; allerdings ohne dass diese etwas über den Grad der Zerstörung oder das Ende des Oppidums aussagte. Warum dieser Platz Begehrlichkeiten weckte, wird verständlich, betrachtet man seine Lage: Ganztägig von der Sonne beschienen, allseitig sattgrüne Wiesen und nach Süden die herrliche Aussicht auf die Alpenkette zwischen dem Hirschberg am Tegernsee und den vom Wendelstein beherrschten Schlierseer Bergen.

OBERAUDORF
Eisenharte Menschen im Inntal

Eigentlich, sollte man annehmen, sei der nördliche Alpenrand nachgerade dazu bestimmt, eine Höhensiedlung neben der anderen zu tragen. Die vorgelagerten Kuppen nicht zu hoch, unendlich die Sicht über die Hügel und Ebenen Oberbayerns, auch an Wasser und Weidegründen fehlt es nicht – allein, der eisenzeitliche Mensch wollte nicht so, wie es rationale Überlegung erwartet. Am gesamten Alpensaum gähnt für Hallstatt- wie Latènezeit ein großes Besiedlungsloch, kein Vergleich jedenfalls zu anderen Regionen. Lag das nun an unwirtlichen Wetterbedingungen, an einer diffusen Angst vor dem Hochgebirge oder machte man einen Bogen um die Bergkette, weil die Handelswege großräumig den Alpenhauptkamm umgingen? Nur Orte mit außergewöhnlichen Schätzen wie Salz, etwa in Hallein oder Bad Reichenhall, zogen Kelten in nennenswerter Zahl an.

Dann gibt es noch den Magnet Eisen. Oberaudorf bei Kiefersfelden im Inntal ist so ein Ort, der in die Rubrik „Eisen" passt, weil zahlreich ein-

Was schon Kelten überwachten: Das Inntal bei Oberaudorf.

gesammelte Lesefunde vom so genannten Burgberg – Fibeln, Keramik, Schwerter – für die gesamte Latènezeit eine dauerhafte Besiedlung nahe legen. Folgt man dem Inn flussaufwärts nach Tirol, stößt man auf die bereits zur Bronzezeit ausgebeuteten Kupfer- und Eisenerzzentren von Schwaz oder Innsbruck. Es ist gut möglich, wie der Archäologe Walter Irlinger in einem Aufsatz zum Burgberg annimmt, dass man von der hochwasserfreien Kuppe den Zugang nach Tirol kontrollierte. Ein Grund von materiellem Gewicht muss es auch gewesen sein, der Menschen auf und an der Felswarte ausharren ließ. Die Geröllmassen, die der Inn mit jeder Schneeschmelze ablagert, vermitteln noch immer einer Ahnung, wie dieser ungezähmte Geselle einst das Tal auf ganzer Breite beherrschte. Mehr als ein Saumpfad kann hier nicht bestanden haben, Schifffahrt war allenfalls eingeschränkt möglich.

Der Blick vom Burgberg, besser noch vom benachbarten Schloßberg – besetzt mit der restaurierten Ruine Auerburg – vertreibt alle Bedenken. Ringsum öffnet sich das großartige Breitwandpanorama von Kaisergebirge und Sudelfeld, nur im Norden treten die Berge für einen schleusenartigen Sichtkorridor in das Alpenvorland bis Rosenheim zurück. Vielleicht doch kein schlechter Platz zum Leben? Heute.

Praktische Hinweise

Lage: Von der Ortsmitte Oberaudorf führt ein beschilderter Weg auf den Schloßberg (dieser ist aussichtsreicher als der Burgberg). Sehenswert außerdem ein Brandopferplatz der Urnenfelderzeit nahe der evangelischen Kirche. Zu diesen Stätten werden von der Stadt Führungen angeboten, Tourist-Information, Tel. 0 80 33/3 01 20. Dort kann auch der genannte Aufsatz W. Irlingers kostenfrei bezogen werden.
Museum: Funde vom Burgberg sind im Burgtormuseum zu sehen, geöffnet Fr. und So. 14–18 Uhr (Nov. bis April geschlossen).
Tipp: Auch am Chiemsee sind die Kelten gegenwärtig. Bei Seebruck-Stöffling an der Nordspitze des Sees wurde nahe der Straße in Richtung Traunstein ein keltisches Gehöft nachgebaut (frei zugänglich).

SÜDLICHES BADEN-WÜRTTEMBERG

ZWIEFALTEN/LANGENENSLINGEN

Immer am Wall lang

Nicht weit von der Heuneburg, der bedeutsamsten Keltensiedlung Süddeutschlands, sind am östlichen Albrand die vorgeschichtlichen Festungen von Zwiefalten-Upflamör und Langenenslingen zu finden. Obgleich die Prähistoriker den Herren an der oberen Donau eine Einflusszone von 30 Kilometern zubilligen, werden die beiden in dem Radius liegenden Wallanlagen selten bis nie im Zusammenhang mit der Heuneburg genannt. Wäre es nicht denkbar, dass diese gesicherte Vorposten besaß? Vielleicht fanden die Menschen dort auch einen verborgenen Rückzugsraum. Angesichts der unruhigen Zeiten im 6. und 5. vorchristlichen Jahrhundert – abzulesen an den verheerenden Bränden auf der Heuneburg – fast eine Überlebensnotwendigkeit.

Solche Gedanken gehören natürlich ins Reich der Spekulation, zumal der Kenntnisstand bei den

Bäume wie Pfosten: Die ringsum erhaltene Wallanlage von Zwiefalten-Upflamör.

Wallanlagen von Zwiefalten und Langenenslingen nicht annähernd mit dem Wissen über das Handelszentrum an der oberen Donau Schritt hält – um genau zu sein, man weiß so gut wie nichts. Einige Scherben müssen genügen, um die Bauten in die späte Hallstattzeit, also zum Machthöhepunkt der Heuneburg, einzuordnen. Man kann nicht einmal sicher sein, ob und wann die Festungen dauerhaft besiedelt waren. Gewiss ist ihre Wiedernutzung im Frühmittelalter. Das vermochte ihre Mächtigkeit aber nur zu steigern. Die Gräben, von denen die Alte Burg genannte Anlage bei Langenenslingen im Süden abgeschlossen wurde, sind seitdem noch tiefer, noch gewaltiger in den Sattel geschnitten. Durch diese hohle Gasse muss man gehen, um auf das lang gestreckte, wie ein Hufeisen geformte Plateau zu kommen. Die dortigen Befestigungen haben Bäume, Sträucher und hohes Gras unterdessen zu einem Teil der Natur werden lassen.

Kaum anders das Bild wenige Kilometer weiter nordöstlich bei Zwiefalten-Upflamör. Die ebenfalls Heuneburg genannte Festung liegt heute in tiefster Waldeseinsamkeit. Bäume versperren die Sicht über die Alb, dafür bewirken die hochstämmigen Buchen an den steilen, bis zu zehn Meter

Praktische Hinweise

Lage: Die beiden Wälle liegen am Ostrand der Alb nahe Riedlingen. Zur Alten Burg: In Langenenslingen ab Ortsausgang in Richtung Warmtal, nach ca. 2 km rechts in den Feldweg bis Sperrschild, weiter zu Fuß am Waldrand zum Hinweis „Alte Burg 1 km", (eine Strecke 3 km). Man kann auch von Langenenslingen-Friedingen mit der roten Raute gehen. – Von dort zur Heuneburg mit dem gleichen Zeichen, erst durch Feld, dann Wald, schließlich steil hinauf (mit Rundgang um den Wall ein Weg 4 km). Alte Burg und Heuneburg lassen sich mit der Markierung Raute auch zu einem Rundweg verbinden; Wege bis auf Schlussanstiege fahrradgerecht.
Wanderkarte: Naturpark Obere Donau, 1:50 000, Landesvermessungsamt Baden-Württemberg.

hohen Wällen einen originellen Effekt. In ihrer regelmäßigen Reihung glaubt man die stehen gebliebenen Pfosten der einstigen Holz-Steine-Mauer zu erkennen. Die trapezförmige, viereinhalb Hektar große Anlage, zu der noch zwei Vorburgen gehörten, kann ringsum abgegangen werden. Dabei beeindruckt, wie geschickt man die gegebene Topographie mit ihren mächtigen Felsen in das Wallsystem einband. Nur die Steilheit und der sehr tiefe Graben an der Nordseite sagen dem Experten, dass auch hier im Mittelalter verändernd eingegriffen wurde.

HERBERTINGEN-HUNDERSINGEN
Deutschlands bedeutendste Stadt

Wenn nach langer Anfahrt durch die weite, offene Landschaft der Ostalb plötzlich eine schneeweiße Mauer über der Donau aufleuchtet, ahnt man etwas von dem Empfinden der Reisenden und Händler vor mehr als 2500 Jahren. Nach tage-, wochen-, vielleicht monatelangem Unterwegssein per Schiff, auf Lasttieren und mehr noch zu Fuß sahen sie sich endlich am Ziel der damals wichtigsten „Stadt“ Süddeutschlands. Die Heuneburg genannte Siedlung an der oberen Donau bei Herbertingen-Hundersingen muss den Fremden wie eine Fata morgana erschienen sein, zumal diese, namentlich die aus dem Mittelmeerraum stammenden, hier am Kreuzungspunkt einer Donaufurt und wichtiger Fernhandelswege auf vertraute Architektur stießen – eine Lehmziegelmauer.

Als Krönung der jahrzehntelangen Grabungsarbeiten steht heute wieder ein Teil dieser Mauer an ihrem ursprünglichen Platz. Seitdem hat die auf drei Hektar umwehrte Siedlung für die Öffentlichkeit sehr an Anziehung gewonnen. Sie gehört zum Gesamtkomplex „Heuneburgmuseum“, bestehend aus dem Freilichtbereich an historischer Stätte sowie einem im nahen Hundersingen eingerichteten, hervorragend gestalteten Museum. Beide Stätten verbindet ein acht Kilometer langer Rundwanderweg, der auch die umliegenden Großgrabhügel, darunter den höchsten Deutschlands, den über 13 Meter aufragenden „Hohmichele“, einschließt. Am Wegesrand liegt außerdem die mittelalterliche Baumburg. Ihr kreisrunder Aufbau verrät, dass sie offenkundig auf einen keltischen Grabhügel von mindestens 50 Metern Durchmesser gesetzt wurde.

Das Museum von Hundersingen fand in der Zehntscheune des ehemaligen Klosters Heiligkreuztal einen idealen Raum. Unter hoch aufragendem Mansarddach ist auf drei Ebenen viel

Praktische Hinweise

Lage: Am Museum von Hundersingen startet der 8 km lange Archäologische Wanderweg, markiert mit einem antiken „Wanderer“; die Heuneburg kann auch direkt angefahren werden.
Museum: Heuneburgmuseum mit Freilichtbereich (ermäßigte Kombikarte), Ortsstraße 2, 88518 Herbertingen-Hundersingen, Tel. 0 75 86/91 73 03, www.heuneburg.de; geöffnet Di. bis So. 10–16.30, Juli/Aug. bis 18 Uhr (Nov. bis März geschlossen); verschiedene Besucherdienste und Aktionen für Kinder. – Weitere Infos sowie eine gute Übersicht der (Grabungs-)Geschichte und die Skizze des Wanderweges unter: www.dhm.de/museen/heuneburg

Griechenland an der Donau: Nach 2500 Jahren steht wieder die legendäre Lehmziegelmauer der Heuneburg.

Platz für luftige Vitrinen, große Modelle sowie fahnenartige, effektvoll beleuchtete Leinwände. Mit einem Blick sind so die wichtigsten Erläuterungen und Übersichtskarten zu erfassen. Im Zentrum steht die Lokalisierung auf der „flachen" Weltkarte Hekataios von Milets (um 500 v. Chr.) mit der nördlich Thrakiens verzeichneten Donau (Istros) und der bei Herodot genannten Stadt Pyrene nahe der Donauquelle.

Unter den Exponaten ragen die kostbarsten „Beweise" für die weitläufigen Handelsverbindungen der Heuneburg heraus: etruskische Weinamphoren des 7. Jahrhunderts v. Chr., schwarzrot bemalte Gefäße Oberitaliens und die Fragmente einiger „schwarzfiguriger" Behältnisse aus dem griechischen Kulturkreis des 6. und frühen 5. Jahrhunderts: Trinkschale, Weinkanne, Becher und vier Mischgefäße, so genannte Kratere. Auf einem fanden sich merkwürdige Zeichen. Sie werden als Pseudoinschrift des analphabetischen Töpfers gewertet. Ausgerechnet diese Hieroglyphen eines schreibunkundigen Handwerkers gelten als das älteste Schriftzeugnis nördlich der Alpen. Und noch eine Fußnote: Mit den südländischen Händlern kam auch das Haushuhn auf die Heuneburg. Seither gackert es in Deutschland.

Die Heuneburg und ihre Siedlungshorizonte

Auch die Erforschung der Geschichte hat ihre Geschichte. Nur dem langen Atem der Archäologen ist die Freilegung eines der bedeutendsten Bodendenkmäler Deutschlands zu verdanken. Seit 1877, systematisch ab 1950, wurde die keltische Siedlung Heuneburg an der oberen Donau bei Herbertingen-Hundersingen untersucht. Heute liegt der Ort etwas im Niemandsland der Ostalb fern der großen Verkehrsströme. Dass dies vor gut 2500 Jahren ganz anders war, ist eines der überraschenden Ergebnisse aus 125 Jahren archäologischer Spurensicherung.

Fürstlicher Schmuck aus den Grabhügeln der Heuneburg.

Am Anfang stand die Neugierde, welche Geheimnisse und Schätze die zahlreichen Grabhügel über dem linken Ufer der Donau wohl bergen mögen. Angespornt von den sagenhaften Goldfunden Heinrich Schliemanns im fernen Mykene, machte sich im Jahre 1877 der Ausgräber Eduard Paulus daran, drei der bis zu 50 Meter breiten Grabhügel in der so genannten Gießübel-Talhau-Nekropole zu öffnen. Wenn auch beraubt, blieben noch einige goldene Hals- und Armringe. Doch wo Gold ist, sagte sich Paulus, kann auch ein Fürst nicht fern sein. Seitdem ist das Wort von den hallstattzeitlichen „Fürstensitzen" in der Welt. Nur wo genau saß der Donauherrscher? Entsprach die Heuneburg jener viel zitierten „Stadt Pyrene", die der griechische Geschichtsschreiber Herodot um 450 v. Chr. in seinen „Historien", fußend auf älteren Quellen, am Lauf des „Istros", also der Donau, erwähnt?

Wenn Schliemann seinen Homer für bare Münze nahm und tatsächlich auf Mykene und das legendäre Troja stieß, warum sollte dann nicht hier, im Land der Riesengrabhügel, auf Herodots „Pyrene" geschlossen werden, schließlich gibt es auch noch den „Hohmichele", eine der größten Begräbnisstätten der keltischen Welt. Diese Minipyramide, durch vier obenauf stehende Bäume noch höher wirkend, wurde in den Dreißigerjahren des vergangenen Jahrhunderts unter den Spaten genommen.

Mehr als ein Drittel war bis zum Zweiten Weltkrieg nicht zu schaffen (wobei es blieb), dennoch entdeckte man zahlreiche Bestattungen, so ein reich ausgestattetes Doppelgrab von Mann und Frau; über der Dame stand das typische Kennzeichen hoch gestellter Persönlichkeiten seit dem späten 7. Jahrhundert v. Chr., ein vierrädriger Wagen. Die eigentliche Hauptkammer war auch hier bereits in der Antike beraubt worden.

Ein unberührtes „Fürstengrab" wie in Hochdorf bei Stuttgart fand sich bis heute nicht an der Heuneburg. Dafür weiß man jetzt (fast) alles über die Wohn- und Wirkungsstätte ihrer Herren. Die zahlreichen Grabfunde, darunter feinste Keramik und sogar Textilreste, gaben den Anstoß, endlich den Siedlungsspuren des vorgelagerten Plateaus auf den Grund zu gehen. Je tiefer die Archäologen seit 1950 gruben, desto größer ihr Erstaunen. In fast dreißigjähriger Arbeit wurden 23 verschiedene Siedlungshorizonte, wie der Fachmann sagt, zwischen Bronzezeit und Mittelalter freigelegt. Die Befunde erwiesen sich als so komplex, dass die findigen Wissenschaftler zur Einmessung eigens eine „Zeichenmaschine" mit langem Scherenarm entwickelten. Am Beginn der Untersuchungen besaßen sie übrigens kaum das Nötigste. Sie fuhren mit dem Fahrrad zur Grabungsstelle, stachen wie einst Kelten mit dem Spaten die Erde ab und nächtigten in geliehenen Militärzelten. Das konnte den Forscher-Elan jedoch nicht bremsen, trieben doch erstaunliche Befunde weiter an, so die ungewöhnlichsten, je in Deutschland gemachten Entdeckungen: Für den „Siedlungshorizont IV c", der Zeit zwischen 600 bis 550 v. Chr., erbrachten die Ausgräber den Erst- und immer noch einzigen Nachweis einer mediterranen Lehmziegelmauer nördlich der Alpen: Mit 480 000 luftgetrockneten Ziegeln über einem massiven Sockel aus Kalkstein hatte man damals die 780 Meter lange Umfassungsmauer geschichtet. Diese Bauweise hieß nichts weniger, als dass offenkundig enge Kontakte zur Mittelmeerwelt bestanden – bestätigt durch weitere Funde wie griechische Gefäße und etruskisch-oberitalische Keramik.

Seitdem reißen die Spekulationen nicht ab. Warum trotzte man mit derart exotischer Architektur geradezu herausfordernd dem hiesigen Klima? Wollte man Herren und Händlern jenseits der Alpen imponieren, zeigten die einheimischen Herrscher ihre Weltgewandtheit oder hatten Griechen, wie an so vielen anderen Orten, am Ende selbst einen Vorposten genau an jener Stelle gegründet, von der an die Donau schiffbar wurde? Sicher ist, die Heuneburg war eines der wichtigsten (Handels-)Zentren nördlich der Alpen, von hier fanden Waren und Ideen der hoch entwickelten antiken Welt ihren Weg nach Mitteleuropa. Nur die Lehmziegelmauer machte offenbar keine Schule – obwohl sie den Wetterbedingungen der 500 Meter hohen Ostalb standhielt. Die vier Meter hohe Befestigung mit einem überdachten Laufgang und auskragenden Türmen musste nur regelmäßig durch einen schützenden Kalkanstrich getüncht werden. Nicht Regen und Eis, sondern eine Brandkatastrophe ließ die Mauer um 550 v. Chr. untergehen und mit ihr die Bewohner. Beim Wiederaufbau kehrten die neuen Herren zur bewährten Holz-Steine-Mauer als Sicherung der drei Hektar großen „Stadt" zurück.

Die planvoll vorgenommene Bebauung war, wie die Ausgräber feststellten, immer sehr eng. Wohnhäuser oder Werkstätten, alles hockte dicht aufeinander. Nicht erneuert wurde nach dem Großbrand, dem weitere folgen sollten, die Außensiedlung. Auch das eine große Überraschung: Unter den Gießübel-Talhau-Grabhügeln entdeckte man die Fundamente stattlicher Häuser. Offen musste die Frage bleiben, ob die Herrscher bis 550 v. Chr. nun inner- oder außerhalb der geschützten Mauern lebten. Das im Freilichtbereich des Heuneburgmuseums rekonstruierte „Herrenhaus" lag jedenfalls im Innenbereich. Seit 2001 steht dort auch wieder ein Abschnitt der Lehmziegelmauer, dahinter einige Häuschen und Werkstätten. Diese Bauten ergänzen sehr anschaulich das eigentliche Museum zur Geschichte der Heuneburg in Hundersingen.

ALBSTADT/HAUSEN AM TANN
Schöner Alb-Traum

„Dort hinauf", steht auf einem Holzschild am Fuße des Gräbelesberges. Dort hinauf, diese steile, in Albstadt-Laufen beginnende Wegrampe, die eher in den Himmel als zu einer vorgeschichtlichen Festung führt? Bereits bei der Anfahrt von Westen durch das Eyachtal erscheint es beim Blick zur zylindrisch ansteigenden Felskrone ausgeschlossen, diese ohne Kletterseil und Haken zu erklimmen. Einzig die Baumgalerie auf dem Gipfelsporn nimmt dem zerklüfteten Juragestein etwas von seiner Schroffheit. Im Herbst, wenn die Buchen und Lärchen rötlich-gelb entflammen, lässt die Szenerie an eine keltische Stachelfrisur denken.

Die Vorstellung, auf diesem 914 Meter hohen Monolithen dauerhaft zu leben, widerstrebt der nach Schutz und Geborgenheit suchenden

Herausforderung: Die Felskrone auf dem Gräbelesberg bei Albstadt trug zur Späthallstattzeit einen Abschnittswall

menschlichen Natur. Und dennoch, wer nach einstündigem schweißtreibendem Anstieg auf der doch per pedes zu bewältigenden „Himmelsleiter" die Felskante erreicht und rechts einbiegt, reibt sich überrascht die Augen – vertraute Geländeformen hallstattzeitlicher Befestigung auch hier oben. Zwei Wälle mit tiefen Gräben begrenzen unter Einschluss großer Gesteinsklippen das Plateau. Jetzt erst erkennt man, dass der Gräbelesberg eine sattelartige Verbindung zur Albhochfläche besitzt. Ein Schutzwall musste lediglich an der schmalsten, gerade 40 Meter breiten Stelle errichtet werden. Für die anderen Seiten erübrigte sich eine Sicherung. Ringsum endet der Berg im Nichts. Nur die einsame Bank an der vorderen Spitze verhindert den letzten Schritt ins tief eingeschnittene Eyachtal. Kelten müssen schwindelfrei gewesen sein. Aber was hat sie, abgesehen von der schönen Aussicht, zu diesem Ort hingezogen? Fruchtbare Böden und das leicht ausbeutbare Eisen der Albhochfläche werden nicht ihre Wirkung verfehlt haben. Aufgefundene Keramik und Webgewichte sprechen für eine Besiedlung des Berges zwischen dem 8. und 6. vorchristlichen Jahrhun-

Praktische Hinweise

Lage: Von Albstadt-Laufen geht es durch Dobel- und Ziegelstraße zum Steilaufstieg über den „Gräbelesweg", Markierung: rote Raute (eine Strecke 4 km). Fast eben ist der Zugang über die Alb ab Messtetten-Hossingen; zunächst den asphaltierten Feldweg, dann geradeaus mit der roten Raute durch Wald (2 km). Ein großes Gräberfeld der Hallstattzeit ist auf dem Degerfeld zu finden. Erreichbar vom Parkplatz an der Straße Albstadt-Ebingen nach Bitz. – Der Lochenstein liegt südlich von Balingen am Albaufstieg in Richtung Tieringen; parken unterhalb des Gipfels.
Museum: Funde von Degerfeld und Umgebung sind ausgestellt in: Vorgeschichtssammlung des Museums im Kräuterkasten, Im Hof 19, 72458 Albstadt, Tel. 0 74 31/1 60 46 54, www.albstadt.de; geöffnet Mi., Sa./So. 14–17 Uhr, im Winterhalbjahr nur Mi. und 1. So. im Monat.

dert. Fließendes Wasser gab es, soweit bekannt, erst jenseits des Sattels in einiger Entfernung. Zum Schutz der dortigen Quelle wurde ein weiterer, 600 Meter langer Wall angelegt. Als verstürzter Damm ist er im Wald noch zu verfolgen.

Wenn bei so genanntem Inversionswetter die Täler in watteartigem Nebel versinken und die Albhöhen frei in der Sonne liegen, sind die klimatischen Entbehrungen der großen Höhen vergessen. Um einen solchen Tag zu genießen, gibt es kaum einen besseren Standort als den nur wenige Kilometer vom Gräbelesberg entfernten, 963 Meter hohen Lochenstein bei Hausen am Tann. Dieser steht frei und baumlos an der Albkante – und ist bequem mit dem Auto erreichbar. Wenige Treppenabsätze vom Parkplatz hinauf, und die Welt hält den Atem an. Ein traumhafter Blick öffnet sich über die dunkle Zackenlinie des Schwarzwaldes bis zu den Alpen. Im Nordosten erkennt man die spitz aufragende Burg Hohenzollern; besonders eindrucksvoll bei Sonnenuntergang, wenn die Türme noch lange vom Widerschein der Sonne erglühen. Und fast erübrigt sich der Hinweis: Natürlich okkupierten Kelten auch den Lochenstein. Auf und an dem Plateau gab es zahlreiche Hinweise für eine dauerhafte Besiedlung zur Späthallstattzeit, ohne dass aber ein Wall erkennbar wäre. Dieser Berg war Festung genug.

SPAICHINGEN
Näher am Himmel

Der höchste Wohnplatz der Schwäbischen Alb liegt in 985 Metern über Normalnull auf dem Dreifaltigkeitsberg bei Spaichingen. Eine Handvoll Patres und Schwestern des Claretinerordens trotzt dort oben den widrigen Bedingungen. Windgeschwindigkeiten von 120 Stundenkilometern und ein Meter Schnee sind nichts Außergewöhnliches. Wenn Glaube durch persönliche Entbehrung seine Vollendung findet, gibt es keinen sinnfälligeren Ort als diesen seit dem 15. Jahrhundert von Wallfahrern aufgesuchten Berg. Schon der Fuß- und zugleich Kreuzweg über 350 steile Höhenmeter lehrt mit jedem Schritt Demut. Oben teilen sich allerdings die Wege. Die einen zieht es zur Kompensation der Anstrengungen in die Berggaststätte, die anderen in die Wallfahrtskirche – und sei es nur zur Besichtigung des schönen, mit Marmorsäulen gezierten Rokoko-Altars von Joseph Feuchtmayer.

Eine dritte Gruppe schließlich pilgert wegen der vorgeschichtlichen Stätten auf den Dreifaltigkeitsberg. Nach drei Seiten steil abfallend, dennoch mit einem breiten Gipfelplateau versehen, kann es kaum überraschen, dass diese einladend am Albrand stehende Erhebung bereits früh ins Auge stach. Dabei hatte es den Menschen die Südspitze besonders angetan. Zunächst wurde sie zur Urnenfelderzeit mit einem in der Rasenfläche noch als Schwelle erkennbaren Wall gesichert, später, in der Hallstattepoche, entstand 600 Meter weiter westlich jener mächtige Abschnittswall, der mit sechs Metern Höhe unverändert das Plateau bastionsartig beherrscht. Als Windabweiser nützt er heute den Gebäuden auf dem Gipfel.

An der östlichen Seite knickt der Wall zur früheren Randbefestigung um. Anschaulich steckt ein Kranz hoher Buchen den Mauerverlauf ab. Noch sichtbare Befestigungen ganz vorne auf dem südlichen Sporn erwiesen sich unterdessen als Reste einer mittelalterlichen Burg. Die lange kolportierte Vorstellung, ein Keltenfürst habe dort seinen Sitz gehabt, war dann doch etwas zu ro-

Kein Berg konnte hoch genug sein: Selbst der rund 1000 Meter hohe Dreifaltigkeitsberg von Spaichingen war keltisch besetzt.

mantisch. Die Aussicht, nicht nur von dort, ist freilich eines Herrschers würdig. Im Westen nimmt man eine Parade der prominentesten Schwarzwald-Höhen ab: Kniebis, Hornisgrinde, Kandel oder Feldberg; bei klarer Sicht im Süden auch das Wettersteingebirge mit der Zugspitze, die Vorarlberger Alpen und das schweizerische Rätikon um den 3312 Meter hohen Piz Buin.

Nicht weit vom Dreifaltigkeitsberg, bei Egesheim, gibt es die Rarität eines keltischen Opferplatzes zu entdecken. Mitten im Wald sind an der Felsformation des „Heidentores“ zahlreiche Fibeln, Ringe, Gürtelhaken und viel Keramik aufgefunden worden. Anhand der ständiger Veränderung unterworfenen Fibelformen konnte man eine sakrale Nutzung dieses Platzes seit der Späthallstattzeit für rund 200 Jahre nachweisen. Es waren überwiegend Frauen, die an den zu einer torartigen „Einfahrt“ ausgewitterten Jurafelsen kamen und vermutlich um Fruchtbarkeit nachsuchten.

Praktische Hinweise

Lage: Spaichingen erreicht man über die B 14 südöstlich von Rottweil. Zu Fuß ab Ortsmitte oder -rand durch die Dreifaltigkeitsbergstraße steil hinauf, Markierung: roter Strich (ein Weg 3 km); man kann auch hinauffahren. Egesheim liegt 10 km nordöstlich; von Bubsheim kommend, gleich die erste Straße links, ab Sperrschild zu Fuß, Markierung: gelbe Raute (ein Weg 2 km). Wanderkarte: Naturpark Obere Donau, 1:50 000, Landesvermessungsamt Baden-Württemberg.
Museum: Archäologie und Geologie des Raumes werden gut erläutert im: Gewerbemuseum, Bahnhofstraße 5, 78549 Spaichingen, Tel. 0 74 24/50 14 45, www.spaichingen.de/museum; geöffnet So. 14–17 Uhr.

VILLINGEN-SCHWENNINGEN
Raub und Ermittlung – Tatort Schwarzwald

Leider haben die Kelten keine Geburts- oder Sterbeurkunden hinterlassen. Zwangsläufig muss sich bei der Gräberdatierung vieles im Ungefähren bewegen, nur durch unermüdliches Vergleichen der Beigaben und Fundumstände kann der Archäologe einen Todeszeitpunkt näher bestimmen. Wie ein einsames Leuchtfeuer ragt da das Jahr 616 v. Chr. heraus. Dieses gilt dank immer ausgefeilterer Methoden der Jahresringuntersuchung von Hölzern (Dendrochronologie) als eines der wenigen gesicherten Daten der Hallstattzeit. Hier, unweit von Villingen-Schwenningen am östlichen Schwarzwaldrand, blieben nach ständiger Durchfeuchtung glücklich die Eichenbalken einer 54 Quadratmeter großen Grabkammer erhalten. Da die neun Meter langen Stämme frisch eingeschlagen verarbeitet waren, ließ sich deren Bau genau auf 616 v. Chr. festlegen. Den zugehörigen Großgrabhügel von gut 100 Metern Durchmesser stellte man allerdings erst zwei Jahre später fertig, nachdem man schon über einen längeren Zeitraum an dem 45 000 Kubikmeter Rauminhalt fassenden Totenhaus geschuftet hatte. Wie beim ägyptischen Pyramidenbau wurde also zu Lebzeiten eines Herrschers für dessen jenseitiges Weiterleben Vorsorge getroffen.

Hunderte Arbeiter und Handwerker haben zu Ehren ihres „Fürsten“ an dem Monumentalgrab mitgewirkt. Woraus der straff organisierte „Stamm“ Selbstbewusstsein und Wohlstand bezog, muss offen bleiben – vielleicht durch Handel mit Salz und Eisen –, die Blüte war jedenfalls nur von kurzer Dauer. Bereits drei Generationen später dürfte die bisherige Ordnung zusammengebrochen

Jetzt ruht das Grab im Kloster: Die Schätze aus dem Magdalenenberg wurden in das Franziskanermuseum von Villingen-Schwenningen übertragen.

Praktische Hinweise

Lage: Der Magdalenenberg steht südlich von Villingen; nur zu Fuß erreichbar ab Ende Laiblestraße (Parken am Hundeübungsplatz) oder südlich von den Aussiedlerhöfen bei Pfaffenweiler.
Museum: Franziskanermuseum, Rietgasse 2, 78050 Villingen-Schwenningen, Tel. 0 77 21/82 23 51, www.villingen-schwenningen.de; geöffnet Di. bis Sa. 10–12 und 13–17 Uhr, So. nur nachmittags; regelmäßige Führungen durch die Vorgeschichtsabteilung.

sein. Nie hätte man die Beraubung des Fürstengrabes zugelassen, wie 40 Jahre nach der Bestattung, um 575 v. Chr., geschehen. Auch der Zeitpunkt dieses Frevels konnte dank Dendrochronologie ermittelt werden. Die Täter ließen einige Holzspaten zurück. Damit gehören sie zu den nachweislich ältesten Tatwerkzeugen der Geschichte.

Es sind nicht nur solche Erkenntnisse, die den „Fundkomplex Magdalenenberg" im Franziskanermuseum von Villingen zu einer außergewöhnlichen Abteilung machen. Bis ins Detail kann der Besucher die akribische Erforschung des Grabhügels nachvollziehen. Überraschend war bei dem vollständigen Abtragen zwischen 1970 und 1973 nicht nur der hervorragende Zustand der Grabkammer, der es erlaubte, die in erstaunlicher Präzision gefugten Hölzer in das Museum zu übertragen. Der Fürstentumulus entpuppte sich darüber hinaus auch als einzigartiges Massengrab. Für nicht weniger als 126 Nachbestattungen, manche zwei- und dreifach belegt, suchte man die Nähe des Herrschers. An einem Modell des Hügels markieren Lämpchen die kreisförmige Ausrichtung der Toten mit dem Kopf nach Osten.

Größter Grabhügel von allen: Der 100 Meter breite Magdalenenberg bei Villingen.

Glücklicherweise wussten die antiken Räuber nichts von diesen Gräbern. Mehr als 3000 Gegenstände sind so der Nachwelt erhalten geblieben. Neben kostbaren Beigaben – etwa ein Bernsteincollier, Amulette, Rasiermesser, Antennendolche, Kinderrasseln – sicherte man vor allem organische Materialien: Lederreste, Fellstücke mit sauberer Arbeitskante oder aus dem Hauptgrab Holzradreifen samt Speichen, überzogen von kurzhaarigem Fell, das mit einer aus Birke gewonnenen pechartigen Masse verklebt war. Und natürlich die wie Paddel wirkenden Spaten.

Der Magdalenenberg selbst steht übrigens wieder an seinem Platz. Nach Ende der archäologischen Arbeiten wurde er erneut zu acht Metern Höhe aufgeschüttet. Ausgerichtet ist er zum (vermuteten) Herrschersitz am vier Kilometer westlich liegenden Bergvorsprung Kapf. Heute ganz unter einer dicken Moosschicht verschwunden, will dessen bescheidene Größe von einem halben Hektar freilich nicht so recht zum sonstigen Glanz des „Schwarzwald-Fürsten" passen.

OBERRHEIN UND ELSASS

FREIBURG
Schatzkästchen der besonderen Art

Für viele Freiburger ist das Colombischlößle neben Münster und spätgotischem Kaufhaus eines ihrer liebsten Bauwerke, entspricht es doch architektonisch dem vorherrschenden Klima in Deutschlands wärmster Ecke. Unter spanischem Einfluss 1859 neugotisch erbaut, umgeben von mediterraner Vegetation, trägt es einen Hauch südländischen Flairs in den Breisgau. Hinter der schönen Fassade verbirgt sich mit dem Ur- und Frühgeschichtsmuseum der Region eine Sammlung unschätzbarer Pretiosen, die in toto vor allem eines zum Ausdruck bringen: Bereits in vorgeschichtlicher Zeit war der Oberrhein eine der begehrtesten und wohlhabendsten Adressen Mitteleuropas.

Trotz (teilweise auch wegen) großflächiger Landschaftseingriffe wie der Rheinkorrektion seit dem 19. Jahrhundert und der noch immer fortschreitenden Flurbereinigung werden zwischen Rhein und Schwarzwald eine Fülle vorgeschichtlicher Zeugnisse ans Tageslicht befördert, für die man im Colombischlößle gar nicht so schnell umbauen kann, wie sie eintreffen. Nach der Neugestaltung von Stein-, Bronze- und Eisenzeit in den Neunzigerjahren des 20. Jahrhunderts wurde zuletzt die Alemannen-Abteilung zu einem prachtvollen Schmuckkästchen aufgewertet (was die Stadt nicht hindert, unverwandt das Damoklesschwert der Schließung über dem Museum kreisen zu lassen).

Statt dem Ende wünschte man der Sammlung eher Erweiterung. Bei der Einrichtung des Colombischlößchens mit hohen Stuckdecken und Parkettböden dachte man natürlich mehr an herrschaftliche Repräsentation als an die Anforderung musealer Präsentation. Zudem begrenzt ein großer Lichthof den Platz.

Einst ein Vermögen: Das etruskische Bronzegeschirr von Kappel, ausgestellt im Freiburger Colombischlößle.

So muss die gesamte vorrömische Epoche mit 120 Quadratmetern auskommen. Zwei Räume bleiben gerade der Eisenzeit. Da heißt es die Vitrinen flach an der Wand entlang führen oder mehrfach abwinkeln wie für den größten, in diesem Rahmen ausstellbaren Fund, die Bronzegefäße von Kappel.

Nachdem bereits 1880 bei Kappel am Rhein ein mit Goldbeigaben versehenes Grab zufällig entdeckt wurde, fand sich knapp 100 Jahre später im Nachbargrab ein 14-teiliges Bronzeset aus Etrurien. Die säuberlich in einem 1,20 Meter hohen Eimer gestapelten Gefäße stehen für den Beginn weitreichender Vernetzung der Herrscher vom

Praktische Hinweise

Museum: Museum für Ur- und Frühgeschichte im Colombischlößle, Rotteckring 5, 79098 Freiburg, Tel. 07 61/2 01 25 71, www.freiburg.de/museen; geöffnet Di. bis So. 10–17 Uhr.

Oberrhein um 600 v. Chr. In diesen Kanon gehören ebenso die Scherben griechischer Keramik, die den „Fürsten von Breisach" zur Späthallstattzeit kennzeichnen, wie als einzigartiges Stück die 1993 geborgene Glasschale von Ihringen. Nirgends sonst kennt man in Europa eine Grabbeigabe, wie diese um 480 v. Chr. in Persien gefertigte Arbeit aus hauchdünnem Glas.

Auch nach der großen Zäsur um 200 v. Chr., als zur Spätlatènezeit ein neuer Kulturkreis entstand, blieb der Oberrhein ein begehrter Siedlungsplatz. Auf einem wandhohen Gardinenrollo wird im Museum die weiträumige Verteilung der großen Oppida verzeichnet: vom kleinen, gerade fünf Hektar großen Sasbach am Kaiserstuhl bis zur Anlage von Kirchzarten östlich von Freiburg mit 190 Hektar. Ob deren sechs Kilometer lange Mauer je eine Riesenstadt geschützt hat, ist zweifelhaft, da es kaum Hinweise auf Besiedlung gibt. Die Untersuchungsmöglichkeiten sind allerdings stark eingeschränkt. Das in der Antike bekannte Oppidum von Kirchzarten ist längst unter Häusern und Feldern begraben. Nur an einigen Verwerfungen lässt sich noch sein Verlauf erahnen.

BREISACH
Im Zentrum allen Geschehens

„Paradieslein und Mustergärtlein" nannte der Dichter Johann Peter Hebel seine oberrheinische Heimat. Er hat nicht übertrieben. Keine andere Region Deutschlands ist von Klima und Vegetation so bevorzugt wie das Gebiet von Markgräflerland, Kaiserstuhl und Breisgau. Mehr als 1800 Sonnenstunden im Jahr lassen exzellente Weine gedeihen, früh im Jahr Obstbäume blühen und, wie am Tuniberg, einen geschätzten Spargel wachsen. Wer ahnt da noch etwas von der Fron, mit der dieses „Mustergärtlein" dem Land abgerungen werden musste. Wer vermag sich vorzustellen, dass bis zur Flussbegradigung im 19. Jahrhundert eine weitflächige Auenlandschaft den Oberrhein prägte. Der ungebändigte Strom mit seinen regelmäßigen Hochwasserkatastrophen ließ in Ufernähe kaum Besiedlung und Landwirtschaft zu – oder nur auf erhöhter Warte.

Der Kaiserstuhl mit seinen herausragenden Landmarken, dem Limberg im Norden und dem Breisacher Münsterberg im Süden, wurde bereits zur Steinzeit aufgesucht. Schwankende Pegelstände des Rheins, der die Höhenzüge zeitweilig zu Inseln machte, konnten nicht schrecken. Im Gegenteil. Kein Aufwand war zu groß, um hier Fuß zu fassen. Kurzerhand überbrückten Kelten im

Praktische Hinweise

Lage: Der Zugang zum Lehrpfad über den Limberg bei Sasbach liegt am Parkplatz zur Rheinseite, Länge 6 km, Markierung: gelbes Quadrat mit schwarzem Löwen. Ein kostenpflichtiges Begleitbüchlein kann von der Gemeinde angefordert werden, Tel. 0 76 42/9 10 10.
Museum: Museum für Stadtgeschichte, Rheintorplatz 1, 79206 Breisach, Tel. 0 76 67/8 32 65 oder – / 7089 (Anmeldung zu Führungen), www.breisach.de; geöffnet Di. bis Fr. 14–17, Sa./So. 11.30–17 Uhr.

6. Jahrhundert v. Chr. den ursprünglich zweigeteilten, durch Vulkanismus herausgehobenen Felsklotz des Münsterbergs. Mit gut 50 000 Kubikmetern Steine und Erde verfüllte man den 15 Meter tiefen und 100 Meter breiten Graben auf einer Länge von 80 Metern. Die dann 15 Hektar große Siedlungsfläche auf dem steilen Felssporn umzog man zusätzlich mit einer aufwändigen Hangmauer. Keine Frage, für organisatorische Leistungen dieser Größenordnung muss ein lokaler Herrscher außerordentliche Macht besessen haben. Woraus er seine Stellung ableitete, zeigt der Blick auf eine Karte wichtiger Orte im so genannten Westhallstattkreis. Zwischen Ostfrankreich, oberer Donau, Neckar und Mainfranken saß man hier im Zentrum allen (Handels-)Geschehens. Am Zugang zur Burgunder Pforte gelegen, kontrollierten die Herren auf dem Münsterberg den Austausch zwischen West und Ost und den Schiffsverkehr auf dem Rhein ohnehin. Von hier hatte – und hat – man alles im Blick: die Vogesen jenseits des Rheins und im Osten den Schwarzwald. Die exponierte Lage verlor auch später nie ihre Anziehungskraft. Zunächst kamen die Römer und seit Errichtung des Breisacher St. Stephansmünsters im 12. Jahrhundert dürfte das Plateau endgültig überbaut gewesen sein. Um so mehr überrascht es, bei Erdarbeiten häufiger auf Funde aus der Zeit zwischen 550 und etwa 450 v. Chr. zu stoßen, zuletzt bei einem Hotelneubau nahe der Kirche. Den Zeitrahmen – und die Bedeutung als damaliger „Fürstensitz" – sichern Scherben von Importgütern griechisch-attischer und auch böhmischer Herkunft; zu sehen übrigens im Stadtmuseum. Dort werden nicht zuletzt Funde aus der spätlatènezeitlichen Besiedlung Breisachs und dem südlich gelegenen Hochstetten bewahrt. Um 100 v. Chr. entstand zudem ein weiteres Zentrum der Kelten am Kaiserstuhl. Ganz im Norden auf dem Limberg bei Sasbach erwuchs ein mächtiger, noch gut erhaltener Abschnittswall. Einbezogen ist er in einen 90 Stationen umfassenden Lehrpfad (Geologie, Botanik, Geschichte) über den aussichtsreichen Höhenrücken am Rhein.

ILLFURTH (F)
Baumvorhang um den Fürstensitz

Im exklusiven Verzeichnis der späthallstattzeitlichen „Fürstensitze" ist auch der Britzgyberg bei Illfurth verzeichnet. Hier, in den südlichen Elsassausläufern nicht weit von Mulhouse, soll eine der Drehscheiben im weiträumigen Güter- und Kulturaustausch des so genannten Westhallstattkreises seit Mitte des 6. Jahrhunderts v. Chr. bestanden haben. Der durch Bewaldung heute eher unscheinbar wirkende Berg liegt in der Einfallschneise zwischen Rhône- und Saônetal einerseits und dem Oberrhein andererseits. Mit etwa 50 Kilometern Entfernung zum Breisacher Müns-

Praktische Hinweise

Lage: Illfurth liegt 10 km südlich von Mulhouse an der N 432 Richtung Altkirch; in Höhe Rathaus Ausschilderung zum Britzgyberg; ab Waldrand ca. 15 Minuten Fußweg. Funde vom Berg sind im Straßburger Archäologie-Museum zu sehen (siehe S. 104).

terberg bewahrte man ausreichend Abstand, um sich nicht ins Gehege zu kommen. Ob die hallstattzeitlichen Zentren tatsächlich auf Einflusszonen zwischen 30 und 100 Kilometer Entfernung berechnet waren, wie manche Archäologen glauben, kann nur vermutetet werden.

Immerhin, eines der wichtigsten Kriterien, um von einem „Fürstensitz" zu sprechen, erfüllt der Britzgyberg – Scherben griechischer Gefäße. Diese für die Datierung fast heiligen Objekte barg man auch hier in ausreichender Zahl, um einen Zufall auszuschließen. Einige lassen gar noch das Motiv auf einer Trinkschale erkennen. Zu sehen ist ein sportiver Weitspringer, der mit Gewichten für den Wettkampf arbeitet, ihm gegenüber sein Trainer. Leider hat die Geschichte nicht überliefert, ob sich die Leute vom Britzgyberg mit dieser Schale für einen Einsatz im antiken Olympia motivierten. Stark genug wären die Männer, die hier vor 2500 Jahren als Eisenschmelzer arbeiteten, allemal gewesen. An Funden wie Gusstiegel und Schlacke, die auf Eisenverarbeitung deuten, fehlte es nicht. Auch das sonst Geborgene, etwa Keramik und Spinnwirtel, lässt eine lebendige Gemeinschaft auf dem 400 Meter hoch gelegenen Berg erwarten.

Davon ist heute nichts mehr zu spüren. Hinter einem dichten Waldvorhang verschwindet die auf drei Hektar gesicherte Höhenfestung. Beim kurzen Anstieg sind noch die stattlichen Verwerfungen des Walls unter der Blätterdecke auszumachen. Das einstige Siedlungszentrum markiert eine 1589 erbaute Kapelle. Erst wenn der Baumvorhang in östlicher Richtung durchschritten ist und nach etwa zehn Minuten Gehzeit freies Feld auftaucht, wird verständlich, warum die Kelten gerade hier eine Niederlassung gründeten. Wie ein Fenster steht plötzlich das Sichtfeld zum Oberrhein offen, begrenzt von der bläulichen Wand der Schwarzwaldberge. Und der Blick nach Westen, ohne die Waldgalerie, dürfte nicht minder „fürstlich" gewesen sein.

DEPARTEMENT BAS-RHIN (F)
Eine göttliche Landschaft

Während der gesamten Eisenzeit waren die Hochlagen der elsässischen Vogesen kaum besiedelt. Bei weitgehendem Fehlen von Funden und Festungsanlagen ist anzunehmen, dass sich die klimatischen Bedingungen wenig von den heutigen mit Niederschlägen von 1500 Millimetern im Jahresschnitt unterschieden. Das war selbst für die hartgesottenen Kelten des Schlechten zuviel. Andererseits gehen zahlreiche Bergnamen auf keltischen Ursprung zurück, allen voran die Vogesen als Ganzes und ihr höchster Gipfel, der 1424 Meter hohe Grand Ballon. Das Gebirge ist nach der für Jagd und Wald zuständigen Lokalgottheit Vosegus benannt, und in „Ballon" oder Belchen, wie es im Deutschen heißt, klingt „Belenus" an. Dahinter verbirgt sich die für Sonnenschein und Heilkraft verantwortliche Gottheit. Angeblich kletterten Druiden auf die Ballon-Spitze, um unter Einschluss der Belchen-Berge im Schwarzwald und der Schweiz den Lauf der Gestirne zu berechnen.

Sind die Gipfel im Elsass nur für kultische Handlungen aufgesucht worden? Topographisch gesehen war man außerhalb der Alpen jedenfalls nirgends dem Himmel näher als hier. Mit dem Mont Donon kennen die Historiker sogar einen „Göttersitz", allerdings nur in Verbindung mit dem Auftreten der Römer. An vielen keltischen Heilig-

Eine gallo-römische „Götterstraße" führte zum Gipfel: Phantasievoller Tempel auf dem Mont Donon im Elsass.

tümern wurden die einheimischen Götter nach der Eroberung Galliens römisch uminterpretiert. So darf man aus der Errichtung von Jupiter-Gigantensäulen und Standbildern Merkurs auf dem Mont Donon folgern, dass dort in gut 1000 Metern Höhe bereits zuvor – vielleicht Teutates – geopfert wurde. Außerdem entstanden damals im 2. und 3. nachchristlichen Jahrhundert weitere Bildnisse, etwa von Hirschgottheiten, die unmittelbar auf das Verständnis der einheimischen

Praktische Hinweise

Lage: Der Mont Donon liegt 30 km westlich von Straßburg (A 342/N 420), Abzweig Schirmeck. Ab der Passhöhe nur zu Fuß weiter. Der Gipfel ist gut ausgeschildert (und sichtbar), außerdem roter Strich; ein Weg 4 km (270 Höhenmeter). Der Donon-Rundweg ist 4 km lang. – Zum Mont Ste-Odile kommt man über Schirmeck und Rothau oder von der Rheinebene über Obernai (N 422). Um die gesamte Steinmauer führt ein 5 km langer, nicht immer leicht zu gehender Weg; die beeindruckendste Partie liegt wenige hundert Meter westlich vom Kloster unterhalb der Straße.

Museum: Die größte vorgeschichtliche Sammlung des Elsass birgt das barocke Palais Rohan in Straßburg, neben den Originalen der Götterstatuen vom Donon vor allem das Ohnenheimer Wagengrab und die Stele von Hilsenheim: Musée Archéologique, Palais Rohan, Place du Château, 67000 Straßburg, Tel. 00 41/(0)3 88 52 50 00, www.musees-strasbourg.org/musee_archeo; geöffnet Mi. bis Mo. 10–12 und 13.30–18, So. 10–17 Uhr.

Bevölkerung zielten. Die Einflusszonen von drei keltisch-gallischen Stämmen stießen am Mont Donon aufeinander.

Zur Verehrung der Götter war kein Weg zu weit. Vom Tal dürfte es ein Tagesmarsch gewesen sein, und noch heute muss man – ab dem Passübergang – einen kräftig steigenden, gut einstündigen Fußmarsch in Kauf nehmen, will man hinauf zur „Straße der Götter". Unterhalb des Gipfels sind einige der Säulen und Standbilder als Repliken der seit dem 19. Jahrhundert geborgenen Originalreste wiedererrichtet. Sie flankieren den Treppenweg hinauf zum „Tempel" am höchsten Punkt. Das aus grob behauenen Sandsteinblöcken geschichtete Gebäude wirkt zwar antik, würde aber auch ohne die eingemeißelte Jahreszahl „1869" verraten, wes Geistes Kind hier am Werke war. Offiziell zur Ausstellung der Funde errichtet, wollte der französische Kaiser Napoleon III. in Zeiten nationaler Rückbesinnung ein unübersehbares Zeichen gegen den erstarkten Konkurrenten jenseits des Rheins setzen. Was dort die Germanen, waren den Franzosen jetzt ihre für unbesiegbar angesehenen Gallier. Auch die Deutschen verlangte es nach symbolischer Tat, als sie den Gipfel durch den Anschluss von Elsass und Lothringen an das Reich 1871 in Besitz nahmen – nicht im Sinne germanischer Umdeutung, aber gusseiserne Entfernungsscheiben zeigten fortan die Richtung an: „Berlin, Hamburg, Stuttgart". Ganz soweit reicht die Aussicht natürlich nicht, aber bis zum Grand Ballon und der dunklen Schwarzwaldkulisse allemal.

Feste gemauert: Frühmittelalterlicher Wall über keltischem Grund am Mont Ste-Odilie.

Eine der Säulennachbildungen Jupiters hat – ausweislich der Texttafeln des Gipfelrundweges – die Mutter eines 1914 bei Gefechten um den Mont Donon gefallenen französischen Soldaten gestiftet. Abseits des eigentlichen Kampfgeschehens an der Westfront wurde zu Beginn des 1. Weltkriegs erbittert um den Berg gekämpft, ehe deutsche Truppen die Oberhand gewannen. Bis zum Schluss im Herbst 1918 harrten dann „Jäg. Kortmann" und seine Kameraden vom „K 77" auf dem windumtosten Gipfel aus. Namen und Regimentsbezeichnungen haben sie in den Sandstein vor dem Tempel geschlagen.

Nicht weit vom Mont Donon liegt der Mont Ste-Odile. Den Berg mit seinem berühmten Kloster auf der 765 Meter hohen Spitze hatten die Prähistoriker lange als eines der Paradebeispiele für den keltischen Behauptungswillen angesehen. Bis vor wenigen Jahren hielt man die fünf Kilometer lange „Heidenmauer" um den Gipfel für ein Werk der Eisenzeit. Bauart, Steinbearbeitung und die eingesetzten Hölzer verweisen nach jüngsten Untersuchungen jedoch ins frühe Mittelalter. Einige Funde belegen aber die Anwesenheit von Kelten. Die grandiose Sicht in die Rheinebene werden also auch sie bereits genossen haben. Von der Terrasse des Klosters geht der Blick zum Schwarzwald – rund 50 Gipfel sind zu zählen.

SCHWÄBISCHE ALB

BOPFINGEN

Hinübergerettet aus ferner Zeit

Manchmal ist man versucht zu glauben, Kelten hätten ihre Stützpunkte nicht allein unter geostrategischen Gesichtspunkten ausgewählt. Nach heutigem Verständnis würde man es Landschaftsästhetik nennen, was einen Berg wie den 688 Meter hohen Ipf am Ostrand der Schwäbischen Alb auszeichnet. Seine originäre Gestalt eines ovalen Tafelberges macht ihn aber noch nicht zum „schönsten Berg Deutschlands“, wie er gerne in Reisebeschreibungen und selbst in nüchternen Grabungsberichten gefeiert wird. Der Ipf erfreut Auge und Seele, weil seine Formgebung erkennbar ist – als einziger der wallumkränzten Berge blieb er unbewaldet. Abgesehen von der Lindenallee, die den Zugangsweg oberhalb von Bopfingen begleitet, steht kein Baum an den 200 Meter aufragenden Flanken. Stattdessen wächst eine geschlossene Rasendecke, selbst die Felsen verschwinden darunter. Wundervoll wird so, als habe ein Bildhauer gestaltend eingegriffen, die Bergsilhouette mit den ringsum verlaufenden Ringwällen akzentuiert. Ein Landschaftsbild hinübergerettet aus ferner Zeit, oder wie der Dichter Thomas Hardy von der ähnlich wirkenden Keltenfestung Maiden Castle in Südengland sagte, sie sei ein „vielgliedriger, lebloser Organismus …, dessen Wesen ein grünes Tuch verhüllt.“

Welche Geheimnisse birgt das deutsche Maiden Castle, der Ipf? Wer lebte hier? Krönte ihn ein „Fürstensitz“? Lage und Gestalt wären eines Regenten würdig. Gedanklich sieht man auf dem Gipfelplateau, das durch die tief eingefurchten

Vielleicht ist er der Schönste im Land: Der Ipf bei Bopfingen mit seinen geheimnisvollen Wällen.

Wallgräben nachgerade herausgehoben wirkt, eine gigantische Festung erwachsen, alles beherrschend soweit der Gesichtshorizont reicht, von der Alb bis zum Nördlinger Ries. Der archäologische Befund kann mit der Phantasie nicht ganz Schritt halten. Großflächige Grabungen sind bis auf einige Untersuchungen zu Beginn des 20. Jahrhunderts nie vorgenommen worden. Dabei ergaben sich Indizien für den Auf- und Ausbau der Befestigungen zur Urnenfelder- respektive Hallstattzeit. Der Wall am Sockel soll erst in der Spätlatènezeit angefügt worden sein. Für ein großes Oppidum sind die Flanken allerdings zu steil, und ob damals oder zuvor das völlig frei liegende Plateau dauerhaft besiedelt war, ist nicht anzunehmen. Die wenigen Funde geben kaum Aufschluss. Immerhin barg man die Scherbe eines griechischen Gefäßes, die dann gleich als Beleg für einen „Fürsten“ mit weit reichenden Handelsverbindungen herhalten musste. Das Hauptmerkmal für einen „Fürstensitz“, reich ausgestattete Großgrabhügel, fehlen bislang.

Wesentlich besser sieht der Siedlungsnachweis im Umland aus. Auf dem 60 Meter aufragenden Goldberg-Plateau vier Kilometer östlich bei Rießbürg-Goldburghausen wurde zwischen 1911 und 1929 in wahrhaft tiefschürfender Arbeit eine mehrtausendjährige, nicht zuletzt eisenzeitliche Bebauung aufgedeckt. Andernorts fand man Gräberfelder der Hallstattzeit, außerdem einige, wesentlich jüngere, Viereckschanzen. Neueste Grabungen erbrachten bei Osterholz – auf halbem

Praktische Hinweise

Lage: Der Ipf ist ab Bopfingen ausgeschildert; vom Parkplatz etwa 15 Min. Fußweg. Die archäologischen Stätten – Gräber, Viereckschanzen, Goldberg – sind durch einen gut 20 km langen Archäologischen Wanderweg verbunden, der sich abkürzen lässt; Beginn am Museum in Bopfingen, Markierung: stilisierter Vogelkopf. Der Weg soll mit Blick auf die Neufunde überarbeitet werden; Auskünfte und Karte bei der Tourist-Information Bopfingen, Tel. 0 73 62/80 10. – Den schönsten Blick zum Ipf hat man vom (sehenswerten) Schloss Baldern.
Museen: Funde und ein großes Modell vom Ipf: „Museum im Seelhaus", Spitalplatz 1, 73441 Bopfingen, Tel. 0 73 62/38 55, www.bopfingen.de; geöffnet Di. bis Sa. 14–16, So. bis 17 Uhr (Nov. bis März nur So.).
Funde vom Goldberg gibt es im gleichnamigen Museum, Ostalbstraße 33, 73469 Riesbürg-Goldburghausen, Tel. 0 90 81/7 91 29, geöffnet So. 14–17 Uhr (Nov. bis März geschlossen).

Wege zwischen Ipf und Goldberg – weitere Siedlungen und Belege für Eisenabbau. Unter dem reichen Fundmaterial ragen mehrere Bruchstücke griechischer Keramik heraus. Also doch der Nachweis eines „Fürsten"? Die Hoffnung nährte 2001 das Aufspüren von zwei Großgrabhügeln durch einen Luftbild-Archäologen.

Bei Öffnung des kleineren Hügels zwei Jahre später kam überraschend ein Brandgrab der frühen Hallstattzeit (um 700 v. Chr.) zum Vorschein. Vielleicht der „Urahn" des Fürsten vom Ipf, wie der Chefausgräber Rüdiger Krause mutmaßt. Wen aber verbirgt der zweite, mit 60 Metern Durchmesser weitaus größere Hügel? Sollte darin der lang ersehnte Herrscher vom Ipf liegen, nähme dieser wahrhaft majestätische Berg endlich auch historisch den gebührenden Rang ein. Der Ipf und sein Umland bergen noch viele Geheimnisse.

NATTHEIM
„Taschen" voller Erz

Bei der Frage nach den Antriebskräften der Kelten, die titanische Befestigungsanlagen wie auf dem Ipf möglich machten, bei der Suche nach dem „Woher" des Reichtums, der sich in den Fürstengräbern von Hochdorf bis zur Heuneburg niederschlug, hieß die Antwort der Archäologen lange reflexartig: „Eisen". Abbau, Verhüttung und Handel des Metalls sei die Basis allen Erfolgs der keltischen Welt gewesen. In auffallendem Missverhältnis zur (vermuteten) Bedeutung von Eisen steht sein archäologischer Nachweis, insbesondere für das 6. und 5. Jahrhundert v. Chr. Hin und wieder findet man so genannte Rennöfen, mit denen das Roherz verhüttet wurde, auch an den zugehörigen Schlackehalden fehlt es nicht. Da gilt es schon als Sensation, wenn, wie 1997 in St. Johann-Würtingen auf der Schwäbischen Alb, ein Grubenhaus samt einer Schicht aus Schlacke- und Ofenwandresten entdeckt wird und dieses gleich im Rang der „ersten frühkeltischen Eisenschmelzersiedlung nördlich der Alpen" steht.

Selbst ein Fundort mit zahlreichen Eisengegenständen wie die Heuneburg an der oberen Donau erbrachte kaum Aufschluss über die Herstellung, etwa Verhüttungsplätze oder Werkstätten. Führte

Tief geschürft: Wie bei Nattheim förderten Kelten auf der Schwäbischen Alb allerorten Eisenerz.

man etwa Fertigprodukte ein? Bei der leichten Verfügbarkeit von Roherz dürfte das unwahrscheinlich sein. Die gesamte Alb ist überreich mit so genanntem Bohnerz gesegnet. Die Menschen mussten es nur aus den „Taschen“ der offen anstehenden Kalkfelsen herausklauben. Aufwändige Bergwerke erübrigten sich. Der Nachweis für Eisenabbau sowie für dessen Verarbeitung bleibt daher schwierig. Bei einigen spätlatènezeitlichen Orten wie den großräumig umwallten Tagebaulöchern auf dem Michelsberg bei Kelheim gelang dies (siehe S. 77), bei Gruben in freiem Gelände, zumal bei zeitlich weitaus älteren, ist es fast unmöglich.

Praktische Hinweise

Lage: Am besten nimmt man den Parkplatz an der B 466 (Richtung Neresheim) am Waldrand zum Ausgangspunkt. Ab hier am Wald entlang zur SAV-Hütte, links hinauf bis zum breiten Höhenweg, dort wenige Meter nach rechts. – Die Viereckschanze (weitgehend bewaldet) liegt am östlichen Ortsausgang von Nattheim in Richtung Fleinheim; beschilderter Fahrweg links ab. Wanderkarte: Aalen/Heidenheim, 1:50 000, Landesvermessungsamt Baden-Württemberg.
Museen: Funde aus Nattheim und dem Kreis, insbesondere schöne Keramikgefäße der frühhallstattzeitlichen „Ostalbgruppe" zeigt: Museum Schloss Hellenstein, 89501 Heidenheim, Tel. 0 73 21/4 33 81, www.heidenheim.de/msh; geöffnet Di. bis Sa. 10–12 und 14–17 Uhr, So. durchgehend (Mitte Nov. bis Mitte März geschlossen).
Außerdem sehenswert wegen des Nachbaus einer hallstattzeitlichen Grabkammer mit prächtigem Pferdegeschirr: Archäologisches Museum, Petrusplatz 4, 89231 Neu-Ulm, Tel. 07 31/9 72 60, www.archaeologie-bayern.de/zw_nu; geöffnet Di. bis Sa. 13–17, Mi. und So. ab 10 Uhr.

So kann auch nur vermutet werden, ob bereits Kelten in den großen Kuhlen bei Nattheim schürften. In ihrem wannenartigen Erscheinungsbild ähneln diese in der Tat den „Pingen“ von Kelheim. Auch die Nähe zum 15 Kilometer entfernten Ipf spricht für frühen Abbau – erst recht, seitdem es dort Hinweise auf Eisengewinnung gibt. Nicht zu vergessen die dichte Besiedlung im Nattheimer Raum. Ein ausgedehntes Gräberfeld der Hallstattzeit fehlt hier ebenso wenig wie einige Viereckschanzen.

Wie groß die Unsicherheit über die Urheber der Tagebaugruben im Wald von Nattheim ist, zeigt die kleine Episode um das Erläuterungsschild an den beidseits eines Forstwegs liegenden Löchern. Ursprünglich stand darauf, „Römer“ seien hier am Werk gewesen. Per Hand hat dies unterdessen ein Unbekannter korrigiert und durch „Kelten“ ersetzt. Wer auch immer hier den Boden auf der Suche nach Bohnerz durchwühlte, die kleine Wanderung zu den Gruben lohnt nicht nur wegen deren historischer Anschaulichkeit. Die kesselartigen Eintiefungen sind längst auch zu naturgeschützten Biotopen geworden. Kreuz und quer liegende Bäume, dichte Hecken und sumpfiger Untergrund geben eine Ahnung jener Wildnis, wie sie für die Wälder vor 2500 Jahren anzunehmen ist.

HEUBACH
Der ganze Berg muss es sein

Es gibt Berge, deren Lage und Gestalt wie geschaffen sind, um das Schutzbedürfnis der Menschen über große Zeiträume zu befriedigen – beispielsweise den 750 Meter hohen Rosenstein bei Heubach. Unübersehbar am nördlichen Albtrauf gelegen, brachte der Monolith hierfür alles mit: Höhe, Höhlen, Spornlage. Gut kann auf dem Plateau verfolgt werden, wie sich über die Jahrtausende mit den Lebensbedingungen auch die Nutzung einer natürlichen Festung wandelte, beginnend mit umherziehenden Steinzeitgruppen. Ihre immer wiederkehrenden Aufenthalte belegen zahllose Steinwerkzeuge, Harpunen- oder Pfeilspitzen. Gefunden wurden die Gegenstände in vielen der gut 30 Höhlen des ausgewitterten Kalkfelsens.

Seit der Bronzezeit reichten einzelne Lagerplätze nicht mehr, der ganze Berg musste es sein. Quer über die 500 Meter breite Ostseite und die sehr viel engere Westseite wurden Abschnittswälle gelegt. Anders als die Befestigungen an der sattelartigen Verbindung zur Alb, will sich deren Sinn allerdings nicht so recht erschließen. Dort an der Südseite hatte das ringsum steil abfallende Plateau eine strategische Schwachstelle. Entsprechend machtvoll fielen die bis zu zehn Meter eingetieften Gräben und Mauern aus. Noch heute

Praktische Hinweise

Lage: Die Zufahrt auf den Rosenstein ist ab Heubach ausgeschildert; Rundweg über das Plateau ca. 3 km (beachtenswert: die Höhlen Finsteres Loch und Große Scheuer); Einkehr vor der Burg. Markierung rotes liegendes Y. Eindrucksvoll auch der Anstieg von Heubach; Beginn am südlichen Ortsausgang in Richtung Bartholomä/Steinheim, Markierung: 10; ein Weg 2 km.

Seit altersher begehrte Adresse: Der Rosenstein bei Heubach am nördlichen Albtrauf.

sind sie als beeindruckender Hohlweg beim Anstieg von Heubach auszumachen. Unklar bleiben mangels ausreichender Grabungen die Erbauer der Sicherungsanlagen. Zur Unterscheidung der zahlreichen Befestigungen wurden diesen Abschnitten die Buchstaben A und B gegeben. Trotz ihrer Mächtigkeit – Grabungen erbrachten eine doppelt ausgelegte, mit Schutt verfüllte Mauerschale und diese auch noch zur Front mit Tuffquadern verblendet – lässt sich der Wall zeitlich nicht eindeutig zuordnen. Klarer liegt der Fall beim westlich davon über die Hochebene gespannten Abschnitt C. Nach Machart und ausweislich einiger Keramikfunde kann er in die Hallstattzeit datiert werden. Vielleicht schützte er eine Siedlung. Geht man noch weiter nach Westen stößt man auf die imponierendste Befestigung, die teilweise in den Fels gestellte Teilstrecke E (den noch fehlenden Buchstaben – D – trägt der östlich verlaufende, wohl bronzezeitliche Wall). Die Bauweise von „E" und auch die von Mauer A am Ostrand mit dem bearbeiteten Tuffgestein dürften freilich bereits dem Mittelalter zuzuweisen sein.

Das würde gut mit der dritten Besiedlungsstufe auf dem Rosenstein übereinstimmen. Im Zeitalter der durch Burgen gesicherten Herrschaften wird im 13. Jahrhundert ein Ritter Heinrich von Rosenstein als Burgbesitzer auf dem Bergzug und Herr über Heubach genannt (dem weitere folgen sollten). Auch heute, als Ruine, ist die Ritterburg an der westlichen Felsnase noch imponierend anzuschauen. Von dem Gemäuer und vielen anderen Punkten des ringsum abzugehenden Rosensteins bieten sich faszinierende Ausblicke in die weite Ebene des Remstales. Wie abgeschnitten wirkt hier die Schwäbische Alb. Dieser einzigartige Fels ist also unübersehbar auch eine geologische Landmarke.

Über den Wolken: Wie ein Atoll entsteigt das Plateau von Grabenstetten der Umgebung.

GRABENSTETTEN/ERKENBRECHTSWEILER
Größer geht es nicht

Groß, größer, Grabenstetten. Auf der inoffiziellen Rangliste der gewaltigsten Oppida Mitteleuropas heißt der souveräne Sieger „Heidengraben", gelegen auf einem Albplateau bei Bad Urach. Flächeninhalte von mehreren hundert Hektar wie in Kelheim mit 600 oder Manching (380) sprengen schon jedes Maß. Nur was ist das alles gegen die sagenhafte Ausdehnung von 1662 Hektar dieser Albfestung mit Schwerpunkt um die Gemeinde Grabenstetten. Noch weit bis ins 19. Jahrhundert

hätte dort jede deutsche Stadt mehrfach hineingepasst. War es Größenwahn oder was hat hier Menschen veranlasst, in immerhin 700 Meter Höhe eine riesige Fläche zu okkupieren?

Der Gang über die Hochebene – inzwischen mit einem 27(!) Kilometer langen Rundweg erschlossen – gibt darauf nur bedingt Antwort. Erst Luftaufnahmen, besser noch das vollständige Umfahren im Tal machen mit der einzigartigen Topographie vertraut. Wie ein Südseeatoll hebt sich das Plateau aus dem Umland mit einer schroff ansteigenden „Steilküste" von gut 250 Metern. Lediglich am südöstlichen Rand bei Hülben besteht eine Landbrücke zur Alb. Deshalb musste auch nicht die 50 Kilometer lange, fjordartig eingeschnittene „Küstenlinie" vollständig gesichert werden, sondern nur einige gefährdete Stellen wie bei Hülben oder im Norden zur vorspringenden „Bassgeige". Einmal mehr zeigt sich das eher defensiv ausgerichtete Denken der Kelten; um Landnahme im klassischen Verständnis war es ihnen vermutlich weniger gegangen.

Wenn der gut zu sichernde „Stein" das Bewusstsein bestimmte, dann überrascht auch nicht die geringe Besiedlungsdichte auf dem Plateau. Zur Hallstattzeit reichte offenkundig der Raum nördlich von Hülben aus. In den Achtzigerjahren des 20. Jahrhunderts legten Archäologen dort ein großes Gräberfeld frei, wobei auch nach Jahrhunderten der Überpflügung noch überraschend viele Beigaben – Keramik, Schmuck, Dolche und ein vierrädriger Wagen – zum Vorschein kamen. Gut

Praktische Hinweise

Lage: Der Rundweg über das Albplateau von Grabenstetten startet nördlich von Erkenbrechtsweiler; am Parkplatz gibt es eine Übersichtstafel. Der 27 km lange Weg lässt sich gut in eine Nordschleife mit der Bassgeige (und Abstecher zur gewaltigen Burg Hohenneuffen) sowie den Südabschnitt unterteilen; Wege weitgehend fahrradgerecht, Markierung: Achsnagel mit stilisiertem Kopf. Die meisten Punkte sind auch direkt anzufahren.
Museum: Einige Funde aus den Grabhügeln und dem Oppidum gibt es im örtlichen Museum von Grabenstetten zu sehen; Besichtigung n. V. über die Gemeinde, Tel. 0 73 82/3 87.

25 Grabhügel sind inzwischen wieder aufgeschüttet. Wie vor mehr als 2500 Jahren liegen die flachen Kuppeln dicht an dicht auf einer ausgedehnten Wiese vor dem gastronomisch genutzten Burrenhof.

Selbst die dort vorbei führende Straße ist historisch. Ihr Ost-West-Verlauf entspricht dem einst quer durch den prähistorischen Friedhof angelegten Weg. Die größte Überraschung waren Einfriedungen der Grabhügel. Bewegten sich die runden Gräben, Steinkreise oder Pfostensetzungen noch im Rahmen des auch andernorts Bekannten, fielen quadratische Einfassungen, wie hier bei zwei Gräbern entdeckt, völlig aus dem Rahmen. Im südwestdeutschen Raum kennt man nichts Vergleichbares und natürlich auch nicht die Gründe für diese Abweichung vom üblichen Totenritual der älteren Eisenzeit.

Trotz des großen zeitlichen und kulturellen Bruchs zwischen ausgehender Hallstatt- und später Latènezeit respektierten die Menschen auch Jahrhunderte später die Gräber am Burrenhof, weniger das Terrain. Als es im 2. und 1. vorchristlichen Jahrhundert zur neuerlichen Besiedlung kommt, werden Löcher und Gräben unbekannter Funktion zwischen die Hügel getieft. Die Arbeiten sind sicherlich mit dem jetzt entstandenen Oppidum Elsachstadt zu sehen. Dessen Erbauer setzten unmittelbar an den Rand des Gräberfeldes einen Abschnittswall mit gewaltigem Zangentor, das mit 30 Meter Länge und 14 Meter Breite als größtes bekanntes überhaupt gilt. So sicherte man die Festlandbrücke bei Hülben, und damit das Vorfeld der Elsachstadt.

Der eigentliche Einlass in das auf 153 Hektar zusätzlich umwehrte Oppidum liegt westlich von Grabenstetten über dem tief eingeschnittenen Kaltental. Dort verlangt der Wanderweg wahre Kletterkünste und gutes Schuhwerk. (Man kann auch oberhalb davon auf einem Fuß-/Radweg neben der Landstraße gehen oder den Zugang direkt anfahren.) Die fast vollständig erhaltene Wallanlage um die Elsachstadt wurde inzwischen der agrarischen Nutzung entzogen. Es ist gut denkbar, dass in den großen Oppida auch landwirtschaftliche Nutzflächen lagen. Keineswegs waren diese auf gesamter Fläche bebaut. Mehrjährige Grabungen erbrachten für die Elsachstadt den Nachweis einer regen Gemeinschaft, die offenkundig Handelsbeziehung bis nach Italien pflegte. Selbst Reste von Weinamphoren fanden sich. Wie alle Kelten hatten auch die „schwäbischen" Eisen im Angebot. Schmiedeschlacken und eine Feuergrube sind Beleg genug. Dennoch bleibt ein Rätsel: Wer lebte wo in dieser riesigen Anlage?

Man käme auch nicht einer Antwort näher, stünde die gesamte Fläche für Untersuchungen zur Verfügung. Einen (geringen) Teil besetzt heute das vermutlich nach dem „Heidengraben" benannte Grabenstetten. Das Rathaus steht genau auf der östlichen Mauerverlängerung. Weitere beeindruckende Wallabschnitte liegen südlich der Ortschaft, wo auch die trichterförmige Zufahrt eines Zangentores im steilen Terrain erhalten blieb. Noch besser ist die Ansicht einer solchen Maueröffnung ganz im Norden des Alb-Atolls bei Erkenbrechtsweiler. Hier, nahe des Parkplatzes vor der so genannten Bassgeige, wurde an der original erhaltenen Pflasterung eines der spitz zulaufenden Tore rekonstruiert. Wie in einer Reuse führten die abgerundeten Seitenwangen auf die Mitte zu. Eine Holzbrücke über der Zufahrt genügte zur Überwachung.

Auch wenn die keltischen Herren den vorgelagerten Sporn für die Besiedlung aussparten: Der einstündige Gang über die Bassgeige gehört an den Beginn oder das Ende der ausgedehnten Wanderschleife zwischen Erkenbrechtsweiler und Grabenstetten. Der großartige Blick einerseits über die weite Ebene vom Naturpark Schönbuch zum Großraum Stuttgart und andererseits im Süden zur gewaltigen Festung Hohenneuffen auf dem Hintergrund der Schwarzwaldhöhen ist jede Extrarunde wert.

STUTTGART UND UMGEBUNG

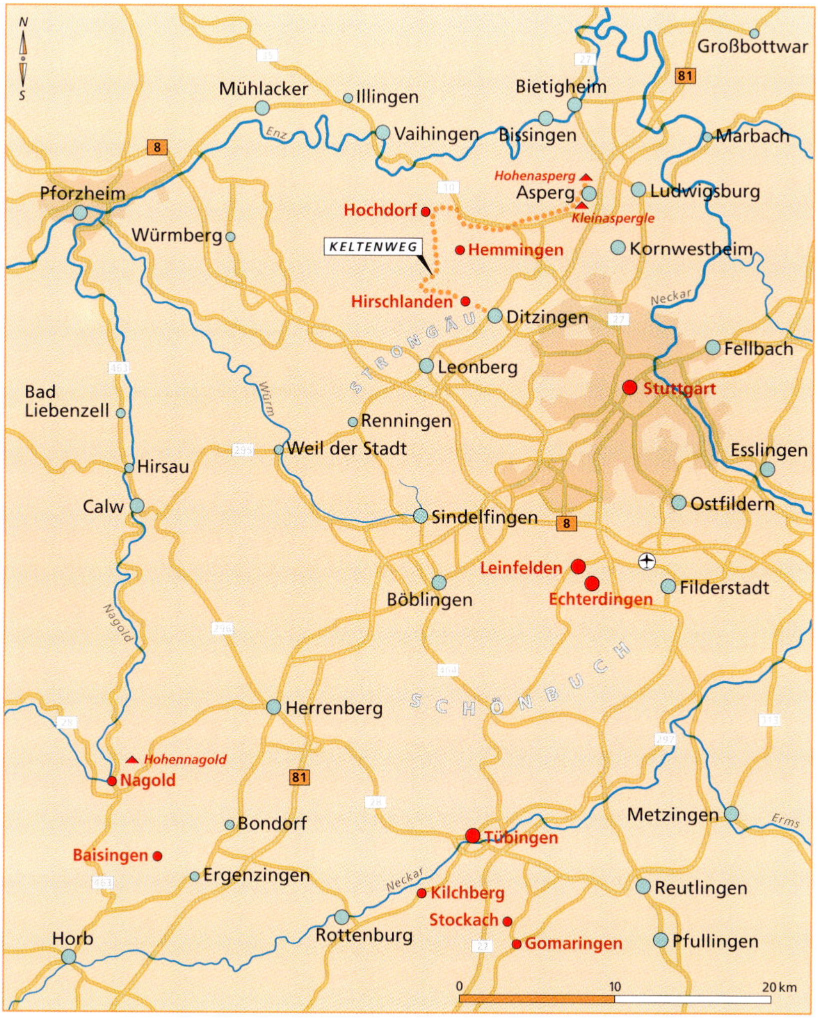

STUTTGART
„Heilige Ordnung" im Ländle

Ohne die Vorgeschichte anderer Regionen zu schmälern, darf Baden-Württemberg für sich in Anspruch nehmen, die reichste frühkeltische Hinterlassenschaft Deutschlands zu hüten. Nach Zahl und Qualität besitzt es die meisten Grabhügel, rund 7000, darunter den höchsten (Hohemichele),

Der Mann lebte auf goldenem Fuß: Schuhbeschläge aus dem Hochdorfer Grab im Stuttgarter Landesmuseum.

größten (Magdalenenberg) und mit Hochdorf auch den prachtvollsten. Im Südwesten lagen viele der späthallstattzeitlichen „Fürstensitze", darunter die berühmte Heuneburg an der oberen Donau. Zahllose Ringwälle und Oppida krönen die Berge zwischen Nordbaden und Oberrhein, wobei es auch hier nicht an Superlativen fehlt. Keine Anlage liegt höher als der Dreifaltigkeitsberg bei Spaichingen in knapp 1000 Metern, und kein Oppidum ist größer als das Grabenstettener in den Dimensionen einer kapitalen Stadt (1660 Hektar).

Es spricht für die Aufgeschlossenheit von Land und Gemeinden, dass die meisten Stätten gut erforscht und für die Öffentlichkeit aufbereitet sind, sei es in Gestalt von Rekonstruktionen und Archäologischen Lehrpfaden, sei es als Museen und Schausammlungen. Was nützte – aus Sicht des Publikums – die bewundernswerte Arbeit der Wissenschaftler und Restauratoren im Falle des Hochdorfer Fürstengrabes, wenn sie nicht, wie dort, museal nachzuerleben wäre. Mehr als 40 000 Besucher jährlich alleine in diesem 1991 eröffneten Spezialmuseum sind eine deutliche Ermunterung, den öffentlichen Auftrag der Archäologie nicht zu vernachlässigen.

Zumal der Fortschritt in Siebenmeilenstiefeln voranschreitet. Dank immer ausgefeilterer Untersuchungsmethoden hat die Altertumskunde in den vergangenen vier Jahrzehnten mehr Einsichten gewonnen als je zuvor. Nicht zu unterschätzen ist dabei eine unvoreingenommene Sicht der Dinge. Wie selbstverständlich arbeiten heute Wissenschaftler über Länder- und Fachgrenzen hinweg. Jetzt weiß man auch den lokalen Fund in das große Ganze einzuordnen. Schön kann diese Entwicklung im Württembergischen Landesmuseum von Stuttgart verfolgt werden. Natürlich versteht es sich zuerst als umfassende Regionalsammlung, aber niemand käme auf den Gedanken, etwa in der Abteilung „Eisenzeit" einen württembergischen oder gar nationalen Sonderweg zu reklamieren – trotz des großen Erbes. Nach Neugestaltung der hallstatt- und latènezeitlichen Raumflucht in den Achtziger- und nochmaliger Überarbeitung Ende der Neunzigerjahre stehen nun die Funde im Zeichen „Heiliger Ordnungen", also dem religions- und kulturgeschichtlichen Zusammenhang Gesamteuropas im 1. Jahrtausend v. Chr. Kein Exponat, kein Ornament, das

Praktische Hinweise

Museum: Württembergisches Landesmuseum, Schillerplatz 6 (Altes Schloss), 70173 Stuttgart, Tel. 07 11/27 90, www.landesmuseum-stuttgart.de; geöffnet Di. 10–13, Mi. bis So. 10–17 Uhr.

nicht auf dem Hintergrund der antik-mediterranen Einflüsse erläutert würde. Ersichtlich etwa am Beispiel „Bestattungsbrauch": Aufbahrung, Fahrt zum Grab, Beigaben, wie sie für den „Fürsten von Hochdorf" nachgewiesen sind, entsprechen frappierend dem griechischen Totenkult. Der 300 großformatige Seiten umfassende Begleitkatalog belegt es mit entsprechenden Abbildungen und Zitaten zeitgenössischer Autoren. Oder am Beispiel „steinerne Bildnisse": Auch sie haben nach Auftreten und Formgebung südländische, von Italien bis Portugal reichende Vorbilder. Im Landesmuseum stehen die Originale einiger der bekanntesten Plastiken wie dem „Krieger von Hirschlanden" oder der doppelköpfigen Figur von Holzgerlingen. Beim Blick auf Letztere darf man auch wieder an die originär keltische Komponente denken. Die wundervolle Art, Gesichter zu stilisieren und die Köpfe mit mysteriösem Putz zu drapieren, wie hier mit einer „Blattkrone" ohrenartiger Gebilde, ist in der Tat ohne Vorbild.

Über die große Vogelschau hat man im Museum nicht ganz den heimischen Blick vergessen. Breiten Raum nehmen die bekanntesten Fundstätten im Ländle – Heuneburg, Hochdorf, Römerstein-Zainingen, Grabenstetten, Bad Cannstatt, St. Johann, Heidenheim – mit eigenen Vitrinen ein; abgesehen von außergewöhnlichen Einzelstücken wie dem Trichtinger Silberring oder den drei großen Holzfiguren, ein Hirsch und zwei Böcke, aus einer Viereckschanze in Fellbach-Schmieden.

EBERDINGEN-HOCHDORF
Ein württembergischer Pharao

Der Mann war stattlich – für die Verhältnisse seiner Zeit mit 1,87 Meter sogar riesig und auffallend kräftig, wovon man sich auch 2500 Jahre nach seinem Ableben überzeugen kann. Im „Keltenmuseum" von Eberdingen-Hochdorf liegen die Gebeine des „Fürsten von Hochdorf" in einem gläsernen Sarg. Der Mann wirkt klein – gemessen an den Dimensionen des Grabhügels, den man ihm zu Ehren um 550 v. Chr. errichtete. Auf sechs Meter Höhe mit einem Radius von 60 Metern türmte sich der Kegel im fruchtbaren „Strohgäu" westlich von Ludwigsburg. Nach Abschluss der Grabungsarbeiten wurde er mit 7000 Kubikmetern Erde und Steinen wieder aufgeschüttet. Aber nicht nur dieser frei am Ortsrand von Hochdorf stehende Hügel gibt eine Vorstellung von der einstigen Monumentalität. Auch die gelungene Architektur des 400 Meter entfernten, eigens für den „Fürsten" errichteten Keltenmuseums orientiert sich an dieser Dimension. Ein über dem Bau gespannter Metallbogen zeichnet die Hügelmaße nach. So hat der Besucher das Empfinden, sich in dem Tumulus zu bewegen, an dessen tiefstem Punkt, wie im Original zwei Meter unter dem Bodenniveau, die eigentliche Grabkammer eingelassen wurde.

Der aus mächtigen Eichenbalken gezimmerte Totenraum liegt halb aufgeschnitten vor dem Betrachter. Die Ausstattung gibt den Moment wieder, als man den „Fürsten" zur ewigen Ruhe auf ein rollbares Sofa (Kline) bettete. Gewandet ist er in feinstem violettfarbenem Tuch, über dem die Goldbeigaben – Halsring, Armreif, Fibeln, Dolch und Schuhbeschläge – noch besser zur Geltung kommen. Als Kelte von Welt trägt der hohe Herr einen Hut aus Birkenrinde. Am Kopfende hängen acht goldbeschlagene Trinkhörner, das neunte besteht aus Eisen und fasst über fünf Liter. Gefüllt

Dimensionen eines Grabes: Am Keltenmuseum von Hochdorf symbolisiert ein sechs Meter hoher Metallbogen die Hügelaufschüttung.

werden die Hörner mit hochprozentigem Met aus dem riesigen, mit drei Löwen verzierten Bronzekessel zu Füßen des Toten. Zum Schöpfen liegt eine Goldschale bereit. Speisen nimmt man von zwölf Bronzetellern verschiedener Größe, die – neben einem prachtvollen Pferdegeschirr – auf dem vierrädrigen, vollständig mit Eisen beschlagenen Wagen im Kammervordergrund gestapelt sind. Boden und Wände bedecken Tücher, weitere Textilien drapieren Kline und Kessel. Eigentlich müsste alles verhüllt sein. Wie zur Späthallstattzeit üblich, war auch in Hochdorf jede Beigabe einschließlich Leichnam vollständig von Stoffen umwickelt. Auf zeichnerischen Darstellungen wirkt das Ganze wie ein Werk des Verpackungskünstlers Christo. Da im Gegensatz zur Moderne früher nichts um seiner selbst willen geschah, stand dahinter vermutlich die Absicht, Gegenstände durch Verhüllen dem Weltlichen zu entziehen.

Nicht vergessen wurde bei der Hochdorfer Grabkammer die Steinpackung, unter deren tonnenschwerer Last alle Beigaben auf Bierdeckelhöhe zusammengedrückt waren. Erst nachdem die Archäologen und Restauratoren gewissermaßen den Wagenheber angesetzt und den Haufen Schrott entwirrt hatten, konnte die eigentliche Wiederherstellung der Ausstattung beginnen (siehe auch S. 119).

Wie dies geschah, welcher Aufwand in wissenschaftlicher, kunsthandwerklicher, technischer und auch monetärer Hinsicht getrieben werden musste, erzählt das Hochdorfer Museum anhand

Praktische Hinweise

Museum: Das Keltenmuseum hat inzwischen Zuwachs bekommen: Im Freigelände stehen Nachbauten von Häusern einer hier ergrabenen frühlatènezeitlichen Siedlung. Dort finden auch Handwerkervorführungen und Mitmachaktionen statt (Auskünfte über das Museum). – Keltenmuseum, Keltenstraße 2, 71735 Eberdingen-Hochdorf/Enz, Tel. 0 70 42/7 89 11, www.keltenmuseum.de; geöffnet Di. bis So. 9.30–12 und 13.30–17 Uhr.

von Modellen, Rekonstruktionen – selbst der Nachbau einer Schmiede fehlt nicht –, sowie großformatiger Bild- und Texttafeln. Leicht sind hier zwei, drei Stunden verbracht, und doch kann es nur eine Annäherung sein. Kaum erahnen lässt sich beispielsweise, wie viel Sorgfalt und Erfahrung es bedurfte, um die sicherheitshalber eingegipsten Beigaben zur Auswertung in die Werkstätten des Stuttgarter Landesmuseums zu bringen. Erst nach sechs Jahren konnte die Wiederherstellung (vorläufig) abgeschlossen und das Ergebnis bei Sonderausstellungen Mitte der Achtzigerjahre präsentiert werden. Groß war das Staunen von Paris bis Köln über diesen württembergischen Pharao und seine Schätze. Die Originale stehen heute einzeln unter Glas im Stuttgarter Landesmuseum. Im Verbund auf dem Hintergrund der gesamten Fundumstände sind sie nur hier im begehbaren Museumsgrabhügel von Hochdorf zu sehen.

Der Keltenfürst von Hochdorf

Schaut man auf die Geschichte der Archäologie, ist man um jede antike Hinterlassenschaft froh, die den Ausgräbern des 19. und frühen 20. Jahrhunderts verborgen blieb. In einer Mischung aus (naiver) Wissbegierde und Jagdfieber wurde bei ihren „Forschungen" häufig mehr Unheil angerichtet als wissenschaftlich erhellt. Die von vermeintlichen Schätzen angestachelte Phantasie ersetzte oft genug seriöse Untersuchungsmethoden. Erst nach und nach verstand man die Archäologie als eine Disziplin, die über ihre Ergebnisse erst ein historisches Bild erschließt und nicht dessen Zerrbild bestätigt – von gewissen Vorurteilen nicht zu reden. Wer nach Germanen suchte und auf Kelten stieß, dürfte dem Fund kaum unvoreingenommen begegnet sein.

Nun stelle man sich beim Blick auf die großformatigen Grabungsbilder im Stuttgarter Landesmuseum oder im „Keltenmuseum" von Eberdingen-Hochdorf vor, die wackeren Ausgräber vergangener Tage wären auf ein solches Grab gestoßen, wie es hier kurz nach seiner vollständigen Aufdeckung 1978 zu sehen ist. Um genau zu sein – eigentlich erkennt man nichts, nur Chaos, Dreck, Steine, Eisenreste, verbogene Bronzeteile, Stofffetzen und ein paar Knochen. Es dürfte unschwer zu erraten sein, was man früher mit einem solchen Schutthaufen gemacht hätte. Nur die vergleichsweise gut erhaltenen Gold- und Bronzegegenstände interessierten, die dann – bestenfalls – als schön anzuschauende Objekte in einem Museum auftauchten. Dort sind die Goldbeigaben mit einem Gesamtgewicht von über 600 Gramm nach Auswertung der Funde 1985 tatsächlich gelandet. Aber eben nicht nur. Auch wenn es angesichts der Grabungsbilder unvorstellbar erscheint, das Grabinventar konnte fast vollständig wieder hergestellt werden. Bis dahin war es allerdings ein langer und beschwerlicher Weg, der vielleicht nur wegen des zunächst ins Auge springenden Goldschmucks begangen werden konnte. Als später Reflex auf die Vorstellung versunkener Schätze war rasch das öffentliche Interesse an dieser Grabstätte eines späthallstattzeitlichen „Keltenfürsten" entbrannt – und plötzlich spielte Geld keine Rolle. Ohne die seitdem geflossenen Millionen wüsste man nichts von einem württembergischen Pharao.

Im Unterschied zu den überwiegend erhaltenen Totenhäusern Ägyptens war in der schwäbischen

Reise in eine andere Welt: Grabkammer des „Fürsten von Hochdorf", wie sie im Hochdorfer Keltenmuseum wiedererstand. Hinten ruht der Hohe Herr auf einer Bronzeliege, rechts steht der Riesenmetkessel und im Vordergrund der eisenbeschlagene Wagen mit Bronze- und Pferdegeschirr.

Provinz nicht viel mehr als Schrott geblieben, zermalmt durch die Gewalt von 50 Tonnen Gestein. Zum Schutz vor Räubern hatte man beim Bau um 550 v. Chr. über die 22 Quadratmeter große Grabkammer eine Felspackung gehäuft. Auch sie wurde mit Holz umzimmert und von Steinen beschwert. Schon diese Doppelsicherung ist ohne Beispiel bei den Grabhügeln im so genannten Westhallstattkreis. Mit dem Zusammensacken der inneren Kammer gab auch die einst sechs Meter hohe Erdaufschüttung nach, Erosion und Pflug besorgten den Rest. Der verschwundene Aufbau bewahrte das Innere vor unbefugtem Zugriff. Erst ackerfremdes Gestein, das einer ehrenamtlichen Mitarbeiterin des Stuttgarter Landesdenkmalamtes aufgefallen war, brachte die Archäologen auf die Spur. Rasch setzten Grabungen ein. Sie endeten 15 Monate später im November 1979; die mühsamere Arbeit sollte jedoch erst danach beginnen.

Die Gesamtleitung lag in Händen des Stuttgarter Archäologen Jörg Biel. Seinem schwäbischen Beharrungsvermögen, gepaart mit Sinn für praktische Lösungen, ist es maßgeblich mitzuverdanken, dass aus dem plattgewalzten Grab von Hochdorf ein Leistungsnachweis moderner Archäologie wurde und seitdem die keltische Welt in hellerem Licht erstrahlt. Niemand hatte sich zuvor derartigen Prunk und so große (kunst-)handwerkliche Fertigkeiten vorstellen können, wie sie in diesem Grab eines Hallstatt-Herren fernab der damaligen Zentren aufgedeckt wurden. „Einzigartig" ist denn auch das meistverwendete Wort in Veröffentlichungen über die Fundstätte. Gewiss, man kannte vierrädrige Wagen aus vielen Gräbern des 7. bis 5. Jahrhunderts v. Chr. – aber keinen wie diesen. Er war vollständig – Räder, Deichsel, Naben, Aufsatz – mit Eisenblech verkleidet, zusammengefügt aus 1350 verzierten Teilen. Der schiere Luxus und nur dadurch erklärbar, wie der Kunstschmied Gerhard Längerer glaubt, der zwei Jahre für die Rekonstruktion des Wagens benötigte, dass hier ein Herrscher über Macht und Reichtum und vor allem Verbindungen ins „Ausland" verfügte. Aus griechischen Kolonien Unteritaliens stammte der gewaltige, 500 Liter fassende Bronzekessel im Grab. Blickfang sind drei als Hohlform gegossene Löwen auf dem Rand. Einer davon wurde – auch das eine der phänomenalen Entdeckungen keltischer Fähigkeiten – von einem einheimischen Meister, vermutlich als Ersatz, gekonnt nachgegossen, ohne seine eigene Handschrift verleugnen zu wollen. An der Kammerwand hingen neun Trinkhörner. Offenkundig wollte der Fürst auf Trink- und Essgelage im Kreise auserwählter Gefährten nicht verzichten. Und am allerwenigsten auf das einzigartigste unter all den einzigartigen Ausstattungsstücken – seine Liege. Nirgends sonst kennt man ein vergleichbares Stück wie dieses Kline genannte Bronzesofa. Getragen wird es von acht weiblichen Figuren auf Rollen, die Rückenlehne zieren gepunzte Szenen eines Schwerttanzes, flankiert von zwei Pferdegespannen.

Dank Luftabgeschlossenheit und Kupferoxiden hielten sich in der Grabkammer nicht zuletzt organische Materialien. Das gilt für den Birkenrindenhut des Toten ebenso wie für Textilreste. Auf dem Sofa lag eine Matratze mit Dachshaar- und Hanfbastfütterung, die gesamte Kammer war mit feinsten Stoffen verhüllt. Den Leichnam umgaben farbige Tücher, und an dessen Kopf lag eine Art „Musterkatalog" verschiedener Gewebe, wie die Textilspezialistin Johanna Banck im lesenswerten Begleitband „Experiment Hochdorf" schreibt. Nach ihren Untersuchungen beherrschten Kelten bei der Herstellung und dem Färben von Stoffen äußerst komplexe Techniken, so schwierig, dass ihre Nachvollziehbarkeit der Computerunterstützung bedarf. Die außerordentliche Qualität von Tüchern und Kleidung könnte eine Erklärung für den Reichtum des mit etwa 40 Jahren verstorbenen Mannes von Hochdorf sein. Vielleicht trieb sein „Stamm" schwunghaften Handel mit Textilien. Salz und Eisen zum Eintauschen spielte hier im „Strohgäu" vermutlich eine untergeordnete Rolle.

Mit den mannigfachen Stoffproben stieg die Zahl der Einzelobjekte aus dem Hochdorfer Grab auf rund 2000. Deren Auswertung hat dem Verständnis der frühkeltischen Welt eine neue Dimension eröffnet. Spätestens jetzt weiß man, dass bereits vor 2600 Jahren nördlich der Alpen eine hoch entwickelte Kultur bestand. Viele der damals ausgebildeten (kunst-)handwerklichen Fertigkeiten sollten bis zur Industrialisierung im 19. Jahrhundert keine wesentliche Änderung mehr erfahren. Wie gesagt, epochale Einsichten, gewonnen aus einer zu fünf Zentimetern Höhe verpressten Trümmerschicht.

LANDKREIS LUDWIGSBURG
Zweiräder folgen dem Einrad

Ein Weg für Einradfahrer? Erst bei näherem Hinsehen erkennt man, wer da auf dem „Keltenweg“ durch den Kreis Ludwigsburg die Richtung vorgibt. Als Symbol für den 2003 eröffneten Radweg auf keltischen Spuren wurde eine der Frauenfiguren ausgewählt, die das originelle Bronzesofa des „Fürsten von Hochdorf“ tragen. Sie sitzen auf einer Rolle, was die Liegestatt („Kline“) beweglich machte. Glücklicherweise hatten sich beim Zusammenbruch der tonnenschweren Grabkammer einige der über 30 Zentimeter hohen Trägerinnen fast unversehrt gegen die Steinlast gestemmt. So waren alle acht gut zu restaurieren, wobei man auch bei diesem Kleinteil, wie bei allen Hochdorfer Grabbeigaben, Erstaunliches entdeckte. Die meisterlich gegossenen Bronzearbeiten zierten rote Korallenstifte. Wie gelangte ein Provinzfürst im 6. Jahrhundert v. Chr. fernab der bekannten Handelsrouten zu mediterranen Korallen?

Woher kam überhaupt damals der Reichtum im Neckarland? Darüber lässt sich während der 30 Kilometer langen Radtour vortrefflich spekulieren, schließlich war das Hochdorfer Grab nicht das einzige in der heute „Strohgäu“ bezeichneten Region westlich von Ludwigsburg. Es ist nur das Auffälligste, weil am besten Erforschte. Im ausgeraubten Grabhügel „Kleinaspergle“ lagen vermutlich ähnlich kostbare Gold- und Bronzeschätze. Wenigstens überdauerte dieser unbeschadet die Zeitläufte. Prachtvoll thront das acht Meter hohe Monument zwischen Möglingen und Asperg auf einer Felderkuppe. Von der Bank obenauf geht der Blick hinüber zum tafelbergartigen Hohenasperg mit der berühmt-berüchtigten Festung des Hauses Württemberg. Dort soll einst das Machtzentrum eines späthallstattzeitlichen „Fürsten“ gelegen haben. Auch jüngere Grabungen erbrachten hierfür allerdings keinerlei Hinweis. Beim Festungsausbau leistete man gründliche Arbeit, obgleich bereits 1580 „ain ganz guet gulden halßband und gulden ring“ aus dem Asperger Raum am württembergischen Hof herumgezeigt wurde. Der vermutlich keltische Schmuck gilt als verschollen. Unverstand ist freilich kein Privileg der Altvorderen. Noch 1877 setzte man einen Wasserturm bei Ludwigsburg in einen riesigen Grabhügel, vollends zerstört dann bei einer Erweiterung 1926.

Dorthin führt dann auch nicht der „Keltenweg“. Sein Startpunkt liegt am S-Bahnhof von Asperg. Um der „fürstlichen“ Aussicht willen sollte nicht der kurze Steilanstieg auf die Festungskuppe versäumt werden. Selbst den zehn Kilometer westlich liegenden Hochdorfer Grabhügel erkennt man in der offenen, welligen Landschaft.

Praktische Hinweise

Lage: Der Keltenweg verläuft über 30 km auf ausgebauten Feldwegen zwischen Asperg und Ditzingen. Beide Orte haben S-Bahnanschluss, ausgeschilderte Wege führen aber auch zurück zum Ausgangspunkt (weitere 25 km); Markierung: dunkel eingefärbte „Klinenträgerin“. Einen Flyer zum Weg versendet das Landratsamt in Ludwigsburg, Tel. 0 71 41/14 40; dieser liegt auch im Hochdorfer Keltenmuseum aus (siehe dort); Zur Einstimmung: www.schwieberdingen.de/ freizeit/keltenweg
Die meisten Stationen am Keltenweg können mit dem Auto gut angefahren werden.

Ein Ziel am „Keltenweg": Der Grabhügel von Kleinaspergle vor dem Hintergrund der Festung Hohenasperg.

Sichtbezüge der wie Landmarken aufragenden Tumuli waren sehr wichtig, steht auf einer der bronzefarbenen, vorbildlich gestalteten Begleittafeln. Dass die Hügelgröße etwas mit dem Status der Bestatteten zu tun hat, ist beim kurzen Abstecher von der Hauptroute nach Passieren des Hochdorfer Monumentalgrabes (und dem nahen „Keltenmuseum“) zu erfahren. Die durch einen Fußweg zusätzlich erschlossenen 25 Grabstätten im „Pfaffenwäldle“ sind alle kleiner, waren aber auch mit Schmuck, teils exotischer Herkunft (Perlenkette aus Korallen), ausgestattet.

Deutlich größer dann wieder der Grabhügel „Birkle“ bei Hemmingen. Er steht zwar nicht mehr, wird aber dank moderner Untersuchungsmethoden wie Luftbildern und Bodenbohrungen auf 42 Meter Breite taxiert. Etwas kleiner schließlich mit 32 Metern im Durchmesser stellt sich der Hügel von Hirschlanden dar, die letzte Station am Keltenweg. Der Herr aus Sandstein neben dem Hügel wirkt zwar nicht sehr beeindruckend, wie er da mit Hütchen und dünnen, vor der Brust verschränkten Armen steht. Aber er gilt – wie der Hochdorfer „Fürst“ aus dem 6. Jahrhundert v. Chr. stammend – als älteste vollplastische Darstellung nördlich der Alpen. Wegen seines angedeuteten Dolches, vielleicht auch wegen seines raketengleich aufgerichteten Gemächtes ist er als „Krieger von Hirschlanden“ in die Annalen eingegangen. Vermutlich stand er einmal als „heroisches“ Abbild des hier Bestatteten auf oder neben dem Grabhügel.

LEINFELDEN-ECHTERDINGEN
Fürstenversammlung im Wald

Zu den faszinierendsten und zugleich rätselhaftesten Erscheinungen der keltischen Welt gehören aus Stein gearbeitete Bildnisse. Obgleich sonst eine weitgehend „bilderfeindliche“ Kultur, tauchten diese plastischen Arbeiten vereinzelt im südwestdeutschen Raum seit dem 8. Jahrhundert v. Chr. auf, ohne dass man hierfür Gründe und schon gar nicht deren tiefere Bedeutung kennt.

Doch das fordert ja zur Spekulation heraus: Heroen, Könige oder Ahnenabbildungen sind nur einige Vorschläge. Sicher ist, dass unter südländischem Einfluss eine gewisse handwerkliche Vervollkommnung einsetzte. Am Anfang stehen einfache, die menschliche Anatomie nur andeutende Steinklötze und am vorläufigen End- und Höhepunkt der erst 1996 in Hessen entdeckte „Fürst vom Glauberg" (siehe S. 26). Angesichts der geringen Zahl von vielleicht zwei Dutzend je entdeckten Steinplastiken kann dessen Fund gar nicht hoch genug bewertet werden, vor allem im Hinblick auf die frappierende Ähnlichkeit mit einigen der räumlich und zeitlich in großem Abstand hergestellten Figuren.

Das gilt weniger für die frühe Gruppe der rohen Steinklötze, wie die bei Rottenburg oder Calw entdeckten. Sie wurden grob behauen, nur Gesichtslinien eingemeißelt. Rundum herausgearbeitet, aber kleiner sind die bei Tübingen-Kilchberg und dem benachbarten Gomaringen-Stockach entdeckten Figuren. Als erstes vollplastisches Bildnis tritt im 6. Jahrhundert v. Chr. der „Krieger von Hirschlanden" auf. Gut 200 Jahre jünger, und wieder aus einem Block herausgeschlagen ist die in ihrer stilisierten Gesichtsausformung unübertroffene Figur von Holzgerlingen. Bei den Letztgenannten besteht eine Verwandtschaft zum Glauberger Fürsten (um 450 v. Chr.). Mit dem „Hirschlandener" teilt dieser die merkwürdige Anatomie überaus muskulöser Beine, auf denen ein schmächtiger Oberkörper sitzt. Vor der Brust sind die dünnen Arme abwehrend-demütig gekreuzt. Und mit dem „Holzgerlinger" hat der Hesse die großen „Ohren", eine Art Blattkrone, gemein – nicht aber dessen Doppelgesichtigkeit. Vielleicht sollte diese den Blick in die „andere" Welt verkörpern. Beide, Hirschlandener und Glauberger Stele, fand man neben Grabhügeln. Das spricht für die Annahme, die Denkmäler stellten ein (vergöttlichtes) Idealbild der dort Bestatteten dar. Warum wurden ihnen dann aber absichtlich die Unterschenkel abgeschlagen und sie, zumindest der Glauberger, sorgsam in eine Grube gelegt, also quasi beerdigt?

Fragen über Fragen, die natürlich auch nicht auf einem Archäologischen Lehrpfad bei Leinfelden-Echterdingen beantwortet werden. Die direkte Anschauung verhilft vielleicht zu persönlicher Überlegung: Originellerweise wurde neben einem aufgeschütteten Grabhügel aus der Zeit um 600 v. Chr. eine Versammlung von fünf der bekanntesten Figuren einberufen. Als originalgetreue Kopien stehen dort die Bildnisse von Kilch-

Praktische Hinweise

Lage: Den Archäologischen Lehrpfad erreicht man am südwestlichen Ortsausgang von Echterdingen durch die Waldenbucher Straße. Nach 800 m taucht der Startpunkt an einem Wanderparkplatz gegenüber der Alten Poststraße auf; Länge: 8 km (auch Abkürzung möglich). – Zwei Fundstätten der Steinbildnisse können südlich von Tübingen angesehen werden.
Die Figur von Kilchberg steht auf dem rekonstruierten Grabhügel am nördlichen Ortsrand (Straße „Am Keltengrab"); die Figur von Gomaringen-Stockach – nach Abzweig von der B 27 Richtung Stockach – dagegen im offenen Feld (ausgeschilderter Wirtschaftsweg).
Museum: Seit der Zusammenfassung mehrerer Einrichtungen erwuchs im Tübinger Schloss eine der größten Vorzeit- und Abgusssammlungen Deutschlands. Bei der Eisenzeit liegt der Schwerpunkt auf der Region, aber auch der Heuneburg; außerdem gibt es eine Kopie des „Kriegers von Hirschlanden" (die meisten Originalfiguren stehen im Stuttgarter Landesmuseum, siehe S. 116). – Museum Schloss Hohentübingen, Burgsteige 11, 72070 Tübingen, Tel. 0 70 71/2 97 73 84, www.uni-tuebingen.de/museum-schloss; geöffnet Mi. bis So. 10–17 Uhr.

Mythische Bildnisse: Stelen im Wald bei Leinfelden-Echterdingen – die Herren von „Holzgerlingen" (links) und „Hirschlanden" rahmen den Block von Steinenbronn.

berg, Stockach, Steinenbronn, Hirschlanden und Holzgerlingen. Nirgends sonst können unter freiem Himmel derart viele der versteinerten Herren miteinander verglichen werden. Nur der Glauberger Fürst fehlt.

Weitere Punkte auf dem zehn Stationen anlaufenden Weg sind zwei größere hallstattzeitliche Gräberfelder und eine hervorragend erhaltene Viereckschanze der Spätlatènezeit. Nach Lage und Zustand gehört sie zu den sehenswertesten der 500 Rechtecke Süddeutschlands. Der (abzugehende) Wall mit vorgelagertem Graben um das 90 auf 98 Meter große Karree hat dank einer dichten Vegetationsdecke inmitten eines sumpfigen Waldgebietes die Zeiten unbeschadet überdauert. Wenn Nebel aus dem feuchten Untergrund aufsteigen, ahnt man, warum Viereckschanzen einst eine geheimnisumwitterte Aura umgab.

NAGOLD
Grabhügel zwischen Kraut und Rüben

Das besitzt sonst keine Stadt – einen keltischen Grabhügel mitten im Ort. Es grenzt an ein Wunder, dass in Nagold, der 22.000 Einwohner zählenden Gemeinde im östlichen Schwarzwald, ein stattlicher Hügel der Kategorie „Fürstengrab" rund 2500 Jahre überdauert hat. Zwar nicht schadlos, doch gerade die Zweckentfremdung kam dem Erhalt zugute. Noch bis in die Achtzigerjahre des 20. Jahrhunderts diente die kleine Erhebung am Ufer der Nagold als Gemüsegarten. In einem Dutzend Parzellen baute man vorwiegend Kraut an, gerne trieb man auch Schafe zum Grasen auf und an den „Krautbühl". Vor der gärtnerischen Nutzung hieß er über Jahrhunderte „Heidenbühl", ein

Einzigartig: Nagold und sein Grabhügel im Zentrum der Stadt.

Praktische Hinweise

Lage: Der Grabhügel „Krautbühl" steht an der Nagold gegenüber vom Sportzentrum. Hier startet der Archäologische Wanderweg mit 10 Zielpunkten. Diese können einzeln angelaufen oder als 10 km lange Runde verbunden werden, Markierung: Goldene Münze. Über die Stadtverwaltung erhält man eine Begleitbroschüre, Tel. 0 74 52/68 11 27; diese kann auch im Internet heruntergeladen werden: www.kelten-nagold.de
Der Grabhügel von Rottenburg-Baisingen liegt etwas westlich der B 14, ca. 500 m nördlich der Landstraße zwischen Ergenzingen und Baisingen (Feldwege für PKW-Verkehr gesperrt).

Hinweis darauf, dass man sich bereits vor langer Zeit Gedanken über das Entstehen des auffallenden Runds machte. Ahnte man, wozu solche Hügel dienten? Vielleicht kamen bereits auch früher Nachbestattungen zum Vorschein wie vor hundert Jahren, als man bei den Gartenarbeiten auf alemannische Gräber stieß.

Für wen und wann einst der Hügel errichtet wurde, blieb bis heute unerforscht. Daran änderten auch die geomagnetischen Untersuchungen von 2001 nichts. Die Radarwellen zeigten in vier Metern Tiefe deutliche „Anomalien", wahrscheinlich eine späthallstattzeitliche Grabkammer. Archäologische Untersuchungen werden dennoch unterbleiben. Bei der Abwägung zwischen Erkenntniswunsch und unzerstörtem Erhalt eines bedeutenden Bodendenkmals fiel die Entscheidung zugunsten der Totenruhe. Schließlich haben die Nagolder den Hügel auch gerade erst aufwändig hergerichtet. Gärten gibt es dort nicht mehr, statt dessen steht er nun wieder in seiner ursprünglichen Breite von 50 Metern bei einer Höhe von fast fünf Metern. Obenauf eine Tanne, gilt er jetzt als Wahrzeichen von Nagold.

Die Wiedergewinnung der Grabstätte für den öffentlichen Raum rundete 2003 die Anlage eines Archäologischen Wanderweges ab. Er wurde so gestaltet, dass man vom „Krautbühl" sternförmig ausschwärmen oder ihn auch als große Runde abgehen kann. Der reizvollste Punkt – in kaum 20 Minuten erreichbar – ist die Burgruine Hohennagold auf dem schlingenförmig von der Nagold umflossenen Schlossberg. Gemäuer und Plateau sind groß genug, um romantischen Ritterträumen nachzuhängen – und der Vorstellung, der unten bestattete „Keltenfürst" hätte hier oben seinen Wohnsitz gehabt. Einige Keramikfunde aus dem 6. und 5. Jahrhundert v. Chr. deuten darauf hin. Möglicherweise baute man auf Vorhandenes, denn im Gelände lagen auch Scherben der Bronzezeit. Hierzu würden die aus Steinen aufgesetzten Grabhügel im Fleckenwald nördlich der Burgruine – eine weitere Station auf dem Archäologischen Wanderweg – passen. Die teilerhaltene Viereckschanze bei Oberjettingen und römische Gutshöfe stehen für die jüngere Siedlungsgeschichte im Schutze der östlichen Schwarzwaldausläufer.

Nicht mehr vom Weg berührt wird der großartige Grabhügel bei Rottenburg-Baisingen einige Kilometer östlich von Nagold. Inmitten weiter Rüben- und Getreideäcker erhebt sich die gut vier Meter hohe und 45 Meter breite Begräbnisstätte der Späthallstattzeit, durch Apfelbäume auf der Spitze noch weitaus höher wirkend. Über Kilometer signalisierte das Monumentalgrab die Bedeutung des hier Bestatteten – von der Spitze beschreibt das Sichtfeld einen Bogen zwischen der Alb im Osten und dem dunklen Schattenriss der westlich liegenden Schwarzwaldberge.

PFALZ UND RHEIN-NECKAR-DREIECK

HEIDELBERG

Die andere Seite der Ländlichschönsten

Wer Heidelberg sagt, denkt natürlich an Goethes „Ideal" einer Stadt, den Dreiklang von Schlossruine, Fluss und alter (Neckar-)Brücke, an die oft besungene Melange aus altdeutschem Ortsbild, akademischem Milieu und weltoffener Gastlichkeit. Über diese Seite der „Ländlichschönsten" (Hölderlin) wird eine ganz andere häufig übersehen. Nicht viele der Besucher, die in der Heidelberger Altstadt das Versprechen eines „romantischen" Deutschlands eingelöst sehen möchten, trifft man auch auf dem Heiligenberg am rechten Neckarufer. Über die Spannweite deutscher Geschichte wäre dort weitaus mehr zu erfahren. Kelten, Römer, Mönche und am Ende Nationalsozialisten – sie alle hinterließen dort ihre Spuren.

Ohne die keltischen Ringwälle hätten die Nazis auf der 432 Meter hohen Erhebung vermutlich keine „Thingstätte" errichtet. Kurzerhand vereinnahmte man das keltische Erbe als germanisches. Nach der Eröffnung durch Josef Goebbels im Juni

1935 verloren die braunen Herren allerdings rasch das Interesse an „germanischen“ Feierstätten. Radio und Film erwiesen sich als wirkungsvollere Propagandainstrumente. Unverzeihlich ist, dass man für die Anlage des 13.000 Plätze fassenden Halbrunds eine große Zahl prähistorischer Zeugnisse ohne eingehende Untersuchungen planierte. So bleibt weiterhin vieles im Dunkel auf dem Heiligenberg. Ob und wie zur frühen bis mittleren Latènezeit – wofür einige Funde sprechen – der zehn Hektar große innere Wallbereich besiedelt war, wird sich nie mehr ganz klären, zumal auch die erhöht liegende Nordspitze schon immer anderweitig okkupiert war. Erst errichteten die Römer ein Gipfelheiligtum zu Ehren ihrer Gottheiten Jupiter und Merkur, dann, seit dem frühen Mittelalter, erwuchs darüber ein großes Kloster. Wie die biblische Stadt auf dem Berge, das verheißene Jerusalem, sollte die Abtei St. Michael mit ihren drei Türmen auf den Betrachter in der Rhein-Neckar-Ebene wirken. Bis ins 19. Jahrhundert blieben die steilen Flanken unbewaldet. Seit Restaurierung der besteigbaren Kirchtürme erhält man auch wieder eine Ahnung vom umgekehrten Blick. Die Sichtschneise zielt auf das silbern glänzende Band des Rheins, dahinter die dunkle Zackenlinie pfälzischer Berge.

Alle Bauzeugen der wechselvollen Geschichte auf dem Heiligenberg verbindet ein vorzüglich aufbereiteter archäologisch-historischer Rundweg. Als Leitschiene seiner zehn Schautafeln dient der gut zwei Kilometer lange obere Ringwall. Beim Gehen hat man auch immer den Außenwall im Blick. Als terrassenartige Kante umzieht er 150 Meter tiefer den Berg. Im Nordwestbereich erkennt man zwischen beiden Wällen einige abgeflachte Stellen. Sie werden als Wohnpodien angesehen. Kaum vorstellbar, aber an den steilen Hängen sollen Häuser gestanden haben. Ob es die aus Sicherheitsgründen ausgelagerten Werkstätten der Eisenschmelzer und Schmiede waren? Schlackenreste, Roheisenbarren und ein Depotfund mit landwirtschaftlichem Gerät geben entsprechende Fingerzeige. Nachdem man zur Klosterruine und durch die vollständig erhaltene Thingstätte geführt wurde, steht man zum Ab-

Auf keltischen Fundamenten: Ruine des Michaelsklosters am Heiligenberg über Heidelberg.

Praktische Hinweise

Lage: Der Heiligenberg kann über Handschuhsheim direkt angefahren werden; Lehrpfadbeginn am Gipfelparkplatz, Markierung: doppelter Ring (Länge: 2,5 km). Einen Faltprospekt zum Weg erhält man in der Gaststätte. Reizvoll ist auch der Anstieg ab Heidelberg-Zentrum: Rechts des Flusses in Höhe der Alten Neckarbrücke geradeaus den steilen Treppenweg bis Philosophenweg, weiter links mit Sicht auf die Stadt zum Bismarckturm; ab hier gut ausgeschildert (ein Weg ca. 3 km).
Museum: Kurpfälzisches Museum, Hauptstraße 97, 69117 Heidelberg, Tel. 0 62 21/58 34 02, www.zum.de/Faecher/G/BW/Landeskunde/rhein/hd/km; geöffnet Di. bis So. 10–17 Uhr.

schluss des Rundgangs vor dem „Heidenloch“. Der 56 Meter in den Fels eingetiefte Schachte galt lange als keltische Opferstätte. Am Grund lag aber nur mittelalterlicher Abfall.

Rätselhafter wirkt da der „Heidelberger Kopf“. Neben vielen Funden vom Heiligenberg ist diese 1893 bei Bergheim entdeckte Sandsteinarbeit im Kurpfälzischen Museum von Heidelberg ausgestellt. Auch wenn lediglich die Gesichtshälfte oberhalb der Nasenspitze erhalten blieb, die Plastik könnte vom selben Bildhauer geschaffen sein wie der „Fürst vom Glauberg“ oder die Köpfe auf der Stele von Pfalzfeld: große Augen, „Knospen“ auf der Stirn und über den Scheitel geschwungene „Ohren“ entstammen der gleichen (unbekannten) Vorstellungswelt und dem selben Zeithorizont (etwa 400 v. Chr.). Nur wie sah das Heidelberger Fragment vollständig aus? Bei der Rekonstruktion entschied man sich nicht für eine menschenförmige Anatomie, sondern für die Pfalzfelder Variante und montierte ihn wie dort auf einem kleinen Obelisken. Ob die Verbindung von Menschenkopf und abgerundetem Stelenfuß („Phallos“), wie im Erläuterungstext zu lesen, tatsächlich magische, Unheil abwehrende Kräfte aktivieren sollte?

BAD DÜRKHEIM
Löwenpranken, gestützt auf Frösche

Zu den wärmsten und fruchtbarsten Zonen Deutschlands gehört die Vorderpfalz. Dank des Pfälzerwaldes auf der Leeseite vor Wind und Wetter geschützt, gedeihen hier selbst mediterrane Früchte wie Mandeln oder Feigen und natürlich Wein. Beste Voraussetzungen also für eine frühe Landnahme – sollte man vermuten. Soweit es die Kelten betrifft, zeigten diese der sonnenverwöhnten Region aber weitgehend die kalte Schulter. Überraschend wenig Zeugnisse ihres Kulturkreises sind zwischen Landau und Grünstadt aufgetaucht. Auch der Blick zur Pfälzer Bergwelt ergibt keine andere Sachlage. Kaum eine der doch die besten topographischen Voraussetzungen bietenden Höhen wie die steile Kalmit zeigen Spuren größerer Befestigungen aus Hallstatt- oder Latènezeit.

Regionen von weitaus unwirtlicherem Zuschnitt, etwa die Schwäbische Alb, waren dagegen dicht bevölkert. Die Alb ist reich an leicht zu gewinnendem Erz; das hat offenkundig klimatische Härten aufgewogen. Rohstoffe fehlen tatsächlich in der Vorderpfalz. Bis auf einen „Schatz“, der für Kelten vermutlich wertvoller war als Gold: Salz. Es kann kein Zufall sein, dass ausgerechnet um Bad Dürkheim, wo seit den Römern nachweislich gesiedet wurde und Sole heute die Geschäftsgrundlage allen Kurwesens ist, zur Eisenzeit regelrechtes Gedränge herrschte. Ein buntes Bild entstünde, markierte man mit farbigen Fähnchen auf einer Wandkarte die verschiedenen Fundstätten und Bodendenkmäler. Rund 20 Punkte wären da abgesteckt: Höhensiedlungen, Gräberfelder (teilweise in sumpfiger Tallage), einzeln stehende Grabhügel sowie eine größere Befestigungsanlage, genannt Heidenmauer, nicht zu verwechseln mit dem Heidenfeld. Dort, in der Ebene vor dem Kurort, trat 1864 beim Bau einer Eisenbahnlinie unvermutet die reiche Ausstattung eines frühlatènezeitlichen „Fürstinnengrabs“ (um 425 v. Chr.) zutage. Neben Goldschmuck lagen kostbare Bronzearbeiten aus Etrurien im Erdreich: Schnabelkanne, Weinmischgefäß (Stamnos) und das nördlich der Alpen einzige Exemplar eines dreibeinigen Ständers mit originellen Füßen – Löwenpranken, gestützt auf Frösche. Heute stehen die kostbaren Stücke im Historischen Museum von Speyer; Kopien besitzt das örtliche Heimatmuseum.

Das Fürsteninnengrab von Dürkheim gilt als Beleg für den Handel mit Salz. Nur eine reiche Oberschicht konnte sich Prestigegüter etruskischer Herkunft leisten. Der direkte Nachweis, also

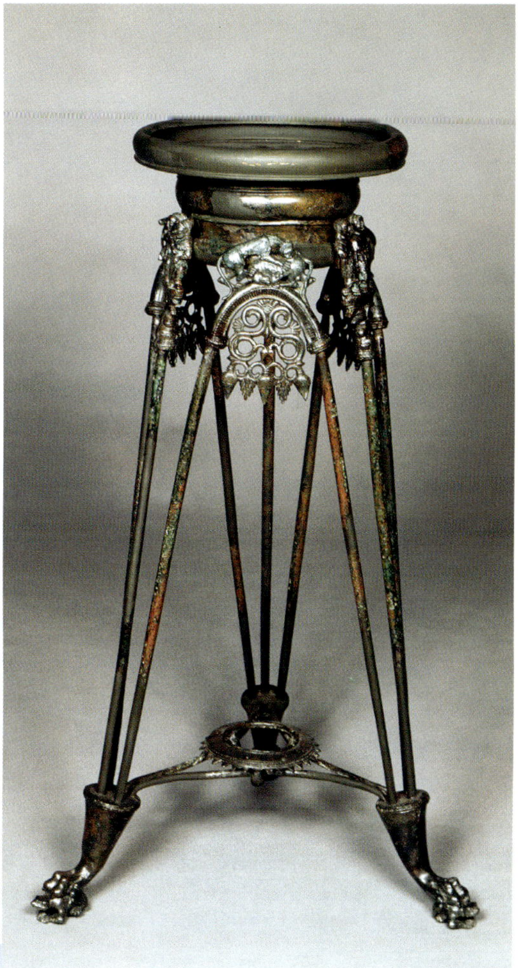

Den gibt es nur einmal: Etruskischer Dreifuß aus dem Fürstinnengrab von Bad Dürkheim.

Praktische Hinweise

Lage: Start zum Gang auf die Heidenmauer ab der Kaiserslauterner Straße (B 37) in Höhe des Steges zur Hinterbergstraße, Markierung: blauer Strich. Wenn das Zeichen nach der Kaiser-Wilhelm-Höhe links an der Heidenmauer vorbeizieht, weiter geradeaus zur Nordspitze. Durch die Anlage führen einige Schlängelpfade (ein Weg ca. 3 km). – Wanderkarte: Bad Dürkheim, 1:25 000, Landesamt für Vermessung, Rheinland-Pfalz (erhältlich in der Tourist-Information, Kurbrunnenstraße 14, Tel. 0 63 22/9 56 62 50).
Museen: Heimatmuseum im Haus Caitor, Römerstraße 20, 67098 Bad Dürkheim, Tel. 0 63 22/98 07 14, www.bad-duerkheim.de; geöffnet Di. bis So. 14–17 Uhr (Eintritt frei). Historisches Museum der Pfalz, Domplatz, 67324 Speyer, Tel. 0 62 32/1 32 50, www.museum.speyer.de; geöffnet Di. bis So. 10–18 Uhr.

Von der Natur erobert: Die Wallanlage „Heidenmauer“ oberhalb von Kloster Limburg.

Produktionsstätten zur Salzgewinnung wie sie im hessischen Bad Nauheim freilegt wurden, fehlt allerdings. Denkbar wäre auch, dass den örtlichen Herrschern mit Geschenken von außergewöhnlicher Güte geschmeichelt werden sollte. Schließlich kontrollierte man hier eine wichtige Fernhandelsroute. Und wo saßen die mächtigen Salzfürsten? Manches spricht für das Plateau von Kloster Limburg, der salischen Abteigründung aus dem 11. Jahrhundert. Unter der monumentalen Kirchenruine ruht eine meterdicke Siedlungsschicht der Hallstatt- und Latènezeit. Oder residierte man doch auf der vorgelagerten Bergkuppe, deren einst sechs Meter hoher Wall später Heidenmauer genannt wurde? Einige Reibesteine zum Getreidemahlen sprechen für dauerhafte Anwesenheit. Weitergehenden Untersuchungen steht eine wild wuchernde Vegetationsdecke entgegen. Gerade das macht den Gang hinauf zu einem besonderen Erlebnis. Nach steilem Auftakt über einen Treppenweg öffnet sich nur einmal, an der Kaiser-Wilhelm-Höhe, der Waldvorhang für einen Blick zum Kloster Limburg, ehe es noch tiefer in den Forst geht.

Wie eine der sagenumwobenen, in grauer Vorzeit untergegangenen Städte tauchen dann die zusammengesackten Wallreste im Unterholz auf. Am nördlichen Ende, wo die Mauerkrone frei liegt und ein Stück abgegangen werden kann, gewinnt die Szenerie eine fast symbolische Überhöhung. Der grünlich-türkisfarbene Flechtenüberzug auf den breit gelagerten Wallresten wirkt kaum anders als die Patina, die im Laufe der Zeit auf Bronzegegenständen entsteht.

BAD KREUZNACH
Herrscher über Nahe und fern

Wo vermutet man die höchste Felswand außerhalb der Alpen? Im Mittelrheintal, auf der Schwäbischen Alb oder vielleicht im Elbsandsteingebirge? Man findet sie nicht dort, sondern in einer Region, die geographisch nicht einmal genau einzuordnen ist – im Nahetal zwischen den Ausläufern von Hunsrück und rheinhessischem Hügelland. Wahrlich, größer könnte der Kontrast kaum sein, wenn man nach der Fahrt durch Reben- und Ackerland bei Bad Kreuznach in das Flusstal einbiegt. Wie aus dem Nichts flankiert eine lang gestreckte, steil aufragende Felskulisse den Weg hinüber nach Bad Münster am Stein, gipfelnd im rekordverdächtigen, 227 Meter hohen Rotenfels. Wie eine erstarrte Ziehharmonika zieht sich der Monolith auf zwei Kilometern Länge durch das Tal, besonders eindrucksvoll anzusehen, wenn das vulkanische Gestein bei Sonneneinstrahlung rötlich-braun erglüht. Vom burgenbesetzten Rheingrafenstein am anderen Naheufer und dem südlich angrenzenden Massiv mit dem Namen Gans hat man den besten Blick zum Rotenfels. Wie ein Herrscher über Nahe und fern darf man sich da fühlen.

Die schönen Aussichten werden es nicht gewesen sein, was Menschen zur Späthallstattzeit ins Nahetal zog, um dann ausgerechnet den leicht abfallenden Gipfel der Gans mit einem Wall zu umgürten. Augenscheinlich wäre der Rheingrafenstein für eine Befestigung besser geeignet. Möglicherweise war die Felsnase zu klein (oder die Wallreste sind unter der mittelalterlichen Burg verschwunden). Die Hochebene auf dem Rotenfels dürfte definitiv zu groß sein, blieb also die Gans. Uneinnehmbar ist die senkrecht abstürzende Naheflanke, die andere Seite zum Hinterland dagegen flach auslaufend. Den topographischen Nachteil glich eine hakenförmige, geschickt an die Geländekante angepasste Wallführung aus. Bei dem späteren Wegebau sparte man damit ein Stück der Trassierung. Dieser gedankenlose Umgang mit einem Bodendenkmal hat dem Wall viel von seiner Mächtigkeit genommen, aber Gräben und die tiefe Staffelung der Wehranlagen sind noch hinreichend erkennbar. Beim Blick von der im Nichts endenden Felsspitze der Gans zeigt sich, was Kelten hier bereits im 7. und 6. Jahrhundert v. Chr. anzog. Wo heute zwischen den beiden Kurorten Münster und Kreuznach dicht gestaffelt Gradierwerke stehen, und bereits die Römer fleißig siedeten, spricht nichts dagegen, dass hier auch die findigen Kelten Salz gewannen.

Praktische Hinweise

Lage: Das Massiv Gans erreicht man entweder über Bad Kreuznach oder Bad Münster. Vom Kreuznacher Salinental mit der Markierung KH 8 hinauf (ein Weg ca. 2 km) oder, noch beeindruckender, ab Bad Münster, Kurpark: Mit der Fähre übersetzen, steil bergan zum Rheingrafenstein, weiter über steinigen Weg zur Gans, Markierung für die gesamte Strecke: Ziffer 8 auf gelbem Grund (ein Weg ca. 3 km).
Museum: Funde aus der Naheregion, dazu Kopien des berühmten Goldschmucks von Waldalgesheim befinden sich im: Schloßparkmuseum, Dessauer Straße 49, 55529 Bad Kreuznach, Tel. 06 71/80 02 48, www.stadt-bad-kreuznach.de/kultur-freizeit/museen; geöffnet Di. bis So. 10–17 Uhr.

DANNENFELS
Der Berg der Berge

Beim Blick aus der Rheinebene zwischen Mannheim und Darmstadt hinüber zur Nordpfalz bleibt das Auge unweigerlich an einem gewaltigen Hindernis hängen, das mit einer silberglänzenden Nadel auf den Boden gespießt scheint. Es sind der 687 Meter hohe Donnersberg und sein 200 Meter hoher Fernsehturm. Nicht von ungefähr kommt der Vergleich mit dem australischen Ayers Rock. Hier wie dort steigen die Erhebungen unvermittelt aus einer flacheren Umgebung, und leuchtend rot wie der Ayers Rock würden sich die vulkanischen Rhyolithfelsen am Donnersberg vermutlich in Szene setzen, wären die Flanken noch unbewaldet. Nach dem Keltischen „dunum“ für Berg(-festung) wurde denn auch die höchste Erhebung der Pfalz benannt. Der Berg der Berge.

Seit der Jungsteinzeit zog der Monolith die Menschen magisch an. Spätestens zur ausgehenden Bronze- und dann während der Hallstattzeit ist er dauerhaft besiedelt. Anwesenheitsbelege sind aber spärlich, und schon gar nichts spricht für einen Abbau der reichen Eisen- und Kupfererzvorkommen. Vieles aus früheren Perioden ging vermutlich bei der großflächigen Okkupation zur Spätlatènezeit verloren, als eines der größten Oppida Mitteleuropas entstand. Mit gut acht Kilometer langen Mauerzügen umwehrte man den Berg auf einer Fläche von 240 Hektar, einschließlich eines weit herunterreichenden „Westwerkes“. Wahrscheinlich fungierte dieses Areal als gesicherter Viehpferch oder Rückzugsraum. Die Wälle waren dort niedriger, während man auf dem Gipfelplateau eine Anlage nach Muster der „klassischen“ Pfostenschlitzmauern aus dem Boden stampfte. Auf fünf Kilometer ist sie als zwei Meter hoher Damm noch beeindruckend im Gelände sichtbar und kann ringsum – begleitet von einem lehrreichen „Keltenweg“ – abgegangen werden. Unterwegs trifft man auf eine außergewöhnliche Viereckschanze. Sie liegt nicht nur von allen Rechtecken am nordwestlichsten in Deutschland. Als einzige steht sie auch innerhalb eines Oppidums.

Praktische Hinweise

Lage: Der Donnersberg ist gut erreichbar über die A 63, AS Kirchheimbolanden, weiter über Dannenfels auf den Gipfel. Links vom Parkplatz liegt etwas versteckt die Wallmauer, dort beginnt der „Keltenweg“, Markierung: stilisierter Achsnagel (Länge 5 km). Einen Faltplan erhält man am Ludwigsturm (oberhalb vom Parkplatz) oder über den Donnersberg-Touristik-Verband (DTV), Tel. 0 63 52/17 12. – Karte und weiteres Infomaterial gibt es auch im Hotel „Kastanienhof“ in Dannenfels. Dessen Chef, Erwin Schottler, ein Mann, so urig wie die Einrichtung des angeschlossenen Gasthofes „Blockhaus“, bietet Führungen über den Donnersberg an, Tel. 0 63 57/9 73 60, www.donnersberger.de. Allgemeine Informationen: www.kelten-info-bank.de/donnersberg

Das Keltendorf liegt am Südrand des Donnersbergs in Steinbach; Ausschilderung in Richtung Jugendherberge, geöffnet an den Wochenenden 9–18 Uhr (Nov. bis März geschlossen), verschiedene Aktionsprogramme; Auskünfte über den DTV.

Museum: Stadtmuseum, Antoniterstr 41, 55232 Alzey, Tel. 0 67 31/49 88 96, www.alzey.de/Bildung_Kultur_Freizeit; geöffnet Di. bis So. 10–12 und 14–16.30 Uhr (Eintritt frei).

Tipp: Am letzten Juli- und ersten Augustwochenende wird auf dem Donnersberg alljährlich ein großer „KeltEvent“ gefeiert.

Überragend: Der nordpfälzische Donnersberg trägt ein gewaltiges Oppidum.

Wie der Wall in natura aussah, ließ sich nach zehnjährigen Grabungen (bis 1983) gut rekonstruieren. Ein 20 Meter langes Teilstück am Rande des Gipfelparkplatzes demonstriert den Aufbau. Über einer 4,50 Meter hohen Steinfront lag eine mannshohe hölzerne Brustwehr, das Ganze gestützt von einer sieben Meter langen Schüttung aus Erde und Stein. Etwa eine halbe Million Kubikmeter musste hierfür gesammelt oder gebrochen, transportiert und aufgeschichtet werden. Ein Holzrahmen hielt die ohne Mörtel gesetzte Mauer zusammen, nach vorne abgeschlossen durch mächtige Balken. Die nach ihrer Vermoderung im Gestein zurückgebliebenen „Schlitze" benannten diesen Typus: Pfostenschlitzmauer.

Der ungeheuere Aufwand beim Bau solcher Befestigungen, mitunter auch in ungeeignetem Gelände, dazu das ständige Instandhalten des witterungsanfälligen Materials, lassen manchmal Zweifel aufkommen, ob die Anlagen allein strategischen Aufgaben dienten und nicht, wie auch der keineswegs unüberwindliche Limes der Römer, eher psychologische Annäherungshindernisse darstellten. Wer zur Spätlatènezeit einen Berg oder eine Fläche wie Manching besaß, errichtete in Gestalt der auffallend hellen Mauern – in Kelheim oder Manching wurde die Front eigens mit Kalkplatten verblendet – ein unübersehbares Stoppzeichen. Über dem roten Untergrundgestein am Donnersberg wird der kronenartig aufsitzende Wall nicht seine Wirkung verfehlt haben. Sicherlich hat ein derartiger Monumentalbau aber auch das Zusammengehörigkeitsgefühl gestärkt. So wie in mittelalterlichen Städten jede Zunft einen Abschnitt der Stadtmauer zu unterhalten und zu verteidigen hatte, waren vielleicht die Bewohner der zahllosen Weiler ringsum jeweils für „ihr" Mauerstück verantwortlich.

Dass der nordpfälzisch-rheinhessische Raum dicht besiedelt war, zeigt die reiche Fundausbeute, wie sie im Stadtmuseum von Alzey ausgebreitet wird: Eisen-, Bronze-, Glas- und Keramikarbeiten, darunter auch Teile von zweirädrigen Wagen, nicht zu vergessen Schwerter mit der Seltenheit von Schlagmarken, einer Art Gütesiegel. Und wie eine keltische Siedlung aussah, kann seit 2004 am Südrand des Donnersbergs nahe Steinbach nachempfunden werden. Sechs in traditionellen Techniken errichtete Fachwerkhäuser bilden dort ein „Keltendorf", benachbart ein „Keltengarten" zur Veranschaulichung des Naturraumes vor 2000 Jahren.

MITTELRHEIN UND OSTEIFEL

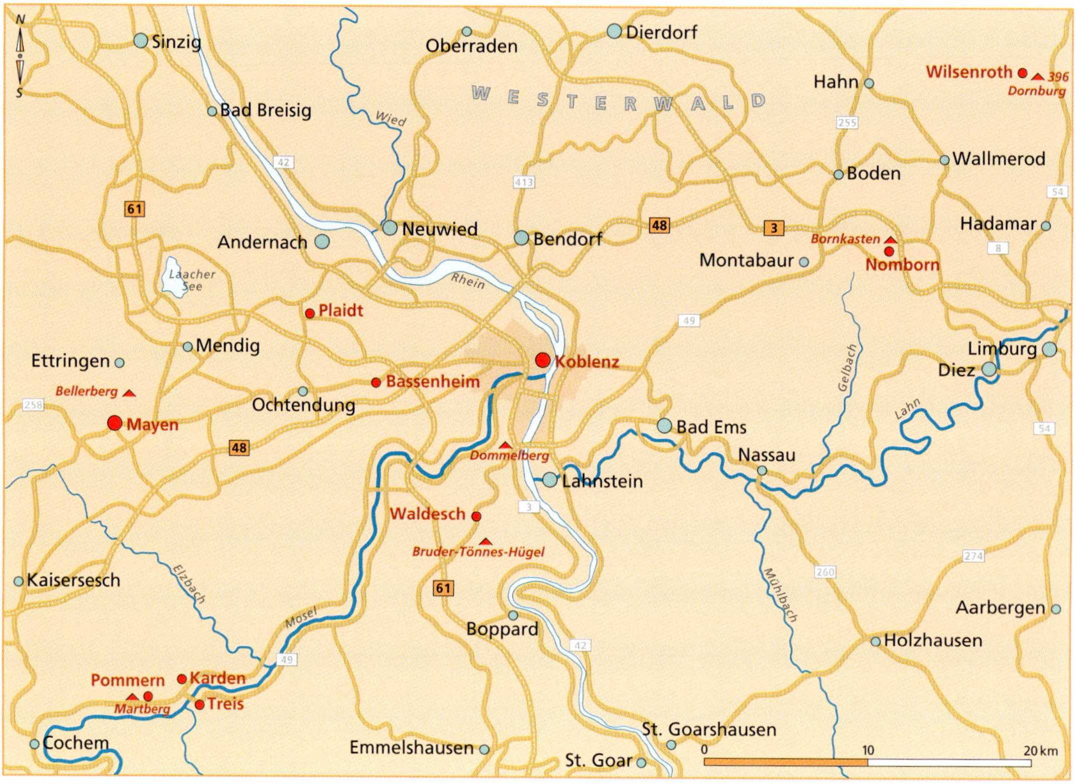

DORNBURG
Aussichten und Einsichten

„Der Wanderer unterlasse es nicht, den wegen seiner Naturschönheiten wie auch sonstigen Merkwürdigkeiten interessanten Ausflugspunkt des unteren Westerwaldes, die Dornburg, zu besuchen." Was es da auf Empfehlung des „Altnassauischen Kalenders“ von 1912 an Merkwürdigkeiten zu entdecken gibt, stellt in Mittelgebirgen ein fast einzigartiges Phänomen dar – ewiges Eis. Das hat freilich allen populären Marschliedern zum Trotz nichts mit den kalten Winden zu tun, die angeblich über die Westerwald-Höhen pfeifen. Vielmehr herrschen durch die besonderen Zirkulationsbedingungen im Inneren des zerklüfteten Höhenzuges der Dornburg Minustemperaturen, das Gestein vergletschert. Selbst im Hochsommer entströmt aus zwei ebenerdigen Öffnungen eiskalte Luft.

Ob bereits Kelten dieses Naturphänomen kannten? Entdeckt wurde es 1839, doch schon immer war aufgefallen, dass Schnee auf der Dornburg kaum liegen bleibt. Im Winter dreht sich das Spiel nämlich um, nun dringt wärmere Luft nach oben. An einem natürlichen Kamin saßen die Menschen seit der Hallstattzeit deshalb nicht. Sicherlich führten auch sie wie spätere „Westerwäller“ ein entbehrungsreiches Leben, in einem Land, dessen Böden kaum Getreideanbau zulassen. Man wird Eisen verhüttet haben, was ein entsprechender Depotfund aus Gräbern der ausgehenden Latènezeit nahe legt. Damals entstand jener Ringwall, dessen mächtige Befestigungen am Westrand noch bis zu zehn Meter ansteigen. Hier und von der Holz-Plattform an der östlichen Seite kommt man mit der Aussicht ins Limburger Becken einmal mehr zur Einsicht, wie überlegt Kelten ihre Siedlungsplätze auswählten. Nach drei Seiten fällt die Dornburg steil ab, lediglich die flachere Westflanke musste aufwändig geschützt werden. Ausreichend Baumaterial, offen anstehendes Basaltgeröll, lag auf der vulkanisch geformten Dornburg bereit.

Ohne Rücksicht auf den Keltenwall baute man seit dem ausgehenden 19. Jahrhundert das Gestein großräumig ab. Im Heimatmuseum von Wilsenroth wird auf Schautafeln vorgerechnet, dass nur noch die Hälfte des Gipfelplateaus von einstmals 37 Hektar und zwei der 3,5 Kilometer langen Wallzüge bestehen. Dennoch: Bei dem halbstündigen Spaziergang durch Buchenhochwald, vorbei an den Eislöchern und dem westlichen Ringwall, ist von Zerstörungen wenig zu spüren. Die durch den Steinbruchbetrieb geschlagenen Wunden deckt die Natur inzwischen gnädig zu, wobei der Mensch etwas nachhilft. Mit einer Erdauffüllung erhält die geschundene Nordwestflanke ihr ursprüngliche Mächtigkeit allmählich wieder zurück.

Geschützt von einem Waldvorhang: Wallmauer auf der Dornburg.

Nicht anders das Bild gut 15 Kilometer westlich am so genannten Bornkasten bei Nomborn. Auch dieser kegelförmige Berg war bereits im 6. und 5. Jahrhundert v. Chr. okkupiert. Eine eng geführte, an der nordöstlichen Seite als hohe Ge-

Praktische Hinweise

Lage: Die Großgemeinde Dornburg liegt 10 km östlich der A 3, AS Limburg-Nord. Vor dem Ortsteil Wilsenroth, am Fuße des Berges Dornburg, ein Parkplatz; die Ausschilderung „Eislöcher/Hildegardisfelsen“ weist auf das Plateau mit den Ringwällen an der Westseite (von der Landstraße kurz vor Wilsenroth kann man auch in 5 Min. direkt hinübergehen.) – Die Wallanlage auf dem Bornkasten befindet sich bei Nomborn links der A 3, nahe der AS Dietz; nach dem Ortseingang rechts mit Beschilderung in die Felder; etwa 15 Min. Fußweg.
Museum: Das Heimatmuseum von Wilsenroth zeigt Funde von der Dornburg und gibt Erläuterungen zum „Ewigen Eis“: Altes Schulhaus, 65599 Dornburg-Wilsenroth, Tel. 06436/2765, geöffnet So. 14–17 Uhr; Führungen über die Dornburg, Tel. 06436/5139 (Herr Habel).

ländestufe erkennbare Mauer umgab den Berg. Abrupt endet die Befestigung an der senkrecht abfallenden Westseite. Bis dorthin reichten die Bagger eines inzwischen eingestellten Steinbruchs. Wie gründlich ein solcher Betrieb arbeitet, zumal mit heutiger Maschinenkraft, kann von der Zugangsseite am Bornkasten eingesehen werden. Jenseits der Autobahn ist die Kappe des kegelartigen Basaltberges wie in einem Profilschnitt auf ganzer Länge geöffnet und zur Hälfte abgetragen. Wenigstens wird dort nicht ein Ringwall verschreddert.

MAYEN
Napoleonshüte – ein Exportschlager aus der Eifel

„Achtung, Sie stehen auf einem Vulkan!" Dieses „Warnschild" am Bellerberg bei Mayen ist natürlich etwas augenzwinkernd gemeint. Akute Gefahr eines Ausbruchs besteht nicht. Einige Jährchen liegt es nun schon zurück, etwa 200 000, dass der Bellerberg explodierte und durch Ablagerung von Lava zu einem mächtigen Schildbuckel emporwuchs. Wie hier prägen die Kegel und Tafelberge der Ausbruchsschlote zahlloser Vulkane die offene, kaum bewaldete Osteifel. Auch der schöne, fast kreisrunde Laacher See nördlich von Mayen ist das Überbleibsel einer der gewaltigsten Ausbrüche der jüngeren Geschichte. Unvorstellbare Bimssteinmassen regneten vor 13.000 Jahren über halb Europa herab und begruben im Neuwieder Becken alles Leben.

Ungeachtet solcher Katastrophen erwiesen sich die Hinterlassenschaften der unruhigen Erde als besonderer Glücksfall für die nachkommenden Menschen. Der Abbau vulkanischen Gesteins – Basalt, Bims oder Tuff – bildet seit rund 7000 Jahren die Lebensgrundlage der Osteifel. Im großen Stil begann die Gesteinsgewinnung unter den Römern. Auf der Suche nach dem begehrten, leicht zu bearbeitenden Tuff haben sie ganze Berge unterminiert oder für Basalt abgetragen. Zur Antike war der Großraum Mayen das größte Steinbruchgebiet nördlich der Alpen. Von Trier bis zu den Britischen Inseln versorgte Baumaterial aus hiesiger Produktion das römische Imperium. Weil sie keine Steingebäude kannten, beließen es vorgeschichtliche Völker wie die Kelten dagegen

Praktische Hinweise

Lage: Der Bellerberg liegt zwischen Mayen und Ettringen. Von beiden Orten führt ein Wanderweg hinauf (ein Strecke jeweils 1,5 km), Markierung: weißer liegender Haken auf schwarzem Grund. Um das Gesamtgebiet verläuft ein geologisch-historischer Lehrpfad, Beginn am Mayener Grubenfeld/Adorfhalle. Länge 8 km, Markierung: roter „Vulkan". – Wanderkarte: Vulkanpark Laacher See, 1:50 000, Landesamt für Vermessung, Rheinland-Pfalz (erhältlich in den Museen oder der Tourist-Information von Mayen am Marktplatz, Tel. 0 26 51/90 30 04).
Museen: Adorfhalle, gelegen östlich von Mayen in der Straße An den Mühlsteinen („Grubenfeld"), geöffnet täglich 10–17 Uhr (Nov. bis März geschlossen). Die beste Einführung in Geologie, Geschichte und touristische Einrichtungen des „Vulkanparks" gibt das Infozentrum Rauschermühle, 56637 Plaidt (nahe der A 61), Tel. 0 26 32/9 87 50 oder 0 18 01/88 55 26, www.vulkanpark.com

Explosives Terrain: Vulkanismus wie am Bellerberg schuf die Voraussetzung zur Gewinnung von Mahl- und Mühlsteinen in der Osteifel.

bei bescheideneren Ausmaßen. Ihr Hauptaugenmerk galt Basalt oder Lava („Schweißschlacken") für Mühl- und Reibesteine. Von allen Gesteinsarten eignete sich der harte, aber poröse Basalt am besten zum Mahlen von Getreide, wobei die hiesige Qualität wegen des geringen Abriebs besonders geschätzt war. Aus anderen Gebieten kennt man vielfach durch Steinstaub im Mehl hervorgerufene Zahnschädigungen.

Vermutlich wurden erstmals von den Kelten Mühl- und Reibesteine nicht nur für den Hausgebrauch in der Eifel hergestellt. Als echte Exportschlager gingen sie rheinabwärts bis nach Holland, wie der Vergleich mit den zu Tausenden am Ettringer Bellerberg im Schutt zurückgebliebenen, gleich vor Ort bearbeiteten Fabrikate bewies. Eine Sammlung Reibesteine, hauptsächlich die weit verbreitete Form so genannter Napoleonshüte, zeigt die Außenstelle des Mayener Eifelmuseums in der Adorfhalle am „Grubenfeld". Hier werden auch die unterschiedlichen Abbaumethoden erläutert. Während Kelten jeden Rohling mit dem Hammer aus dem Basalt herausschlugen, wendeten Römer die effizientere Keiltaschenspaltung an. Dabei wurde in vorgetiefte Nuten Eisenkeile getrieben, bis das vorgesehene Werkstück absprang. Die in der Adorfhalle zu sehende Auswahl unbrauchbarer Mahl- und Mühlsteine zeigt freilich, dass jedes Verfahren seine Tücken hatte und viel Ausschuss entstand.

Erst mit dem technologischen Quantensprung seit Ende des 19. Jahrhunderts endete die über Jahrtausende ausgeübte Handfertigung. Wie rationell und großräumig man jetzt vorging, machen beeindruckend die aufgelassenen Steinbrüche deutlich. Selbst die Hebekräne sitzen noch – wie Raubvögel auf ihren Horsten – über den Abbruchkanten. Im Rahmen der touristischen Erschließung der Osteifel unter geologischen und industrie-historischen Vorzeichen („Vulkanpark") wurden auch das Mayener Grubenfeld und die Ettringer Lay mit Rundwegen erschlossen. Letzterer führt durch eine bizarre Felslandschaft, vorbei an Gleisen, Gebäuderesten und Grubenkränen, um den Bellerberg; mit einem Abstecher kommt man hinauf. Wenn auch nichts mehr von keltischen Steinbrüchen zurückblieb, ist dies ein großartiger Punkt für den Rundumblick über eine außergewöhnliche (Kultur-)Landschaft.

KOBLENZ
Das Zweistromland im Blick

Gemessen an Einwohnerzahl und Gemarkungsgröße besitzt Koblenz einen der größten gemeindeeigenen Forste Deutschlands. Gut ein Viertel oder 2800 Hektar der 110 000-Einwohner-Stadt bedeckt kommunaler Wald. Der schönste Teil – ausgedehnte Buchen- und Eichenbestände – wächst auf dem Plateau über dem Zusammenfluss von Rhein und Mosel. Es überrascht nicht, auf dem früher unbewaldeten Höhenzug bis weit in die Prähistorie zurückreichende Siedlungsspuren anzutreffen. Um das Jahr 1000 v. Chr. wurde zur Urnenfelderzeit ein Ringwall auf dem Dommelberg angelegt. Später wussten die Römer den sonnenreichen Bergrücken zu schätzen und errichteten nahe der Fernstraße von Koblenz nach Trier (der heutigen B 327) einen Merkur und seiner gallischen Gefährtin Rosmerta geweihten Tempel. In den Grundzügen ist der bis zum 5. nachchristlichen Jahrhundert genutzte Umgangstempel wiederaufgemauert; erreichbar in wenigen Gehminuten von der Bundesstraße.

Länger, gut eine halbe Stunde, wird man für den Fußmarsch zum Dommelberg veranschlagen. Schon um der Aussicht willen ein lohnendes Unternehmen. Entlang des Weges und schließlich von der vordersten Bergspitze gibt der Wald mehrmals den Blick ins Rheintal frei. Auf der gegenüberliegenden Seite erkennt man die Lahnmündung, flussabwärts reicht die Sicht über Koblenz und die Mosel zum Neuwieder Becken. Strategisch-topografisch war der Dommelberg mithin clever gewählt. Er galt nicht nur durch den Steilabfall zur Rheinseite faktisch als unangreifbar. Auch die tief eingeschnittenen Täler vom nördlichen Königsbach und dem Siechhausbach im Süden boten natürlichen Schutz. Einzig der gefährdete Westen musste gesichert werden. Gleich drei Wälle liegen im Halbkreis um die zentrale, vermutlich einst planierte Kuppe.

Als mächtige Geländeeinschnitte prägen die Befestigungen noch immer das Terrain. Etwas erinnert die Szenerie an die verlassenen Gräben ei-

Praktische Hinweise

Lage: Zum Dommelberg kommt man vom Parkplatz „Rittersturz", Zufahrt ab der B 9 am südlichen Ortseingang von Koblenz (gegenüber vom Stadion Oberwerth). Länge: 2,5 km (ein Weg), Markierung: weißes RV. – Der Merkurtempel liegt nahe der B 327 etwa 2 km vor Waldesch. Zu erreichen ab Parkplatz „Eiserne Hand" (in einer Kurve) in kaum 10 Min. Wanderkarte: Koblenz und Umgebung, 1:25 000, Landesvermessungsamt Rheinland-Pfalz. – Der Bruder-Tönnes-Hügel steht ebenfalls nahe der B 327, oberhalb von Waldesch am Waldrand. Ab Parkplatz 500 m weiter westlich zu Fuß erreichbar. – Das Gräberfeld von Bassenheim steuert man in Fahrtrichtung Trier auf der A 48 an, Rastplatz Gollenbusch zwischen Kreuz Koblenz und AS Ochtendung. Zum Goloring kommt man über die parallel verlaufende Landstraße (das Gelände bleibt bis 2005 unzugänglich, Auskünfte über das Landesdenkmalamt in Koblenz, Tel. 02 61/5 79 40).
Museum: Viele eisenzeitliche Funde – Schnabelkanne, Kurzschwert, Kleinplastiken – sind in der neuen Abteilung „Geborgene Schätze. Archäologie an Mittelrhein und Mosel" des Landesmuseums auf der Festung Ehrenbreitstein von Koblenz ausgestellt, Tel. 02 61/9 70 30, www.landesmuseumkoblenz.de; geöffnet täglich 9.30–17 Uhr (Mitte Nov. bis Mitte März geschlossen).

Nicht im Schatten der Geschichte: Restaurierter Merkurtempel bei Koblenz.

nes Stellungskrieges, die längst von der Natur, wie hier hohen Buchen, erobert sind. Ihre ursprüngliche Höhe von vier bis fünf Metern erreichten die Wälle vermutlich erst im 6. Jahrhundert v. Chr. unter Kelten der so genannten älteren Hunsrück-Eifel-Kultur. Damals wurde das Gelände erneut besiedelt, nachdem es bereits lange zuvor von den Urnenfelderleuten aufgegeben worden war. Das Ende muss gewaltsam gewesen sein. Seit der Zerstörung einer großen Toranlage durch Feuereinwirkung im 5. vorchristlichen Jahrhundert verliert sich jede keltische Spur auf dem Dommelberg. Zur gleichen Zeit reißt auch die Belegung eines der größten und reichsten Gräberfelder der Frühlatènezeit im Mittelrheingebiet ab. Zweirädrige Wagen und kostbares Bronzegeschirr, darunter etruskische Schnabelkannen, kennzeichnen die bei Mülheim-Kärlich bestattete Oberschicht. Obgleich es im Raum von Mosel und Mittelrhein um 400 v. Chr. nicht zu einem großen Siedlungsbruch wie in vielen anderen Regionen kam, wurden damals weitere Großfriedhöfe wie Heimbach-Weis oder Bassenheim aufgegeben. Letzterer, heute an einem Rastplatz der Autobahn 48 gelegen, stand vermutlich in Verbindung mit dem nahen Heiligtum Goloring. Für die kreisrunde Anlage von 190 Metern Durchmesser um eine künstlich aufgeschüttete Plattform gibt es im kontinentaleuropäischen Raum keine Parallele. Offenkundig wurde hier zwischen dem 6. und 5. Jahrhundert v. Chr. ein unbekannter Totenkult ausgeübt.

Vertrauter sind da Form und Lage des so genannten Bruder-Tönnes-Grabhügels oberhalb von Waldesch. Dieser aus der späten Hallstattzeit

Buchen wie Himmelsleitern: Der mächtige Bruder-Tönnes-Grabhügel nahe Waldesch.

stammende Riesenhügel bildete einst den Mittelpunkt eines ausgedehnten Gräberfeldes. Trotz seines exponierten Platzes an der antiken Straße vom Rheintal nach Trier hat der „Tönnes-Hügel" fast unversehrt – im Übrigen auch nicht ergraben – die Zeitläufte überdauert. Seit zwei Jahrhunderten schützen ihn mächtige Buchen. Wie Himmelsleitern erwachsen sie dem zehn Meter hohen und 40 Meter breiten Totenhaus. Der großartige Rundumblick vom Waldrand über das Zweistromland von Rhein und Mosel auf dem Hintergrund der Kuppen von Eifel und Westerwald gibt die Antwort, warum sich ein Hallstatt-Fürst gerade hier bestatten ließ.

POMMERN
Kelten bauen auf römische Kultur

Über das fast schlagartige Verschwinden der Kelten in weiten Teilen Süddeutschlands ist viel gerätselt worden, zu ominös wirkt ihr fast zeitgleiches Abtreten von der geschichtlichen Bühne um 50 v. Chr. Hatten ihnen Germanen so zugesetzt, dass sie wie auf Befehl ihre großen Oppida aufgaben? Oder lag es an den Römern, machten sie den Kelten bei ihren Vorstößen an Rhein und Donau den Garaus? Lange glaubte man beispielsweise, die zahlreichen Menschenknochen im Oppidum von Manching an der Donau seien der römischen Eroberung geschuldet. Auch das weiß die Forschung inzwischen besser. Diese Toten haben nichts mit fremden Usurpatoren zu tun. Hier wie andernorts gilt – als die Römer kamen, waren die Kelten bereits verschwunden.

Den sichersten Gegenbeweis, dass es mit dem Auftauchen der römischen Legionen nicht zu Vertreibung oder gar Vernichtung kam, liefern die Landstriche, wo die alteingesessene Bevölkerung ihre Siedlungen nie aufgegeben hat – im Großraum von Mittelrhein, Mosel, Nahe und Saar. Statt Ausrottung fuhren die Römer hier seit ihrem erstmaligen Auftauchen etwa 55 v. Chr. einen Kurs erzwungener Freiwilligkeit. Sie konnten darauf vertrauen, dass ihre Kultur über kurz oder lang von den Einheimischen übernommen wird und dann Frieden in den Provinzen herrscht. Für diesen Prozess unter dem Schlagwort „Romanisierung", wie man ihn vor allem aus dem gallo-römischen Frankreich kennt, gibt es auch hier zu Lande zahllose Beispiele. Bruchlos verwendete

Praktische Hinweise

Lage: Pommern liegt 10 km östlich von Cochem an der Mosel. Auf den Martberg kommt man nur zu Fuß, entweder vom Parkplatz im Wald (ausgeschilderte Zufahrt ab Pommern) oder steil durch die Weinberge von Karden mit dem Moselhöhenweg („M"), ein Weg 2 km.
Museen: Die Tempelanlage auf dem Martberg ist frei zugänglich. Im Vorraum der Raiffeisenkasse von Pommern (Altes Schulhaus) gibt es eine kleine Dauerausstellung, geöffnet täglich 10–19 Uhr (Nov. bis Febr. geschlossen). – Funde vom Martberg wie Münzen, Waffen und Kultgegenstände, findet man im: Stiftsmuseum, St.-Castor-Straße, 56253 Karden, www.treis-karden.de; geöffnet Mi. bis So. 14–17, Sa./So. auch 10–12 Uhr (im Winterhalbjahr geschlossen). – Auskünfte und Führungsdienste über die Gemeindeverwaltung von Treis-Karden, Tel. 0 26 72/61 37.

man Wohn- und Kultplätze oder Gräberfelder, etwa Wederath im Hunsrück, weiter.

Allerdings fehlte bis dato der archäologische Nachweis einer kontinuierlich genutzten Stätte für rituelle Handlungen. Diese Lücke ist nun mit dem Martberg bei Pommern an der Mosel geschlossen. Langwierige, ins 19. Jahrhundert zurückreichende Untersuchungen erbrachten den Nachweis einer Kultstätte, die über ein halbes Jahrtausend, seit der späten Latènezeit bis zum Abzug der Römer im 4. Jahrhundert, vom örtlichen Stamm der Treverer aufgesucht wurde. Gerade die jüngsten, seit 1994 laufenden Grabungen stellten diesen überraschenden Befund sicher. Demnach hielt man in einem großen, vergleichsweise dicht besiedelten Oppidum – dessen Befestigung als Geländekante gut sichtbar blieb – einen geräumigen Platz für Versammlungen nicht zuletzt unter kultischen Vorzeichen frei. Im Graben ringsum lagen Hunderte Münzen und einige Eisengegenstände. Es waren Opfergaben, die man – zerhackt und verbogen – dem Profanen entzogen hatte. Dann, mit verstärktem Einfluss der römischen Besatzungsmacht seit der Zeitenwende um Christi Geburt, änderte sich rasch das Bild auf dem Martberg. Zunächst entstanden mehrere Fachwerktempel für die Götterbildnisse innerhalb einer Einfriedung zur Abgrenzung von der nichtsakralen Welt. Und als im späten 1. nachchristlichen Jahrhundert aus der römischen Anwesenheit längst eine dauerhafte geworden war, umgab man den heiligen Bezirk mit einer weiträumigen Wandelhalle – ähnlich einem Kreuzgang –, in der Mitte ein hoher Zentraltempel mit offenem Umgang.

Das keltische Element bestand trotz „Romanisierung“ an der Mosel weiter. Die Treverer hielten an den vertrauten Göttern fest, nun aber in Verschmelzung oder Ergänzung von römischen. Auf dem Martberg bildeten die Lokalgottheit Lenus und die römische „Allzweckwaffe“ Mars eine Personalunion. So deuten die Archäologen jedenfalls eine bereits 1886 entdeckte Bronzefigur. Den Namen „Lenus Mars“ kennt man von einem großen Weihestein, worauf ein gewisser Tychicus für die Genesung von „schlimmen Schmerzen“ seinen Dank ausspricht. Zweisprachig, in Lateinisch und Griechisch.

Grundlagenforschung: Aufwändige Untersuchungen gingen dem Bau des Umgangstempels am Martberg voraus.

Erfreulicherweise konnten die Archäologen ihren bedeutenden Entdeckungen auch praktische Anschauung verleihen. Seit 2004 steht wieder der gallo-römische Umgangstempel in Originalgröße auf dem Martberg, ebenso einige kleinere Tempelbauten; die Wandelhalle ist durch Bepflanzung markiert. Besucher können sich frei in dem Gelände bewegen, Schautafeln erläutern Kultur und Architektur. Ergänzend wird im Vorraum einer Sparkasse von Pommern die Geschichte aufgerollt, und das Stiftsmuseum in Treis-Karden zeigt Funde der Grabungsstätte.

HUNSRÜCK

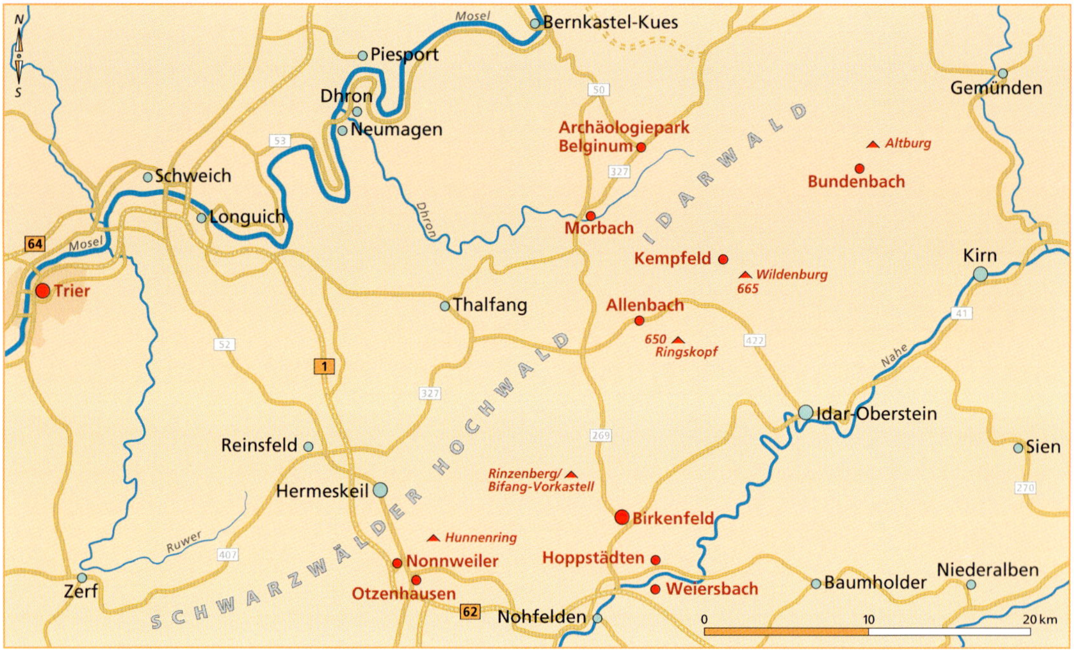

MORBACH
Gräber als Spiegel gewandelten Lebens

Anerkennend schrieb Caesar in seinem „Gallischen Krieg" über die keltischen Völkerschaften der Belger, sie seien besonders tapfere Krieger, „weil sie von der verfeinerten Lebensweise und hoch entwickelten Zivilisation der römischen Provinz am weitesten entfernt sind." In ihr angestammtes Gebiet, den Nordosten Galliens zwischen Rhein, Maas und Mosel, gelangten nach Caesars Bericht aus der Zeit um 50 v. Chr., „nur selten Händler mit Waren, die die Lebensweise verweichlichen können." Der Mann wusste wovon er sprach. Der römische Eroberungszug war ja nicht nur ein militärischer. Natürlich gab es zunächst beim Auftauchen der römischen Legionäre Widerstand. Gerade mit den nordgallischen Eburonen und den im Moselraum beheimateten Treverern hatten die Römer große Schwierigkeiten. Am Ende aber siegte, was man heute kulturelle Integration nennt. Es funktionierte, weil die einheimische Führungsschicht eingebunden wurde und die neuen Herren lokales Brauchtum duldeten.

Wegzehrung für die Ewigkeit: Keramikgefäße der Spätlatènezeit aus dem Gräberfeld von Wederath.

Wie dieser Anpassungsprozess vonstatten ging, kann seit 2002 an authentischer Stätte miterlebt werden: im Archäologiepark von Morbach-Wederath, Museum und Freigelände, benannt nach dem überlieferten Namen der römischen Siedlung Belginum. Das architektonisch ansprechende Museumsgebäude entstand – räumlich und symbolisch – als Abschluss einer archäologi-schen Großtat. Wo 1985 nach gut 30 Jahren die vollständige Erforschung eines unscheinbaren Ackers am Rande der Hunsrückhöhenstraße endete, steht nun in Sichtweite die dreiseitige Holz-Glas-Konstruktion. Unter der Grasnarbe lag ein Großfriedhof, der über 800 Jahre ohne Unterbrechung von den Kelten der mittleren Latènezeit bis zum Ausgang der Römerherrschaft im 4. nachchristlichen Jahrhundert genutzt wurde. Nicht weniger als 2500 Gräber – größtenteils Brandbestattungen – kamen in diesem europaweit einzigartigen Friedhof zum Vorschein. Von Ost, dem ältesten Bereich, nach West fortschreitend, verfolgten die Wissenschaftler dabei auf einer Fläche von 4,5 Hektar den Wandel des Totenkults. Am Anfang stehen die typischen – inzwischen wieder aufgeschütteten – Grabhügel der Kelten, übergehend in die flachen Brandgräber der Spätlatènezeit. Dann folgen, zum Höhepunkt der Römerherrschaft im 2. und 3. Jahrhundert, ummauerte Grabbezirke und hoch aufragende Grabsäulen, während am Ende der Belegung einfache Brand- und Körpergräber stehen.

Wie nun die römische Kultur das Leben der einheimischen Bevölkerung im Einzelnen verän-

Praktische Hinweise

Museum: Archäologiepark Belginum, Keltenstraße 2, 54497 Morbach-Wederath, Tel. 0 65 33/95 76 30, www.morbach.de; geöffnet Di. bis So. 10–17, im Sommer bis 18 Uhr; Nov. und Febr. sowie in den ersten beiden Dez.-Wochen nur am Wochenende (zweite Dez.-Hälfte und im Jan. geschlossen); der Außenbereich ist frei zugänglich. Das Museum liegt 5 km östlich von Morbach am Kreuzungspunkt von B 327 und B 50. – Weitere Funde aus dem Gräberfeld sind im Rheinischen Landesmuseum von Trier ausgestellt (siehe S. 160).

derte, offenbarten in die Zehntausende gehende Grabbeigaben vom Amulett bis zur Zahnzange. Hier, in einem Streifendorf am Kreuzungspunkt von zwei wichtigen Fernstraßen, mag dieser Wandel nachhaltiger und schneller als andernorts gegangen sein. Aber das bewahrende Element bei allmählicher Aufgeschlossenheit für das Neue ist nicht zuletzt dank der gelungenen Präsentation im Museum buchstäblich einsehbar. Durch das Öffnen von Deckeln und Schubladen eigens konstruierter Kuben wird dem Besucher ein Begriff gegeben, wie Archäologen Schicht um Schicht freilegen.

In den Übergangsgräbern zur Zeitenwende hielt man noch mit beigegebenen Waffen oder handgeformten Tongefäßen am Althergebrachten fest, gleichzeitig tauchen erstmals römische Münzen, Gläser oder berufsständische Utensilien auf. Innerhalb weniger Generationen verschwinden dann die allgemeinen „Standards“ keltischer Beigaben zugunsten individueller, in der Zahl drastisch reduzierter Gegenstände. Ob Handwerker, Ärzte oder Händler, nun nahm man die Attribute des (Berufs-)Lebens mit auf die letzte Reise. Aus den schwer fassbaren Stammesmitgliedern der Kelten waren selbstbewusste Persönlichkeiten geworden, die das Schwert zugunsten von Arztbesteck und Rechenstift aus der Hand gelegt hatten. Natürlich blickte jetzt auch die Frau nach Rom. Wo sie zuvor Schmuck oder auch mal ein Bronzekamm, wie hier aus einem Grab von 150 v. Chr., identifizierte, fanden sich nun Parfumfläschchen, Cremetiegel und Klappspiegel. Schlussendlich entdeckten die Archäologen im Gräberfeld von Wederath auch Hinweise auf die Stellung von Kindern in der römischen Welt. Bei ihnen lagen – sehr anrührend im Museum aufbereitet – Schreibgriffel und Tonfigürchen neben den Urnen. Die Totenwelt von Belginum – auch ein Spiegel gewandelten Lebens.

BUNDENBACH
Hartes Leben statt Idyll

An kaum einem zweiten Ort können Zeugnisse der Erd- und Menschheitsgeschichte in so großer Dichte besichtigt werden wie nahe der Hunsrückgemeinde Bundenbach. Nur wenige hundert Meter voneinander entfernt sind die Rekonstruktion eines keltischen Dorfes („Altburg“) sowie mit der Schmidtburg eine der größten Burganlagen Westdeutschlands zugänglich, nicht zu vergessen die als Schaubergwerk eingerichtete Schiefergrube Herrenberg – berühmt für ihre jahrmillionenalten Fossilien. Historisch verbindet die drei nichts, desto mehr geologisch-morphologisch. Erst die „Sägearbeit“ des noch immer weitgehend ungezähmten Hahnenbachs durch das hier anstehende Schiefergestein schuf nicht nur die Voraussetzung zum Stollenvortrieb. Die herausmodellierten Felssporne boten auch ideale Bedingungen für die Anlage von Höhenfestungen. Ein strategischer Vorteil, von dem Kelten seit dem 3. vorchristlichen Jahrhundert ebenso ausgingen wie 1400 Jahre später die Erbauer der Schmidtburg. Abgesehen davon ist Schiefer ein gut zu bearbeitender Werkstoff. Beide, keltischer Wall und mittelalterliche Burg, sind aus dem vor 350 Millionen Jahren zu Tonschiefer verpressten Gestein errichtet.

Die 200 Meter lange Schmidtburg konnte dank einer Arbeitsbeschaffungsmaßnahme (ABM) in den Achtzigerjahren des 20. Jahrhunderts restauriert werden. Es traf sich gut, dass wenige Jahre

Kinder bringen Leben: Nach Originalbefunden errichtete Häuser der einsam gelegenen Keltensiedlung Bundenbach im Hunsrück.

zuvor auf der anderen Hahnenbachseite eine archäologische Sensation freigelegt worden war: 3600 in den Felsboden eingetiefte Pfostenlöcher. Sie markierten auf einer Fläche von 12.000 Quadratmetern nichts Geringeres als die Bebauung innerhalb der spätlatènezeitlichen Höhenbefestigung. In dieser Größenordung hatte man kaum Vergleichbares zuvor (und nicht danach) entdeckt. Wenn auch die Einordnung der Pfostenlöcher bei einzelnen Gebäuden schwierig verlief – zumal diese in zwei Jahrhunderten dreimal erneuert wurden – nutzte man die Gunst der Stunde, und rekonstruierte das Keltendorf kurzerhand mit den ABM-Kräften der Schmidtburg.

Am Ende erwuchsen fünf größere und sechs kleinere Behausungen, das Ganze mit einer Palisade umzäunt. Vom Plateau der Schmidtburg betrachtet, ähnelt das Bild der reetgedeckten Hütten dem Idyll des berühmten Gallierdorfs im „Asterix"-Comic. Wie das Leben in einer – sehr viel dichter bebauten – Keltensiedlung tatsächlich ausgesehen hat, wird sich der Besucher selbst ausmalen, wenn er nach 20 Minuten Fußweg das Palisadentor öffnet. Der Blick in die gerade

Praktische Hinweise

Lage: Bundenbach liegt 10 km nördlich von Kirn/Nahe. Ab Ortsmitte ist die „Grube Herrenberg" ausgeschildert; vom Parkplatz ca. 10 Min. Fußweg zum Besucher-Stollen; an der Kasse erhält man den Schlüssel für die auf eigene Faust zu besichtigende Keltensiedlung, in weiteren 10 Min. geht man hinauf. Die halbstündige Wanderung zur gegenüberliegenden Schmidtburg ist ausgeschildert.
Museum: Keltisches Freilichtmuseum Altburg, 55626 Bundenbach, Tel. 0 65 44/92 72 (Ortsgemeinde), www.bundenbach.de; geöffnet wie die Grube Herrenberg täglich 10–17 Uhr (Nov. bis März geschlossen).
Tipp: An jedem 2. August-Wochenende (Fr./Sa.) wird ein Internationales Folklorefest mit keltischer Musik in der Altburg veranstaltet.

25 Quadratmeter großen Einraumhäuser dürfte ernüchtern. Darin, rund um eine offene Herdstelle, lebte eine Großfamilie. Die Gebäude aus Lehmgefachen besaßen keine Fenster und keinen Brandabzug. Alles war verräuchert, der Geruch an den Menschen dürfte sich freilich wechselseitig neutralisiert haben. Möbel, gar privater Besitz, gab es kaum, zum Schlafen schüttete man Stroh auf dem Stampflehmboden aus.

Ein Haus stand über einer tiefen Felsgrube. Dort präsentiert man jetzt einige Alltagsgegenstände. Vermutlich wurden in dem Keller aber keine Getreide- und Nahrungsvorräte aufbewahrt. Zu deren Schutz stellte man – unerreichbar für Ratten und Mäuse – Speicher auf Holzstelzen. Dutzende dieser Hütten ließ die Archäologen an einen Stapelplatz im gesicherten Gelände der Altburg denken. Für An- und Ablieferung wäre es ein weiter, beschwerlicher Weg gewesen. Die nächsten Felder liegen eine halbe Stunde Fußmarsch entfernt. Möglicherweise existierte eine Arbeitsteilung. An benachbarten Ringwällen wie der 15 Kilometer westlich liegenden Wildenburg wurde Eisen gewonnen, und von der fruchtbaren Hochebene bei Bundenbach steuerte man die Nahrungsgrundlagen bei.

KEMPFELD/ALLENBACH
Denkmäler menschlichen Wollens

„Lebacher Eier“ nennt der Volksmund jene kieselförmigen Steine, deren Besonderheit bereits die Kelten kannten und die später maßgeblich zum wirtschaftlichen Aufschwung des Landes zwischen Hunsrück und Saar beitrugen. Die handlichen „Eier“ tragen Erz, sie mussten nur aufgelesen werden. Nach Form und Farbe waren sie leicht zu erkennen. Die rote Maserung wirkte wie der schwache Widerschein des Glutfeuers, mit dem das Gestein für die Gewinnung kostbaren Roheisens aufgeschmolzen wurde. Allerdings fehlt der direkte Nachweis – Rennöfen oder Schlackenhalden – für großräumige Verhüttungstätigkeiten. Was, außer leicht erreichbarem Erz, sollte die Menschen seit etwa 600 v. Chr. in ein Gebiet gelockt haben, das kaum Landwirtschaft zuließ? Für die vorangegangenen Kulturen der Stein- und Bronzezeit gibt es bezeichnenderweise wenig Anwesenheitshinweise.

Dagegen herrschte zur Hallstatt- und Latènezeit nachgerade Gedränge. Der Mosel-Saar-Raum besitzt mit die größte keltische Gräberdichte Deutschlands, und im westlichen Hunsrück ballen sich auf 25 Kilometern gleich acht größere Befestigungsanlagen. Als Denkmäler menschlichen Behauptungswillens durchziehen sie den so genannten Schwarzwälder Hochwald. Höhenlagen von über 600 Metern, dichte Wälder, schwer zugängliches Terrain, nichts konnte so abschreckend sein, dass es nicht als Herausforderung angesehen wurde. Die mächtigste je von Kelten errichtete Steinmauer entstand hier ebenso (in Otzenhausen) wie kleinere, glänzend der schwierigen Topographie angepasste Wallanlagen. Zwei davon, die am Ringskopf bei Allenbach und die Wildenburg oberhalb von Kempfeld, besitzen noch genügend Substanz, um diese Bauleistungen zu würdigen.

Die Wildenburg ist mit dem Auto erreichbar und gut von einem Lehrpfad erschlossen. Er führt an, auf, und über den noch fast durchgehend erhaltenen Ringwall. Frei von Bewuchs, zieht er als eleganter Doppelbogen an der weniger steilen Südseite in Buchenwald entlang, um am „Hexentanzplatz“, einer auffallenden Quarzitrippe, wie-

Im Wald da waren die Kelten: Zahlreiche Wallanlagen standen im Raum von Saar, Mosel und Rhein.

der zusammenzulaufen. Der Wall – ein typischer Vertreter der Pfostenschlitzmauertechnik (siehe S. 135) – besteht natürlich nicht mehr in seiner ursprünglichen Mächtigkeit von fünf Metern Höhe. Kaum verfällt das stützende Korsett der Holzbalken, sackt das Gestein dammartig zusammen. Wie rasch der Verwitterungsprozess einsetzt, zeigt das rekonstruierte Mauerstück am Zugang der fünf Hektar großen Anlage. Erst in den Achtzigerjahren des 20. Jahrhunderts erbaut, beginnt das Holz bereits zu verfaulen. Das ist der Preis niederschlagsreicher Höhenlagen von 650 Metern. Nicht poten-

Praktische Hinweise

Lage: Die Wallanlagen erreicht man über die B 422 zwischen Idar-Oberstein und Morbach. Zur Wildenburg: Abzweig nach Kempfeld, von dort ausgeschildert. Am Parkplatz auf dem Gipfel (mit Wildpark und Gasthof) beginnt der „Geschichtslehrpfad durch zwei Jahrtausende", Länge: 2,5 km. Die rekonstruierten Mauern stehen gleich am Beginn, großartig auch der Blick vom Turm der Burgruine oberhalb des Parkplatzes. – Zum Ringskopf wandert man ab Gasthof „Katzenloch" an besagtem Abzweig; Markierung: blaues X. Es geht über die Felsgruppe Kirschweiler Festung weiter ebenen Weges auf der Höhe zum Dreiherrenstein, dort Richtungshinweis. Eine Strecke 5 km (etwas kürzer ab Allenbach). – Wanderkarte: Naturpark Saar-Hunsrück, 1:50 000, Landesvermessungsämter Rheinland-Pfalz und Saarland. – Die Torsituation vom Ringskopf ist raumfüllend im Rheinischen Landesmuseum von Trier nachgebaut (siehe S. 160).

zielle Angreifer, vielmehr waren Wind und Wetter die größten Feinde keltischer Festungen. Nur ständige Pflege sicherte ihren Erhalt.

Lebten aber überhaupt dauerhaft Menschen hier oben? Oder suchte man diese Burgen als Machtausdruck der zu Ansehen und Wohlstand gekommenen Kleinfürsten lediglich zu außergewöhnlichen Anlässen auf? An der Wildenburg wie am Ringskopf wenige Kilometer westlich erwies sich die Fundlage als äußerst dürftig. Die wenigen Eisenteile und Scherben reichen gerade aus, um die Wildenburg in die Zeit um 300 v. Chr. oder jünger zu datieren und den Ringskopf in die späte Hallstattzeit. Hätte man andererseits für sporadische Aufenthalte eine derart aufwändige Torgasse erbaut, die noch heute als Mauerkante auf dem einsam gelegenen Ringskopf sichtbar ist? Rund 35 Meter war diese lang und sieben Meter breit. Ein wahrer Spießrutenlauf erwartete jeden Angreifer in diesem Nadelöhr. Den gesamten Hochwald hatte man hier einst im Blick. Heute liegt die Anlage unter dem schattigen Dach alter Eichen, nur an den Flanken, wo der Wallversturz Blockhalden bildet, etwas lichter werdend. Ein Hauch Zeitentrücktheit liegt über diesem Ort in den Tiefen des Hunsrücks.

BIRKENFELD
Das Schönste der keltischen Kultur

„Ihre Lebensart war sehr einfach, und mit allen Wissenschaften und Künsten waren sie unbekannt." Wir wissen nicht, was den römischen Geschichtsschreiber Polybius zu diesem Urteil über die in Norditalien ansässigen Kelten bewogen hat. Der untadelige Polybius, weit entfernt von hochnäsiger Geringschätzung „barbarischer" Völker, traf hier im 2. vorchristlichen Jahrhundert auf die Nachfahren des großen Keltenzugs nach Südeuropa. Nichts ahnten diese offenkundig von der Ausbildung eines eigenständigen, die jüngere keltische Kultur seit etwa 450 v. Chr. prägenden Stils nördlich der Alpen. Hätte Polybius dessen Charakteristika ornamentaler, schwungvoller Linien und fast abstrakter Motive kennen gelernt, wäre sein Urteil vielleicht anders ausgefallen.

In ihrer ganzen künstlerischen Bedeutung wurde die Latène-Kultur erst seit dem 19. Jahrhundert

Praktische Hinweise

Lage: Das rekonstruierte Grab von Hoppstädten-Weiersbach liegt im Gelände der Fachhochschule „Umwelt Campus Birkenfeld" nahe der B 269 (Zufahrt ausgeschildert). – Nordwestlich von Birkenfeld gibt es mit Bifang-Vorkastell einen sehr urtümlichen Ringwall mit weitem Blick über den Hochwald. Anfahrt: B 269, Abzweig Rinzenberg, Richtung Gemeindehaus bis zum Parkplatz am Waldrand. Es geht den befestigten Weg hinauf, rechts ab und weiter mit den Markierungen BV und B 2 sowie Holzschildern „Vorkastell"; ein Weg ca. 3 km. – Wanderkarte: Naturpark Saar-Hunsrück, 1:50 000, Landesvermessungsämter Rheinland-Pfalz und Saarland.
Museum: Museum Birkenfeld, Friedrich-August-Straße, 55765 Birkenfeld, Tel. 0 67 82/63 82, www.landkreis-birkenfeld.de/museen; geöffnet Di. 15–17, So. 14–18 Uhr (Nov. bis März So. geschlossen).

Bestattungswesen: Nachgestelltes Totenritual am wieder aufgeschütteten Grabhügel einer „Herrin" bei Birkenfeld.

erkannt, als eine Reihe spektakulärer Prunkgräber, namentlich im Raum zwischen Rhein, Nahe, Mosel und Maas, ans Tageslicht trat. Ob Waldalgesheim, Weiskirchen, Schwarzenbach, Hochscheid oder Reinheim, zusammengefasst als Jüngere Hunsrück-Eifel-Kultur, alle zeichnen überreicher (Gold-)Schmuck und weitere kostbare Beigaben aus, etwa das Statussymbol „Schnabelkannen". Diese stammten anfangs zwar aus etruskischer Produktion, wurden aber später mit keltischen Motiven am Deckel und Henkelansatz (Attasche) sowie floralen Elementen auf umlaufenden Zierbändern dem keltischen Kunst- und damit Weltverständnis angepasst. Mag sich dieses heute nicht mehr erschließen, es ist eine Bildsprache von bestechender Ästhetik, deren Zeitlosigkeit für viele Betrachter das eigentlich Faszinierende am Keltentum ausmacht.

Wichtige Werke im „Latène-Stil" sind von Berlin bis Bonn verstreut. Glücklicherweise gibt es in Museen nahe der ursprünglichen Fundorte zumeist qualitätvolle Kopien. So besitzt Bad Kreuznach Repliken der Waldalgesheimer Goldbeigaben, im saarländischen Reinheim wurde anstelle des „Fürstinnengrabs" gleich ein ganzes Museum erbaut (siehe S. 156) – und eine der schönsten Arbeiten, die „Schale von Schwarzenbach", steht als Nachbildung im Museum von Birkenfeld, gelegen am südwestlichen Hunsrückrand. Dieses 1849 nicht weit vom monumentalen Ringwall bei Otzenhausen geborgene Behältnis mit einem Goldbeschlag fehlt in keiner Veröffentlichung über die Kelten zur Illustration ihrer kunsthandwerklichen Fertigkeiten.

Im Birkenfelder Museum führt die Schale eine Palette unterschiedlicher Gegenstände der Latènezeit an. Zwei Schnabelkannen sind zu sehen, dazu die Rarität einer einheimischen Nachbildung aus Ton. Kaum minder selten ist die 1845 bei Siesbach entdeckte Schwertscheide mit Goldauflage. Deren Ornamentierung im vertrauten Rankenwerk lässt erspüren, dass ein Schwert für den keltischen Krieger weitaus mehr als eine Waffe war. Er trug sie als Standeszeichen immer bei sich und wollte natürlich auch im Tod nicht von ihr getrennt sein. Überhaupt sprechen viele Indizien für eine ausgeprägte, wahrscheinlich durch Eisenproduktion reich gewordene Oberschicht im Land zwischen Saar, Nahe und Mosel. Abgesehen von der dichten Abfolge an Ringwällen im Hunsrück deuten darauf ihre vom gewöhnlichen Volk separierten Grabhügel.

Eine der führenden Gruppen hatte ihren Hausfriedhof südlich von Birkenfeld bei Hoppstädten-Weiersbach. Die zwölf seit 1844 mehrfach untersuchten Gräber erbrachten reich ausgestattete Totenkammern mit großen Gruben, im „Hügel Nr. 4“ gar mit einem Holzsarg versehen. Zur Anschauung hat man einen solchen, wahrscheinlich aus einem ausgehöhlten Baum bestehenden Sarg im Birkenfelder Museum aufgestellt – und 1999 vor Ort gleich den zugehörigen Grabhügel von 15 Metern Breite wieder aufgeschüttet. Die Kuppel steht halb offen, und man blickt in die zimmergroße Totenkammer einer aufgebahrten „Fürstin“. Hier, wie bei den bedeutendsten Gräbern der Jüngeren Hunsrück-Eifel-Kultur, Reinheim und Waldalgesheim, fällt auf, dass sie für „Herrinnen“ errichtet wurden. Gleichwohl ist der Gedanke, eine besondere Wertschätzung der Frau habe die Entstehung des außergewöhnlich schönen Latène-Stils zwischen Rhein und Mosel beflügelt, eher eine romantische Vorstellung. Vielmehr standen Damen der Oberschicht – ausweislich der Grabbeigaben – wohl gleichrangig neben den Männern.

NONNWEILER-OTZENHAUSEN
Höher, breiter, mächtiger

Es gibt Ringwälle – und es gibt den Hunnenring. Er steht nicht im Guinness-Buch der Rekorde, aber was da wie ein steinerner Lindwurm über den Dollberg bei Nonnweiler-Otzenhausen kriecht, stellt alle sonstigen Keltenfestungen buchstäblich in den Schatten. Kein Wall ist höher, breiter oder mächtiger. Noch heute misst der Versturz an der Sohle vierzig und in der Höhe zehn Meter. Rechnerisch ergibt das eine Wallfront von 20 Metern, entsprechend einem sechsstöckigen Haus. Noch mehr Superlative? In der dreiseitigen Anlage mit einem südlich vorgelagerten Abschnittswall wur-

Praktische Hinweise

Lage: Nonnweiler ist gut über die A 1 und A 62 südlich von Hermeskeil erreichbar. Ab Otzenhausen ist die Anfahrt zum Parkplatz am Westrand des Hunnenrings ausgeschildert. Hier startet auch ein 4 km langer Lehrpfad durch das Gelände. Im Südbereich führt dieser weit vom Wall weg. Deshalb empfiehlt sich ab der „Steintreppe“ in den inneren Bereich zu gehen, von dort weiter zur Grabungsfläche und mit der Markierung rotweißer Strich zurück. An den Grabungen können auch Laien bei mehrwöchigen „Archäologie-Seminaren“ teilnehmen (auf eigene Kosten). Termine – auch für Wochenend- und Tageskurse – über die Gemeindeverwaltung, Tel. 0 68 73/66 00, www.nonnweiler.de. Außerdem werden an jedem 1. Sa. im Monat von Mai bis Okt. Führungen für jedermann über den Wall angeboten (Beginn 14 Uhr, ab Parkplatz). Eine gute geschichtliche Übersicht findet man unter: www.hunnenring.de

Tipp: Zweijährig wird in den „geraden“ Jahren ein Internationales Keltenfest auf dem Hunnenring veranstaltet; jeweils im Frühsommer, genaues Datum unter: www.hochwaldkelten.de

Steinerner Lindwurm: Als gigantische Halde zieht der Ringwall von Otzenhausen über den Dollberg.

den nicht weniger als 300 000 Kubikmeter Fels verbaut – ausreichend für 20 000 Eisenbahnwaggons oder 100 Kilometer Straßenpflasterung. Die Steinmassen stammen vom Dollberg selbst, wo der extrem harte und kaum zu bearbeitende Quarzit als Hangschutt oder flächenhafte Blockmeere seit der eiszeitlichen „Sprengarbeit" in großen Mengen anstand. Dieses natürliche Materiallager dürfte neben der beherrschenden Lage und der strategisch günstigen Beschaffenheit des Bergsporns entscheidend für die Besiedlung durch eisenzeitliche Burgherren gewesen sein. Gesichert sind zwei Ausbaustufen: zu Beginn der Latènezeit im 5. und an ihrem Ende im 1. vorchristlichen Jahrhundert. Seit 1999 laufende Grabungen belegen insbesondere für die keltische Schlussphase eine rege Siedlungstätigkeit. Damals bekam der Superwall auch seine alles überragende Mächtigkeit. Dass er überhaupt noch vorhanden ist, verdankt sich dem Eingreifen der im fernen Berlin sitzenden Hohenzollern.

Im Jahre 1836 verfasste Graf Villers von Burgesch, Mitglied der „Gesellschaft für Nützliche Forschungen", ein Schreiben an den preußischen König Friedrich Wilhelm III., er möge doch das Wegschaffen von Steinen am Dollberg verbieten. Gut, dass dieser dann 1837 seinen „romantischen" Sohn, den nachmaligen König Friedrich Wilhelm IV., in das damals zur preußischen Rheinprovinz gehörende Saargebiet schickte. Ganz angetan vom „Hunnenring" – von Kelten wusste man noch nichts – verbot er, wie bei zahlreichen Stätten am Rhein, jeden weiteren Steinabbau. Eine besondere Ehre dürfte beim Kronprinzen nicht ihre Wirkung verfehlt haben. Damit er sich von der Krone ein Bild machen konnte, wurde eigens für ihn eine Treppe in den Steinwall getieft. Die Stufen bestehen noch heute. Ins Reich der Legende gehört die Überlieferung, auf der Mauer sei damals auch eine Pflasterung zum Reiten angelegt worden. Tatsächlich bestehen Pläne für einen fußgerechten Ausbau des Walls. Das würde ihm freilich viel von seiner Urtümlichkeit nehmen. Erst das beschwerliche Herumklettern auf dem Steingebirge gibt eine physische Ahnung von der Energieleistung, die mit dem Bau dieses Monumentes verbunden war.

SAARLAND, LUXEMBURG UND MOSELRAUM

WADERN/THOLEY

Eisen gaben sie für Gold

Wer einen Schatz vergraben will, entdeckt einen keltischen oder römischen, sagt der Volksmund im Saarland. Die große Dichte an eisenzeitlichen Gräbern und viele römische Hinterlassenschaften – allen voran die prachtvoll wieder hergestellte Villa Borg bei Perl – zeigen in der Tat, Deutschlands kleinster Flächenstaat wurzelt in einem historischen Humus von außerordentlicher Güte. Am ergiebigsten erweisen sich die Schichten aus der späten Hallstatt- und frühen Latènezeit. Damals kam es zu einer größeren Landnahme – offenkundig ausgelöst durch reiche Erzvorkommen. Deren Verarbeitung bescherte übrigens dem Saargebiet später über Jahrhunderte eine ganz eigene „Eisenzeit". Davon kündet noch die inzwischen als UNESCO-Weltkulturerbe anerkannte Völklinger Hütte. Ihr Ende und das anderer Stahlwerke bis zu Beginn der Achtzigerjahre schloss dann in gewisser Weise einen großen Kreis.

Die Anfänge der Eisengewinnung vor 2500 Jahren sind allerdings nicht an Produktionsstätten wie Rennöfen oder Schmieden festzumachen. Sie fehlen schlicht. Vielmehr liegt ein mittelbarer „Beweis" mit dem plötzlichen Auftauchen von Reichtum vor, insofern er einen Widerhall in prachtvollen Begräbnisstätten fand. Aus den etwa 1100 vorgeschichtlichen Gräbern im Saarland ragen 18 der „Fürstenklasse" mit außergewöhnlicher Ausstattung, wie Goldgegenstände und etruskische Schnabelkannen, heraus. Gewiss nicht zufällig liegt der Schwerpunkt davon im Norden nahe dem erzführenden Hochwald. Und die Erde gibt noch immer Friedhöfe frei. Überraschend kam in den Neunzigerjahren auf einem verschliffenen Acker bei Wadern-Gehweiler eine zerdrückte Schnabelkanne zum Vorschein. Seitdem stellte man neun frühlatènezeitliche Gräber und ihre aufwändige Anlage mit Kreisgräben und Pfosten fest.

Die Grabungen am „Preußenkopf" oberhalb von Gehweiler werden noch einige Jahre in Anspruch nehmen. Man kann in den Sommermonaten zuschauen, wenn die Archäologen buchstäblich vergangene Strukturen aus dem Boden herauspräparieren. Wer einmal selbst zu Spaten und Bürstchen greifen möchte, braucht nur einige Kilometer weiter nach Tholey zu fahren. Hier im Wareswald darf jeder unter fachmännischer Anleitung bei der Freilegung eines römischen Dorfes (Vicus) mittun. Für dieserart „Archäologie zum Anfassen" wurde von mehreren Gemeinden sowie dem Landkreis St. Wendel eigens die Gesellschaft „Terrex" gegründet. Sie ist auch für die öffentlichen Grabungen auf dem „Hunnenring" bei Otzenhausen verantwortlich (siehe S. 152). An beiden Orten konnten die hauptberuflichen Ausgräber in jüngster Zeit bemerkenswerte Siedlungskontinuitäten feststellen. Auf dem Hunnenring stand demnach im Anschluss an die Kelten-

Tiefer graben: Jeder darf mittun bei öffentlichen Grabungen im saarländischen Tholey.

Praktische Hinweise

Lage: Die Grabungsstätte am „Preußenkopf" erreicht man 5 km nördlich von Wadern über den Ortsteil Gehweiler, dort rechts hinauf Richtung Oberlöstern; ab der Höhe wenige hundert Meter zu Fuß. Im weiteren Straßenverlauf stößt man auf die römischen Grabhügel. – Tholey liegt östlich der A 62; am Ortsausgang nach Theley zeigen Schilder in den Wareswald (das Grabungsgelände ist frei zugänglich). Folgt man weiter der Straße durch Theley Richtung Selbach, sieht man 2 km außerhalb den „Fuchshübel". Schöne Aussichten über das nördliche Saarland bietet der mit dem PKW erreichbare Schaumberg bei Tholey. – Informationen zu den öffentlichen Grabungen unter Tel. 0 68 53/50 13 51, www.wareswald.de

zeit ein römisches Heiligtum, während sich im Wareswald die Indizien verdichten, dass der Vicus aus einer spätlatènezeitlichen Niederlassung hervorging.

Für das starke Nachklingen keltischen Erbes spricht am „Preußenkopf" bei Oberlöstern ein weiteres, äußerst seltenes Kulturdenkmal: Zwei römerzeitliche, inzwischen vollständig restaurierte Grabhügel aus dem 2. Jahrhundert n. Chr. Viel spricht dafür, dass damals die noch überall sichtbaren keltischen Monumentalhügel beim Bau der jeweils 20 Meter breiten Grabstätten Pate standen. Dagegen gehören quadratische Steinfassung und die Pinienzapfen der Steinstelen unverkennbar zur römischen Tradition. Auch für die Gestalt eines keltischen Grabhügels gibt es im Raum Tholey ein sehenswertes Beispiel. Nördlich der Stadt steht in offener Feldflur der so genannte Fuchshübel. Ein Birkenwäldchen auf dem 60 Meter breiten und fünf Meter hohen Totenhaus eines „Fürsten" aus dem 4. vorchristlichen Jahrhundert schützt die Grabstätte vor Pflug und Erosion.

GERSHEIM-REINHEIM
Im Zauberberg des Saarlandes

Spieglein, Spieglein im Sand: Als der Kiesgrubenbesitzer J. Schiel im Februar 1954 einen grünlichen Gegenstand aus dem Ufersand der Blies bei Reinheim zog, ahnte er sofort, den Vorboten von etwas Außergewöhnlichem entdeckt zu haben. Die rasch hinzugerufenen Archäologen erkannten in dem Zufallsfund Reste eines Spiegels der frühen Latènezeit. Schon das eine Sensation. Bis heute kennt man in Mitteleuropa nur zwei weitere aus dieser Epoche. Der Spiegel wies dann den Weg zu einer Grabkammer von exorbitanter Ausstattung. Mehr als 200 Einzelstücke verbarg der Sand im Bliesgrund.

Es dauerte allerdings mehrere Jahre, ehe sich ein Ganzes fügte – sowohl mit Blick auf die arg in Mitleidenschaft gezogenen größeren Beigaben, als auch für die gesamthistorische Einordnung. Erst als goldene Hals-, Arm- und Fingerringe, Röhrenkanne, Trinkhornbeschläge, Bronzebecken oder korallenbesetzte Fibeln nach aufwändiger Restaurierung in neuem-altem Glanz erstrahlten, wusste man um die Einzigartigkeit dieses Grabes einer im frühen 4. Jahrhundert v. Chr. verstorbenen weiblichen Person. Sie muss eine hohe gesellschaftliche Stellung, vielleicht sogar eine Priesterfunktion, bekleidet haben, wofür die

Ein Ort der Ruhe: Grabkammer der „Fürstin" im Europäischen Kulturpark Bliesbruck-Reinheim.

weitere Ausstattung sprach: Bernsteinstab, Augenperlen oder auch der Spiegel – möglicherweise die beiden Welten, Diesseits und Jenseits, symbolisierend.

Stil und Qualität der Beigaben stellten das Grab der bald „Fürstin von Reinheim" getauften Dame in eine Reihe mit den bedeutendsten frühlatènezeitlichen Werken aus dem Raum zwischen Rhein, Mosel, Saar und Nahe. Ihr gemeinsames Kennzeichen ist ein schwungvoller, ornamentaler Formenreichtum, und doch besitzt jede Begräbnisstätte eine unverwechselbare Note. Während die Hals- und Armringe des etwas jüngeren Grabes von Waldalgesheim allein Pflanzenmotive zieren und die Ringe pufferartig enden, zeigt der Reinheimer Schmuck eine komplexe, in dieser Form einzigartige Ausführung: Maskenhafte Gesichter, gekrönt von helmartigen Aufsätzen bei (samt Ohr) hochgeschlagenen „Wangenklappen". Der gedrehte Hals- und die glattwandigen Armringe

Praktische Hinweise

Lage: Der Europäische Kulturpark Bliesbruck-Reinheim liegt etwas östlich der B 423 Blieskastel-Sarreguemines(F). Der Rundweg durch den Gesamtpark ist ca. 3 km lang, jeder Landesteil kann auch separat besucht werden (das Außengelände ist frei zugänglich). – Nahe Gersheim-Rubenheim findet man im Wald ein großes Gräberfeld der Hallstattzeit mit rekonstruierten Hügeln. Zu erreichen ab Parkplatz an der Landstraße zwischen Rubenheim und Erfweiler-Ehlingen; dort hinan, am Waldrand vorbei, rechts in den Wald und weiter über den Höhenweg; Länge ca. 1 km. Wanderkarte: Saarpfalz-Kreis, 1:50 000, Landesvermessungsamt Saarland.
Museum: Europäischer Kulturpark Bliesbruck-Reinheim, Robert-Schuman-Straße 2, 66453 Gersheim-Reinheim, Tel. 0 68 43/90 02 11, www.kulturpark-online.de; geöffnet täglich 10–18 Uhr (Nov. bis Mitte März geschlossen). Der Park bietet verschiedene Besucherdienste, besonders für Kinder, an; außerdem gibt es jährlich mehrere Veranstaltungen und Feste zu variierenden Terminen (zu ersehen im Internet).

blieben frei von linear-kurvigen Verzierungen. Dafür sind in vollendeter Meisterschaft Gravuren auf der Röhrenkanne angebracht. Ringsum verlaufende Bänder zeichnen in geometrischer Regelmäßigkeit eine wundervolle Abfolge stilisierter Blüten- und Pflanzenornamente. Auf dem Gefäßdeckel steht ein Pferd mit menschlichem Antlitz. Vielleicht verkörperte dieses Mischwesen den keltischen Gott Taranis. Als solchen jedenfalls adoptierte man die Figur und machte sie zum Wahrzeichen des „Europäischen Kulturparks Bliesbruck-Reinheim“.

Da im Bliestal beidseits der deutsch-französischen Grenze neben keltischen Gräbern auch ein großer römischer Vicus freigelegt wurde (und wird), kam man auf die kühne Idee, ein länderübergreifendes Museumsareal einzurichten. Auch wenn der Besucher noch immer instinktiv nach der Brieftasche greift, niemand verlangt einen Ausweis beim zehnminütigen Spaziergang vom Reinheimer Vicus hinüber zum französischen Teil bei Bliesbruck mit Handwerkerviertel und überdachter Therme. Im deutschen Parkbereich liegt der Hauptzugang mit einer Dauerausstellung an der Durchgangsstraße. Um der Keltenfürstin seine Aufwartung zu machen, muss man im Vicus-Gelände auf drei höckerartige Hügel zuhalten. Dort steht ein Kassenhäuschen, oder ist es nicht eher das Wächterhaus für den Einlass ins Totenreich? Beim Aufbau des Kulturparks gab man der Fürstin ihre ewige Ruhestätte zurück. Unter dem wieder aufgeschütteten Grabhügel von fünf Metern Höhe wurde die innere Kammer rekonstruiert und begehbar gemacht.

Wie in einen Zauberberg tritt da der Besucher ein. Dunkelheit umfängt ihn, begleitet von sphärischer Musik tastet er sich in das Allerheiligste vor. Gespräche und Geräusche verstummen, ehrfurchtsvoll blickt der Gast auf das edle Antlitz der in Augenhöhe aufgebahrten Fürstin. Majestätisch liegt sie da, angetan mit langem Gewand, umgeben von den goldglänzenden Beigaben. Fast könnte man vergessen, dass im saueren Boden die sterblichen Überreste vollständig vergangen waren. Nur die Hals- und Armringe lagen noch am Platz. Wie die Fürstin und ihre Attribute wiedererstanden, erhellt ein ergänzender Besuch im Vorgeschichtsmuseum von Saarbrücken.

SAARBRÜCKEN
Dame ohne Unterleib

Bevor Funde wie die aus dem Grab der „Fürstin von Reinheim“ wieder in ihrem einstigen Glanz erstrahlen, bedarf es der akribischen Arbeit von Archäologen und Restauratoren. Deren Tätigkeit, sonst den Augen der Öffentlichkeit weitgehend entzogen, lässt sich im Saarbrücker Museum für Vor- und Frühgeschichte einmal exemplarisch nacherleben. Im Falle von Reinheim entspricht die in einem eigenen Raum nachgestellte Situation dem Bild vom März 1954. Wie die Archäologen damals am Ufer der Blies, erkennt der Besucher beim Blick in den abgedunkelten Bereich zunächst – nichts. Nur langsam nehmen verschiedene Gegenstände Konturen an. Am Boden sieht man ein Kiesbett, darauf einige ringförmige Gebilde. Obgleich Knochen fehlten, wurden die Ringe von den Ausgräbern als Hals- und Armschmuck einer hier bestatteten weiblichen Person erkannt. Glücklicherweise blieb die Lage der Beigaben in 2400 Jahren unverändert. So ließ sich aus ihrer Anordnung sogar auf die Körpergröße von etwa 1,68 Meter schließen. Längenmaß und

Grabausstattung sprachen für eine Erwachsene. Doch wann lebte sie, und wie war ihr gesellschaftlicher Rang einzustufen?

Machart und Symbolik des vergleichsweise gut erhaltenen Schmucks sowie weiterer Objekte, etwa ein Bronzegeschirrservice für zwei Personen, gaben bereits erste Hinweise auf eine hoch gestellte Persönlichkeit zur frühen Latènezeit. Für weitreichende Handelsbeziehungen ihres Clans sprachen korallenbesetzte Fibeln und eine Bernsteinkette. Das Bild rundete dann eine ebenfalls im Grab aufgefundene Röhrenkanne mit meisterlichen Verzierungen ab. Auch vor ihrer Wiederauferstehung lag ein langer Weg durch Museumswerkstätten (hier der im Römisch-Germanischen Zentralmuseum von Mainz). Ein Laie hätte Schwierigkeiten gehabt, das in Saarbrücken ausgestellte zerknautschte Original überhaupt als Kanne zu erkennen, geschweige denn Ornamente auf der grünlich-braunen Patina. Aus kleinen und kleinsten Teilchen wurde das Bronzegefäß zu seiner ursprünglichen Höhe von 51 Zentimetern zusammengesetzt und das Dekor nachgezeichnet. Am Ende weiß der Betrachter kaum, was er mehr bewundern soll, die keltischen Künstler oder die Arbeit der Mainzer Restauratoren.

Und noch eine Kostprobe des Könnens der Saarbrücker Archäologen und Museumsmitarbeiter: Aus der nahe Reinheim freigelegten hallstattzeitlichen Nekropole von Rubenheim übertrug man ein Doppelgrab, Körper- und Brandbestattung, im Bergungszustand nach Saarbrücken.

Auferstehung: Restaurierte Grabbeigaben der „Fürstin von Reinheim" im Vorgeschichtsmuseum von Saarbrücken.

Der Besucher muss aufpassen, nicht darüber zu stolpern. Mitten in einem Raumdurchgang liegt es unter einem gläsernen Schneewittchensarg. Das Grab steht für eine weniger „glanzvolle" Seite der keltischen Welt. In Rubenheim ergaben sich Hinweise auf eine Totenfolge. Mehrfach fand man in Körpergräbern zeitgleich deponierte Urnen. Familienmitglieder oder Gefolgsleute wurden vermutlich nach dem Ableben ihres Herrn umgebracht und mit ihm beigesetzt.

Praktische Hinweise

Museum: Museum für Vor- und Frühgeschichte, Am Schlossplatz 16 (Kreisständehaus), 66119 Saarbrücken, Tel. 06 81/95 40 50, www.vorgeschichte.de; geöffnet Di. bis Sa. 9–17, So. 10–18 Uhr.
Tipp: Erfreulicherweise bereitet das Saarland seine Geschichte und Kultur öffentlichkeitswirksam auf. Die wichtigsten keltisch-römischen Sehenswürdigkeiten können beispielsweise einem von der Tourismuszentrale herausgegebenen Flyer entnommen werden, Tel. 06 81/92 72 00, www.tourismus.saarland.de

KASTEL-STAADT
Berge wie Bastionen

Wer durch das untere Saartal fährt, benötigt keine Vorkenntnisse zur Lokalisierung vorgeschichtlicher Festungen. Die Topographie weist in der landschaftlich beeindruckenden Passage zwischen Merzig und Saarburg den Weg. Herausgewitterte Gebirgssockel und die schmalen Bergrücken zwischen den Flussbiegungen boten sich für Bastionen geradezu an, ohne dass es allerdings zu Großbauten wie auf dem Titelberg in Luxemburg oder dem Dollberg bei Otzenhausen („Hunnenring“) gekommen wäre. An der Saarschleife bei Mettlach sind Reste einer keltischen Burg („Montclair“) erkennbar, und auf dem Kasteler Hochplateau gegenüber von Serrig besteht noch ein Abschnittswall. Mehr als dieses 260 Meter langen Sperrriegels bedurfte es auch nicht. Nach drei Seiten fällt der vorspringende Sandsteinfels fast 200 Meter senkrecht ab. Nur zur flachen Westseite musste man sich mit einer mächtigen Mauer abschotten.

Der alpin anmutende Sporn ist gleichermaßen aus dem Saartal wie von der Bergnase imponierend anzuschauen. Von unten betrachtet fällt ein kleines Gebäude an der vordersten Spitze auf. Sein Aussehen gibt Rätsel auf, wirkt es doch mit frei stehendem Glockengiebel über einer Galerie romanischer Rundbogenfenster wie die Verschmelzung von Kapelle und Burgpalas. Kein Geringerer als der preußische Architekt Karl Friedrich Schinkel war hier am Werk, ist beim Besichtigen der originellen „Klause“ zu erfahren. Tätig wurde er auf Initiative des Kronprinzen und nachmaligen Preußenkönigs Friedrich Wilhelm IV. Nach einer Reise 1833 an die damals zur preußischen Rheinprovinz gehörende Saar beauftragte er Schinkel mit dem Bau einer Grabkapelle im „ritterlichen Stil“ für den 1346 gefallenen König Johann von Böhmen. Sie entstand an jener Stelle, wo bereits im Mittelalter Eremiten oder Klausner in den Sandstein ihre (erhaltenen) Wohnungen gehauen hatten. Deren Kreuzesform sollte an die Kreuzauffindung durch die hl. Helena, Mutter des in Trier residierenden römischen Kaisers Konstantin, erinnern.

Praktische Hinweise

Lage: Das Kasteler Hochplateau erreicht man über die B 407 Saarburg–Perl, Abzweig Trassen. Am Parkplatz vor der Klause beginnt ein Historischer Lehrpfad mit zehn Schautafeln hinüber zum Keltenwall; Länge: 2 km. Sehr beeindruckend ist auch der Gang auf dem etwas unterhalb verlaufenden „Felsenpfad“; Länge: 3 km. In einem eintrittspflichtigen Bereich liegt die Klause. – Die keltische Burg „Montclair“ an der Ostseite der Saarschleife erreicht man über die B 51 südlich von Mettlach, Abzweig St. Gangolf. Vom dortigen Parkplatz führt das Wanderzeichen rotes Dreieck hinüber; ein Weg ca. 1,5 km (weitere 3 km führen zur Spitze der Saarschleife). Wanderkarte: Naturpark Saar-Hunsrück, 1:50 000, Landesvermessungsämter Rheinland-Pfalz und Saarland.
Museen: Klause bei Kastel, 54441 Kastel-Staadt, Tel. 0 65 82/5 35, www.burgen-rlp.de; geöffnet Di. bis So. 10–13 und 14–18 Uhr (Dez. geschlossen). – Neben Ringwallmodellen und einem raumfüllenden Tornachbau gibt es in der Vorgeschichtsabteilung des Trierer Landesmuseums latènezeitliche Grabbeigaben sowie Funde der Nekropole von Morbach-Wederath („Belginum“) zu sehen: Rheinisches Landesmuseum, Weimarer Allee 1, 54290 Trier, Tel. 06 51/9 77 40, www.landesmuseum-trier.de; geöffnet Di. bis So. 9.30–17, Sa./So. ab 10.30 Uhr.

Herausgehobener Standort: Hoch über der Saar thront die Klause von Kastel-Staadt.

Die aufgeladene Symbolik verhinderte die weitere Plateaubebauung durch den Ort Kastel – weniger dessen Ausgreifen über den spätlatènezeitlichen Keltenwall. An den Seiten verraten noch etwa sieben Meter hohe Hangstufen Verlauf und einstige Größe. Leider hat Friedrich Wilhelm hier nicht, wie auf dem „Hunnenring" bei Otzenhausen, der weiteren Wallzerstörung Einhalt geboten. Von seiner architektonischen Besonderheit konnte der Kronprinz allerdings auch nichts wissen. Erst jüngere Grabungen erbrachten den Nachweis der in Deutschland weniger verbreiteten Technik im so genannten Murus-Gallicus-Verfahren. Anders als bei den üblichen Pfostenschlitzmauern mit vorgeblendeter Balkenfront wurde hierbei ein Holzrahmengerüst gezimmert oder vernagelt, wobei die Balkenköpfe vorne herausschauten. Die Zwischenlagen verfüllte man mit Steinen. In anderen Versionen, wie am Titelberg in Luxemburg, steigerte hinten abgesenktes Strebewerk noch die Stabilität. Anerkennend schrieb Julius Caesar nach entsprechend leidvoller Erfahrung in seinem „Gallischen Krieg" über die Murus-Gallicus-Konstruktion: „Wie ein solches Mauerwerk einerseits nicht hässlich ist, so hat es andererseits vor allem den sehr großen Vorteil, ein sicherer Schutz zu sein, da die Steine die Balken vor Feuer, und die Balken diese gegen die Mauerbrecher schützen."

Ein profilartig aufgebautes Modell verdeutlicht im Rheinischen Landesmuseum von Trier die Struktur der Kasteler Mauer.

LUXEMBURG (L)
Schätze über und unter der Erde

Luxemburg besitzt viele Tresore, dieser ist ein ganz Besonderer: In den Tiefen der früheren Festungsbauten lagert der größte Schatz des kleinen Landes – seine Geschichte und Kunst. Mangels Platz zwischen den engen Altstadtgassen kam beim Neubau des Nationalmuseums der überwiegende Ausstellungsteil unter die Erde; überirdisch markiert durch einen – der Kunstsammlung vorbehaltenen – fensterlosen Kubus, der in seiner zurückhaltenden Fassadengestaltung einem Privatbankgebäude kaum nachsteht. Aus der Not eingeschränkten Raums haben die Planer für das 2002 eröffnete Museum eine großartige Tugend gemacht. Die in den nackten Fels der Festung getriebenen fünf Kelleretagen sind als Aufstieg durch die Geschichte angelegt, oder von der Prähistorie zum gallorömischen Erbe, gipfelnd in dem aus einer Million Steinchen gefügten „Musen-Mosaik" von Vichten.

Das 4. Untergeschoss gehört der „Bronze- und Eisenzeit". Dank einer beeindruckenden Funddichte aus dem Kerngebiet der ostgallischen Volksgruppe der Treverer kann der Besucher dort den allmählichen, aber unaufhaltsamen Übergang von der keltischen zur römischen Kultur mitverfolgen. Beispielhaft stehen hierfür mehrere ins Museum übertragene Gräber aus dem 1. Jahrhundert v. Chr. Unberührt von fremden Einflüssen zeigt sich zunächst noch das Bestattungsritual der Kelten, wie es bei der Nekropole von Lamadelaine beobachtet wurde. Nach Erkenntnissen der Archäologen bahrte man Verstorbene lange auf, damit von den (Stammes-)Angehörigen komplexe Opferhandlungen vorgenommen werden konnten. So schlachtete und zerlegte man nach einer bestimmten Abfolge verschiedene Tiere; Teile kamen ins Grab, andere verzehrte die Trauergemeinde. Der zeremonielle Umgang mit dem Tod verband die Lebenden untereinander wie diese mit den Verstorbenen. Seit den Römern verarmte das Ritual, jetzt opferte man höchstens noch ein Huhn. Andererseits blieb der Ahnenkult bewahrt, wie die über 150 Jahre am Grab der „Frau von Goeblange-Nospelt" deponierten Münzen beweisen. Die Ruhestätte von Clemency bezeugt die weitreichenden Handelsverbindungen eines gallischen Aristokraten noch vor dem römischen Einmarsch. Ihm stellte man italische Weinamphoren ins Grab. Den Anbruch einer neuen Zeit belegen dagegen Sporen und ein Kurzschwert aus vier zeitlich jüngeren „Reitergräbern". Offenkundig hatten gallische Adlige im römischen Militär Kar-

Praktische Hinweise

Lage: Den Titelberg im äußersten Südwesten von Luxemburg erreicht man von der Hauptstadt über die Autobahnen A 4 und A 14, AS Sanem, Richtung Differdange. Ab dem Kreisel ist die Zufahrt als „Fond de Gras/Tetelbierg" ausgeschildert. An der Ostseite liegt ein Parkplatz, hier geht es zu Fuß geradeaus durch den Ostwall auf und über das Plateau. Von der Westspitze kommt man auch links- oder rechtsherum auf Waldwegen zurück; Gesamtstrecke ca. 4 km. Das Grabungszentrum liegt etwas versteckt an der Ostseite, dort auch ein öffentliches Bistro.
Museum: Nationalmuseum für Geschichte und Kunst, Marché-aux-Poissons, L 2345 Luxemburg, Tel. 0 03 52/4 79 33 01, www.mnha.lu; geöffnet Di. bis So. 10–17 Uhr.

Naturidylle, wo einst das Oppidum stand: Der Titelberg in Luxemburg.

riere gemacht und entsprechende Beigaben mit auf ihre letzte Reise genommen.

Neben der Landwirtschaft sorgte Eisengewinnung und -verarbeitung für Wohlstand. Ein auf dem Grab von Clemency gesicherter Rennofenkamin zur Erzschmelze symbolisierte die Verbundenheit mit diesem Erwerbszweig. Die reich ausgestatteten Gräber fanden sich alle nahe der treverischen „Hauptstadt", dem Oppidum Titelberg im Südwesten von Luxemburg. In dessen Einzugsbereich lagerten nicht nur bedeutende Erzvorkommen, auch die Produktionsstätten waren auf dem 130 Meter über dem Umland thronenden Plateau gut geschützt. Durch intensive Grabungen und den Einsatz von Geomagnetik konnten in den vergangenen Jahrzehnten zahlreiche Handwerksbetriebe und eine dichte Bebauung – samt einem großen Heiligtum – festgestellt werden. Mindestens fünfmal war die Kuppe zur Latènezeit mit mächtigen Befestigungen umgeben, zuletzt von einem 2700 Meter langen Wall in aufwändiger Murus-Gallicus-Technik mit nach hinten abgesenkten Balken. Wie ein solcher Holzrahmen mit den zwischengepackten Steinen aussah, ist im Nationalmuseum deckenhoch nachgebaut.

Am Titelberg steht noch der mächtige bis zu zehn Meter hohe Wall, samt Tor, der die gefährdete Ostseite deckte. Auf dem Plateau selbst sind einige römische Bauten in den Grundzügen restauriert. Auch das konnten die Archäologen in bemerkenswerter Genauigkeit nachweisen: wie nach Auflösung des 50 Hektar großen Oppidums etappenweise die römischen Gepflogenheiten Einzug hielten. Aus dem keltischen Heiligtum war in mehreren Ausbaustufen ein umfriedeter Umgangstempel geworden, und die einst dicht entlang einer Ost-West-Achse stehenden Lehm-Fachwerkhäuser der Treverer hatten Steinbauten weichen müssen.

ÖSTERREICH

HALLEIN
An der Wiege Österreichs

Als Österreich 1996 sein tausendjähriges Bestehen feierte, werden Archäologen und Prähistoriker nachsichtig gelächelt haben. Was ist die zufällige Ersterwähnung einer im 10. Jahrhundert noch völlig unbedeutenden Mark „Ostarrichi“ gegen das Wissen um eine sehr viel weiter zurückreichende Vergangenheit? Der Urösterreicher wird sich natürlich nicht mehr dingfest machen lassen – älteste Funde reichen mindestens 250 000 Jahre zurück –, doch namentlich die jüngere Vorgeschichte ab etwa 1000 v. Chr. ist dank „Hallstatt“ glänzend dokumentiert. Das Epoche machende

Bergdorf mit Aussicht: Keltensiedlung am Dürrnberg bei Hallein.

Gräberfeld mit dem zugehörigen Salzbergwerk im Dachsteingebiet bedeutet „das Jahr 1 der österreichischen Geschichte", wie es in einer einschlägigen Gesamtdarstellung heißt.

Und Hallstatt steht keineswegs allein. Kaum 50 Kilometer entfernt, im Halleiner Ortsteil Bad Dürrnberg bei Salzburg, wurde (und wird) eine ähnlich bedeutsame Stätte ergraben. Auch hier war die Salzgewinnung der Antrieb aller Begehrlichkeiten. Mit Blick auf Qualität und Quantität der archäologischen Ausbeute steht diese kaum der Hallstätter Anlage nach, in vielerlei Hinsicht wirkt sie wie deren Ergänzung und zeitliche Fortsetzung. Dennoch erlangte Bad Dürrnberg außerhalb von Fachkreisen vielleicht nicht ganz den überregionalen Ruf Hallstatts. Die großflächige Untersuchung setzte hier sehr viel später ein, dann aber auf einer modernen, systematischen Grundlage, entwickelt vom unermüdlichen Kurt W. Zeller. Seit 1966 verantwortet er die Arbeiten. Sommer für Sommer gräbt er mit Kollegen und Studenten an den Hängen rund um Dürrnberg. Die aktuelle Forschungsstätte („Eislfeld") mit bislang über 100 geöffneten Gräbern liegt neben einer Landstraße. Man kann also problemlos zuschauen, wenn „quadrantenweise" die Vergangenheit freigelegt wird.

Der herrliche Blick vom steilen Eislfeld hinunter ins Tal der Salzach und weiter mit ihrem Verlauf durch das Gebirge hinaus in die flachwellige Landschaft Salzburgs dürfte für die Menschen vor 2500 Jahren eine der wenigen Abwechslungen in einem unvorstellbar mühevollen Alltag gewesen sein. Schon das gewöhnliche Leben an dem Hang mit zwanzigprozentigem Gefälle und nur wenigen terrassenartigen Wohnplätzen verlangte große Einschränkungen. Etwas mag davon der Nachbau eines Keltendörfchens am Besucher-Bergwerk in Bad Dürrnberg mitteilen. Die Häuser selbst, in massiver Blockbauweise aufgeführt und vergleichsweise geräumig – selbst ein „Kinderzimmer" mit Wiege fehlt nicht –, dürften Frost und Schneelast getrotzt haben. Im Winter mussten die Menschen hier oben ausharren, da man nur zur kälteren Jahreszeit in den Salzbergwerken arbeitete. Lediglich dann funktioniert der Luftaustausch („Bewetterung"). Es sei denn, die Knappen beherrschten eine andere Methode der Frischluftzufuhr.

Vermutlich durch oberflächig austretendes Salz gelenkt, trieb man, wie Untersuchungen in den später weiter ausgebauten Stollen ergaben, seit etwa 550 v. Chr. zunächst einen schrägen „Schurf" hundert und mehr Meter in den Berg, ehe die im

Halleiner Raum nicht sehr mächtigen salzführenden Schichten verfolgt werden konnten. Bei spärlicher Kienspanbeleuchtung brach man das mit Ton durchsetzte Salz, schleppte es in Tragesäcken hinaus, wo es gesäubert und für den Weitertransport verpackt wurde. Berechnungen gehen davon aus, dass die nur mit Pickeln versehenen Bergleute für einen Meter Stollenvortrieb rund 30 Tage benötigten. Umso phantastischer erscheint die Gesamtleistung. In zwölf verschiedenen Grubenfeldern oder einer Fläche von 173 Hektar stellte man eine Stollenlänge von fast 5500 Metern fest. Die größte Tiefe lag bei 200 Metern.

Nur über Jahrhunderte, mit dem Wissen und der Erfahrung von Generationen, konnte ein solches Revier wachsen. Entsprechend dokumentieren die Grabungen Zellers und seiner Vorgänger eine ununterbrochene Siedlungsgemeinschaft am Dürrnberg. Grab für Grab – bei bislang rund 400 untersuchten – ließ sich die Zeitfolge anhand der veränderten Ausstattung nachvollziehen. Die späte Hallstattzeit markieren bei den Männern prachtvolle Antennendolche, Frauen gibt man schöne Spiralnadeln aus Bronze, Lakritzrollen nicht unähnlich, mit ins Jenseits. Lange Schwerter lösen zur Latènezeit Dolche und Beile ab, beide Geschlechter werden mit originellen, teilweise nur hier nachweisbaren Fibeln in Tier- oder Schuhformen ausgestattet, und selbst den Brauch, hoch gestellte Personen mittels Wagen, Helm oder Schnabelkanne zu kennzeichnen, pflegt man. Die Fundsituation des auf einem zweirädrigen Karren aufgebahrten „Fürsten" samt Trinkflasche, großem Weinmischgefäß und Kanne, deren Beschläge eines der berühmtesten Keltenmotive zeigen – ein Männergesicht mit vollendet geschwungenen Linien von Augen(-brauen), Haar- und Barttracht – ist in dem Dörfchen nachgebildet.

Die Originale der Beigaben stehen im 2004 neu gestalteten Keltenmuseum von Hallein. Um ihren Stellenwert unter den nur etwa sechs europaweit bekannten keltischen Bronzekannen nach etruskischem Vorbild zu unterstreichen, ziert sie auf einem Podest als alleiniges Objekt einen ganzen Raum. So kann dieses einzigartige Meisterstück eines heimischen Kunstschmiedes in Ruhe bewundert und darüber sinniert werden, was die darauf angebrachten Fabelwesen mit Menschenkopf und Tierschwänzen im Maul dem Zeitgenossen um 400 v. Chr. sagten. Böse Geister wollten verschlungen oder vertrieben sein? Zu den bewegendsten Stücken in Hallein gehören mehrere, an Lebenden vorgenommene Schädelbohrungen („Trepanation") sowie die original ins Museum übertragenen Gräber von Kindern und jüngeren Frauen als Ausdruck ihrer hohen Sterblichkeit. Auch der (relative) Reichtum der Menschen vom Dürrnberg hat das Ausgeliefertsein an unergründliche Schicksalsmächte nicht abgewendet. Die Amulette waren hier nur etwas kostbarer.

Praktische Hinweise

Lage: Das Grabungsgebiet Eislfeld von Bad Dürrnberg liegt an der Landstraße Richtung Berchtesgaden (Hofgasse); Grabungszeitraum Juni bis Okt.; das Keltendorf steht am südlichen Ortsrand nahe dem Besucher-Bergwerk (Öffnungszeiten wie dort).
Museum: Keltenmuseum, Pflegerplatz 5, 5400 Hallein, Tel. 00 43/(0) 62 45/8 07 83, www.keltenmuseum.at; geöffnet täglich 9–17 Uhr, das Besucher-Bergwerk April bis Okt. 9–17, Nov./Dez. 11–15 Uhr (Jan. bis März geschlossen), Tel. 00 43/(0) 61 32/2 00 44 00, www.salzwelten.at
Weitere Funde vom Dürrnberg sowie das Original der Schnabelkanne werden in Salzburg aufbewahrt: Museum Carolino Augusteum, Museumsplatz 1, 5020 Salzburg, Tel. 00 43/(0)6 62/6 20 80 82 00, www.smca.at; geöffnet täglich 9–17, Do. bis 20 Uhr.

HALLSTATT
Ein Beinhaus der Geschichte

Angeblich fürchteten Kelten nur eines – dass ihnen der Himmel auf den Kopf fallen könnte. Ohne Angst mussten sie auch sein, wollten sie an den begehrtesten Rohstoff ihrer Zeit heran, das Salz. Die Kelten gingen gefahrvolle Alpenwege, sie setzten sich den Bedingungen des Hochgebirges aus, sie schlugen in jahrelanger Arbeit Stollen durch den Fels, sie brachen aus kaum beleuchteten Gruben das harte Salzgestein, immer auf der Hut vor Wasser- und Bergeinbrüchen, nahmen Krankheiten, Verletzungen und den Tod in Kauf. Man weiß dies, weil – abgesehen von Hallein – in Hallstatt als einzigem Ort der keltischen Welt im Wortsinn ein Stück authentischer Lebensrealität konserviert respektive wieder freigelegt ist. Und das schließt nicht allein das riesige Gräberfeld auf dem schwer zugänglichen Hochtal oberhalb von Hallstatt ein (siehe S. 169).

Nur durch eine Katastrophe unvorstellbaren Ausmaßes blieben weite Teile des hallstattzeitlichen Abbaugebietes erhalten. Bei dem gewaltigen Bergrutsch etwa 400 v. Chr. wurden zwar die Stollen verschüttet, sie entgingen aber so den geologischen Gesetzmäßigkeiten eines Salzstocks. Das „arbeitende" Gestein verschließt innerhalb weniger Jahrhunderte jeden Hohlraum. Gelegentlich tauchen einzelne Hinterlassenschaften wieder auf. Eine ganze Sammlung prähistorischer Pickel, Schuhe, Kappen, Stoffreste, Essgeschirre und selbst Nahrungsreste (eines eintopfartigen Breis) kam da in den vergangenen zwei Jahrhunderten in Hallstatt zusammen. Nach einem neuerlichen „Anfahren" des Salzreviers zur Spätlatènezeit für etwa 100 Jahre in einem anderen Grubenteil wird seit dem Mittelalter bis heute das begehrte Würz- und Konservierungsmittel in dem Ort abgebaut, der das keltische Wort für Salz – „hal" – im Namen trägt.

Die Ausbeute vorgeschichtlicher Funde wächst, seitdem man die einst verschütteten Stollen wieder freilegt. Einige Strecken werden bei Spezialführungen auch dem Publikum gezeigt. Sie haben nichts mit den üblichen, auch hier angebotenen Rundgängen durch Besucher-Bergwerke zu tun.

Fast ein romantischer Platz: „Herz'lkammer" im historischen Salz-Bergwerk von Hallstatt.

Helm und Überjacke sind da eher Folklore, im Labyrinth der historischen Stollen lernt man dagegen Schutzkleidung zu schätzen. Durch enge, dunkle Gänge geht es nur im Gänsemarsch voran. Gespenstisch huschen die Helmlampen über die grob behauenen Wände, im Widerschein silbrig glänzend. Überall tritt Feuchtigkeit aus und löst die Oberflächen. Das nahe liegende Verfahren, mittels eingeleitetem Wasser das Salz auszuschwemmen, wie es heute praktiziert wird, kannte man in historischer Zeit noch nicht. Mühsam schlugen die Knappen das harte, mit Ton durchsetzte Salz aus den Kalkfelsen. Nur ein vermutlich im Mund gehaltener Kienspan spendete dabei etwas Licht. Auf ganze Stöße abgebrannter Hölzer trifft der Besucher im Laufe der Führung. Zur Hallstattzeit waren die Späne dünn und breit, zur Bronzezeit, als erstmals hier Stollen gepickelt wurden, lang und dick. Auch beim Abbau gab es Unterschiede. Die frühen Bergleute begnügten sich mit dem krümeligen „Hauklein“, das man in raffiniert konstruierten Tragesäcken, die zum Entleeren nicht abgesetzt werden mussten, hinausschaffte. Die Kelten zogen große Brocken vor. Hierfür wurden herzförmige Gebilde geschlagen und in zwei Teilen gelöst, jedes 20 Kilogramm schwer. Die Führung auf prähistorischen Abbauspuren endet in der „Herz’lkammer“, wo an Decken und Wänden einige der Figuren bewahrt blieben. Sinnigerweise sind sie nach Wassereinbrüchen rötlich eingefärbt.

Von dieser Kammer benötigt man durch niedrige Gänge 15 Minuten bis zum Ausgang. Als der Berg 400 v. Chr. ins Rutschen kam, gab es kein Entfliehen. Im neuen Hallstatt-Museum unten in der Stadt ist die Katastrophe hautnah nachzuerleben. Ein ganzer Raum gerät dort auf Knopfdruck ins Schwanken. Der Boden bebt bedrohlich, Geröllmassen stürzen unter anschwellendem Getöse zu Boden, Schlammmassen schieben sich über das Land und reißen alles mit. Doch ungeachtet aller Bedrohung, der Lockruf des weißen Goldes war stärker. Hallstatt selbst wirkt wie der Stein gewordene Behauptungswillen. Auf beschränktestem Raum, die Häuser wie Schwalbennester übereinander getürmt, haben die Salzarbeiter dieses beengte Fleckchen Erde der Natur abgetrotzt. Da ist kaum Platz für einen Friedhof. Bereits nach wenigen Jahren müssen die Knochen wieder ergraben werden. Früher kamen sie dann in ein – zu besichtigendes – Beinhaus. Hierfür wurden insbesondere die Schädel kunstvoll verziert und beschriftet. Weniger dieser Brauch, als das Gesamtensemble von Ortsbild, keltischem Gräberfeld, historischem Salzbergwerk und dem Dachstein-Massiv mit seinen Höhlen war der UNESCO Anlass genug, der Region 1997 mit Anerkennung als „Welterbe“ die höheren Weihen zu verleihen.

Praktische Hinweise

Lage: Hallstatt am gleichnamigen See liegt ca. 20 km südlich von Bad Ischl; das Zentrum ist für PKW gesperrt. Der Zugang zur Standseilbahn auf den Salzberg liegt außerhalb am südlichen Ortsrand. Auch ohne Besuch der Bergwerke ist das Hochtal sehenswert. Um das Gräberfeld führt ein kurzer Historischer Rundweg, vom vorgelagerten Rudolfsturm (mit Restaurant) hat man einen herrlichen Blick über das Seegebiet.
Museum: Museum Welterbe Hallstatt, Seestraße 56, 4830 Hallstatt, Tel. 00 43/(0) 61 34/82 80 15, www.museum-hallstatt.at; geöffnet täglich 9–18 Uhr (Okt. bis April verkürzt, Nov. bis März Mo. geschlossen). – Weitere Funde sind in Salzburg (siehe S. 166) und Linz (S. 171) zu sehen. Das Besucher-Bergwerk Salzbergtal hat täglich 9.30–16.30, Okt. bis 15 Uhr geöffnet (Nov bis Ende April geschlossen), Tel. 0043/(0)6132/2004400, www.salzwelten.at; Anmeldung zu den (nicht ganz billigen) Sonderführungen auf Spuren des keltischen Bergbaus über diese Adresse.

Wie Hallstatt zum Begriff wurde

In seinem Todesjahr 1874 wurde er unsterblich. Als Johann Georg Ramsauer 78-jährig verstarb, erwies man ihm die größte Ehre, die einem Forscher widerfahren kann: die Benennung des Objektes seiner Tätigkeit nach ihm selbst.
Um genau zu sein, bei Ramsauer zog man den Namen der Wirkungsstätte vor. Zufällig war dies auch sein Geburtsort – Hallstatt am gleichnamigen See in Oberösterreich. „Ramsauer-Zeit" hätte auch nicht sehr griffig geklungen, als man auf Vorschlag des schwedischen Archäologen Hans Hildebrand die jüngere und ältere Periode der Eisenzeit nach dem Schweizer Ort La Tène und eben nach Hallstatt benannte.
Im Gegensatz zu La Tène am Neuenburger See, wo nur anfangs (seit 1857) eine Person, der Hobby-Archäologe Friedrich Schwab buchstäblich nach prähistorischen Hinterlassenschaften fischte und später umfassende Grabungen erfolgten (siehe S. 188), blieb die Entdeckung und Auswertung von „Hallstatt" weitgehend das Werk eines Mannes: Johann Georg Ramsauer. Von Hause aus nicht für die Archäologie bestimmt, unterstand ihm, dem gelernten Bergmann ohne akademische Ausbildung, als k. k. Bergmeister das Salzbergwerk hoch über Hallstatt. In dieser schwer zugänglichen Region – selbst noch im 19. Jahrhundert war der Ort ganzjährig nur über den See erreichbar – wäre vermutlich nie ein Archäologe auf die Idee verfallen, den Spaten anzusetzen. Warum hätte man in einem unwegsamen Hochtal leben sollen? Natürlich ahnte auch Ramsauer zunächst nicht, auf was er da 1847 bei Bauarbeiten stieß: Gräber, merkwürdigerweise weit außerhalb eines christlichen Friedhofs, so ganz ohne Stein, Kreuz und Sarg, dafür mit Gefäßen, Waffen oder großen metallischen Ringen an den Gebeinen. Neugierig geworden, steckte Ramsauer die Stelle ab, ließ weiter graben und hörte erst 17 Jahre später altersbedingt auf.
Am Ende hatte er, mit halboffizieller Unterstützung durch das „k. k. Münz- und Antikenkabinett" zu Wien, fast im Alleingang eine der größten Nekropolen der älteren Eisenzeit freigelegt: 980 Gräber, knapp die Hälfte davon Brandbestattungen, mit genau 19.497 Objekten (bis 1907 wurden nochmals 207 Gräber geöffnet, und seit 1993 wird erneut gegraben; insgesamt vermutet man etwa 4000 Tumuli). Ramsauer hielt alles penibel fest, vermerkte Ort und Datum der Ausgrabung, gab jeder Fundstelle eine Nummer, beschrieb die Begleitumstände, vermaß das Verhältnis, in der sich Skelette und einzelne Knochen zu den Beigaben befanden, und schließlich registrierte er noch die Grabestiefe. Dabei entging ihm auch nicht, dass zahlreiche Tote in wannenartige Kuhlen gebettet waren. Dank eines zweiten Hallstätter Bergmanns, Isidor Engl, kann sich die Nachwelt ein Bild davon machen. Er fertigte Aquarelle und Skizzen vieler Gräber – kleine Meisterwerke, die im Hallstatt-Museum zu sehen sind.
Wie der Verwaltungsbeamte Ramsauer die Großgrabung finanziell und zeitlich bewältigte – nebenbei hatte er auch noch 24 Kinder aus zwei Ehen – bleibt ein bewundernswertes Geheimnis. Bis auf einige Briefe hinterließ er wenig Persönliches, auch sein Grabungs-Tagebuch gilt als verschollen. Für die damals noch junge Archäologie war dieser Mann ein großer Glücksfall. Neugierde am Rande der Besessenheit, glänzende Beobachtungs- und Organisationsgabe gepaart mit Pflichtbewusstsein und Unvoreingenommenheit

bildeten die Voraussetzung, um einen der größten Schätze der mitteleuropäischen Vorgeschichte bewahrt zu wissen. Was hätte man mit den Hallstätter Gebeinen in den Jahrhunderten zuvor gemacht? Sie wären als offenkundig „unchristlich" ein zweites Mal und jetzt auf Nimmerwiedersehen verscharrt worden. So verfuhr man jedenfalls mit den in den Salzbergwerken von Hallstatt 1743 sowie im nahen Hallein 1573 und 1616 entdeckten völlig zerquetschten Leichen. Als offenkundige Opfer des Salzabbaus noch aus „heidnischer" Zeit wusste man nichts mit ihnen anzufangen. Dass Ramsauers Friedhof etwas mit seinem eigenen Arbeitsplatz zu tun hatte, wurde bald offenbar. Immer wieder fanden die Knappen Stofffetzen, Tragesäcke, holzgeschäftete Pickel oder bündelweise abgebrannte Kienspäne, die nicht aus ihrem Umfeld stammten. Zu einer anderen, lange zurückliegenden Zeit müssen also bereits hier oben Menschen gelebt und das Salz im Berg ausgebeutet haben. Wann genau, war zu Lebzeiten Ramsauers im Detail noch unklar, aber doch eindeutig genug, um die Gräber mit ihren schönen Keramiken, den Antennendolchen und Zierbeilchen der Periode zwischen jüngerer Eisen- und ausgehender Bronzezeit zuzuordnen. Mehr noch. Die eigentliche Bedeutung des prähistorischen Friedhofs liegt darin, dass durch Menge und Art der Beigaben Datierungen allgemeingültiger Natur möglich und damit auch auf andere Fundstätten übertragbar wurden. Als eigenständige Kultur hatte die ältere Eisenzeit Gestalt angenommen und einen griffigen Namen erhalten: Hallstattzeit.

MITTERKIRCHEN
Luxuskarosse für die Dame

Kaum etwas beeindruckt – und bedrückt – die Besucher in Hallstatt mehr als das Wissen um die Essgewohnheiten vor 2500 Jahren. Tagein und tagaus mussten die Knappen in den Salzbergwerken einen eintopfartigen Brei löffeln. Kein Wunder, dass ihnen die Zähne ausfielen, sie an Mangelerscheinungen und schweren Durchfallerkrankungen litten. Doch lebte jeder so karg, hat nicht wenigstens die Oberschicht der Grubenbesitzer und Händler etwas Abwechslung in den Speisenplan gebracht, frisches Gemüse und vor allem Fleisch gegessen? Das fragten sich die Archäologen, als 1980 unerwartet bei Mitterkirchen an der Donau ein großes Gräberfeld der Hallstattzeit angepflügt wurde. Bei den nachfolgenden, rund zehnjährigen Grabungen gab das platte Ackerland rund 50 Hügel mit mehr als 80 Bestattungen frei; die meisten davon prachtvoll ausgestattet, selbst Kinder trugen – viel zu große – Waffen, Helme oder Gürtelbleche. Der Reichtum dieser Sippe in der fruchtbaren Donaumarch, so die Überlegung, könnte durch landwirtschaftliche Überschussproduktion entstanden sein. Von „Rinderbaronen" ist gar die Rede. Als Hauptabnehmer von Fleisch, pflanzlichen Nahrungsmitteln oder tierischen Produkten wie Fellen und Leder kommt demnach das 90 Kilometer entfernte Hallstatt in Frage. Und vielleicht transportierten die Lasttiere auf dem Rückweg Salz, das an der Donau verschifft wurde.

Eine bedeutsame Rolle muss dieser, ausweislich schöner Keramikarbeiten auch handwerklich sehr

So lebte man an der Donau: Urgeschichtliches Freilichtmuseum bei Mitterkirchen.

begabte Mitterkircher Verband gespielt haben. Zur größten Verblüffung der Archäologen kamen in der Nekropole auch zwei Wagengräber zum Vorschein. Abgesehen vom Uttendorfer Grab mit Goldhalsreif war so weit östlich der Brauch unbekannt gewesen, einen vierrädrigen Prunkwagen dem Verstorbenen mit auf die letzte Reise zu geben. Oder der Verstorbenen. In einem der beiden Gräber lag, wie die Gen-Analyse ergab, eine Frau. Entsprechend ihrer außergewöhnlichen Stellung hatte man ihr ein besonders aufwändiges Gefährt gezimmert. Unter den etwa 300 bekannten Wagengräbern der Hallstattzeit nimmt diese Luxuskarosse nicht nur wegen ihres Fundortes eine Sonderstellung ein. Auch der Aufbau fällt aus dem Rahmen. Vermutlich zierten ihn ungezählte Bronzebeschläge, Kreise, Dreiecke und Nagelköpfe; an der Rückwand baumelten durchbrochene Bronzeplatten mit Klapperblechen. Es dürfte ein beeindruckendes Schauspiel gewesen sein, wenn

Praktische Hinweise

Lage: Mitterkirchen liegt etwa 40 km östlich von Linz links der Donau: B 3 bis Mauthausen, von dort ausgeschildert.

Museen: Urgeschichtliches Freilichtmuseum, 4343 Mitterkirchen 50, Tel. 00 43/(0) 72 69/66 11 oder -/68 80 (Gemeinde), www.mitterkirchen.at; geöffnet täglich 9–17 Uhr (Nov. bis Mitte April geschlossen).

Funde aus Mitterkirchen zeigt die neu gestaltete Vorgeschichts-Abteilung im Linzer Schloss; außerdem den Uttendorfer Goldhalsreif. Der Schwerpunkt liegt auf dem Gräberfeld von Hallstatt. In ansprechender Gestaltung werden Salzabbau, Handel und die archäologische Erforschung dargestellt. Landesmuseum Oberösterreich/Schlossmuseum, Tummelplatz 10, 4010 Linz, Tel. 00 43/(0)7 32/77 44 19 31, www.schlossmuseum.at; geöffnet Di. bis Fr. 9–18, Sa./So. 10–17 Uhr.

bei einer Umfahrt das Sonnenlicht in den Metallteilen reflektierte und die Bleche weithin hörbar klingelten.

Das gesamte Grab, einschließlich rekonstruierten Wagens, ist im Rahmen des Urgeschichtlichen Freilichtmuseums Mitterkirchen wiederauferstanden. Wie eine kleine Höhle kann der 16 Meter breite Grabhügel betreten, in die halb aufgeschnittene Holzkammer Einblick genommen werden. Dabei entspricht das dort Sichtbare dem aller Gräber: Der oder die Tote lag an der Kammersüdwand mit dem Kopf nach Osten. Um den Körper waren persönliche Gegenstände wie Waffen und Schmuck angeordnet, in der Nordostecke standen große Geschirrsätze, dazu Tierbeigaben mit passendem Fleischmesser, und es fehlte nicht an prächtigen Pferdegeschirren. Ein Wassergraben deutet die Separierung der Nekropole von der Siedlung an. Ob allerdings ein keltisches Dorf tatsächlich so aussah wie hier, können nicht einmal die gewissenhaften Archäologen des Oberösterreichischen Landesmuseums von Linz beantworten. Mangels ausreichender Befunde entschied man sich beim Aufbau nach bestem Wissen und Gewissen für das Ideal einer Keltensiedlung. Im „Herrenhaus" darf es dann auch etwas gehobenes Ambiente sein. Als Muster der Möbel dienten Abbildungen auf der Situla von Kuffarn, und im Schlafraum nahm man Liege und Polsterung des Grabes von Hochdorf bei Stuttgart zum Vorbild (siehe S. 121).

Sicher überliefert sind Gebäude, die hier als Sommer- und Winterhaus bezeichnet werden. Die leichter gebauten und mit Speichervorrichtungen versehenen standen nahe der Felder und wurden zur fruchtbaren Jahreszeit aufgesucht, während man zum Winter in Blockhütten mit schwerem Balkenwerk umzog. Wie das tägliche Leben verlief, können die Besucher bei weiteren Bauten nachempfinden – Schmiede, Weberhaus, Töpferwerkstatt, Keramikbrennöfen, Backhaus –, oder sie bekommen dort die früheren Fertigkeiten vorgeführt. Angemeldete Gruppen dürfen sich auch selbst im Backen, Töpfern und Bogenbauen üben.

WIEN
Der Museumstempel fürs Leben

Für die Wiener ist es nur das „NHM". Wenigstens einmal muss man das Naturhistorische Museum gesehen haben. Wer eine Ahnung von der unendlichen Vielfalt des Lebens erhalten möchte, ist in diesem historistischen Prachtbau am Burgring richtig. Kann auch nur ein Bruchteil der in die Millionen gehenden Sammelstücke gezeigt werden, ein paar Tage sind hier leicht verbracht. Beginnend bei der nichtorganischen Natur mit Tausenden Mineralien und einem umfassenden Überblick über die Erdgeschichte, wird dann ein Stockwerk höher ausgebreitet, was den Planeten belebt(e): der unfassbare Artenreichtum der Insekten, Wirbellosen, Fische, Vögel, Reptilien, Säu-

Praktische Hinweise

Museum: Naturhistorisches Museum, Burgring 7, 1014 Wien, Tel. 00 43/(0)1 52 17 70, www.nhm-wien.ac.at; geöffnet Mi. bis Mo. 9–18.30, Mi. bis 21 Uhr.

ger und Dinosaurier. Die Evolution, so scheint es, kennt keine Richtung und kein Ziel, nur die Fortentwicklung aus sich selbst heraus.

Mit Sicht auf den Menschen relativiert das manches. Der wirkt so zufällig und klein wie der Fund der berühmten „Venus von Willendorf". Die gerade elf Zentimeter große Figur einer üppigen Frau aus der Eiszeit wird jetzt im Original gezeigt, nachdem dieses lange unter Verschluss gehalten wurde. Kein Exponat im NHM sichert derart dickes Panzerglas. Auch das gehört zum Museum, die Ur- und Frühgeschichte Österreichs. Zwei ihrer fünf Säle nehmen die Ältere Eisen- sowie die Hallstattzeit ein, und das heißt zuerst und vor allem die Funde aus Gräberfeld und historischem Salzbergwerk im namengebenden Hallstatt, Oberösterreich. Wenn auch das Naturhistorische Museum seit Aufwertung der Hallstatt-Dachstein-Region zum UNESCO-Welterbe die Verpflichtung einging, dem Museum in Hallstatt „die besten Stücke aus zwei Jahrhunderten Grabungstätigkeit in Dauerleihe zu übergeben", verbleibt noch ausreichend Material, um sich auch in Wien mit dem tausendjährigen Salzbergbau zu befassen. Hier stehen beispielsweise die genialisch konstruierten Rucksäcke zum Salztransport aus der späten Bronzezeit. Sie wurden nur an einem Gurt über der Schulter getragen und konnten durch Herunterziehen eines Knüppels rasch und ohne abzusetzen geleert werden. Das spricht für eine auf Arbeitsteilung angelegte Organisation im Bergwerk. Auch die vielen in den Stollen hinterlassenen, hier in beeindruckender Dichte ausgebreiteten organischen Materialien sind das Werk von Spezialisten, etwa die kompliziert geschnittenen Lederkopfbedeckungen oder die Kleidung der Bergleute zur Hallstattzeit. Offenkundig trugen die Knappen nicht einfache Schutzmonturen, vielmehr bevorzugten sie farbenfrohe, teils karierte Stoffe, deren Herstellung jahrelange Erfahrung bedurfte.

Vielleicht haben die Kelten bei ihrer Vorliebe für dekorative Textilien den Weberinnen eine besondere Achtung entgegengebracht, sie am Ende gar kultisch verehrt. Zu den schönsten Expona-ten im NHM gehört ein so genanntes Kegelhalsgefäß aus dem 7. Jahrhundert v. Chr., gefunden im westungarischen Sopron. In einer stilisierten, sehr modern anmutenden Ritztechnik ist darauf eine Frau vor einem aufgestellten Webstuhl zu sehen, drei weitere Personen daneben umtanzen vielleicht sogar das Arbeitsgerät, während die fünfte ein Saiteninstrument anschlägt. Blickt man nun noch auf den Festreigen der Situla von Kuffarn, deren Original in Wien steht, gewinnen die eisenzeitlichen Lebensformen plötzlich Gestalt. Im Museum für Urgeschichte von Asparn sind die Kuffarner Szenen wie Filmstreifen auf eine Wand übertragen.

Ein Eimer erzählt: Das Original der „Situla von Kuffern" im Wiener Naturhistorischen Museum.

ASPARN/ZAYA

Keltische Kunst am Eimer

Wenn es einen Westhallstattkreis gibt, dann muss es auch das geographische Gegenstück, einen Osthallstattkreis geben. Grob gerechnet, verlief die Grenze zwischen beiden durch das heutige Österreich etwa entlang einer Linie der Enns. Zum westlichen Teil der Hallstattkultur zählt noch das Wagengrab von Mitterkirchen bei Linz. Weiter östlich, in Niederösterreich, Böhmen oder Slowenien kennt man die Sitte von Wagenbeigaben nicht. Die Gräber sind in der Regel weniger üppig befrachtet, und statt des weiter westlich üblichen Schwertes findet man hier die Streitaxt. Beide Kulturkreise zeichnen monumentale Grabhügel aus. Einer der größten im östlichen Hallstattbereich, der mit einem Kreuz markierte Leeberg, steht unversehrt auf freiem Feld bei Großmugl. Er ist 16 Meter hoch, bei einer Breite von 55 Metern.

Der wesentliche Unterschied zwischen westlichem und östlichem Hallstattkreis lag in künstlerischen Ausdrucksformen. Während Frankreich und den Südwesten Deutschlands eine geometrische, stilisiert-abstrakte Ornamentik kennzeichnet, tauchen im Osten auch plastische, ja figürliche Abbildungen auf. Sie reichten von Ritzzeichnungen webender Frauen auf Keramik über stierkopfgezierte Gefäße bis zu ganzen Bilderfolgen an eimerartigen Weinmischgefäßen („Situlen"). Deren Tradition setzte sich fast nahtlos in der Latènezeit fort. Jetzt zieren solche detailverliebten Szenen sogar Schwertscheiden, wie in einem Grab von Hallstatt entdeckt. Dem Gegenstand angemessen sind Reiter, Fußsoldaten und ein Zweikampf zu sehen. Abgesetzt davon halten zwei Männer ein achtspeichiges Rad, als wollten sie sagen: Seht her, von uns Kelten wurde der Radbau, das Zusammenspiel von Nabe, Felge und Speichen, meisterhaft optimiert.

Kunst, Kult und Kämpfe gehörten in der keltischen Welt eng zusammen. Eines der schönsten Beispiele hierfür hat das Museum für Urgeschichte im niederösterreichischen Asparn an der Zaya besucherfreundlich aufbereitet. Dort wurden die rundum verlaufenden Motive der so genannten Situla von Kuffarn auf eine Wand übertragen. In der Vergrößerung erkennt man den Ablauf eines bedeutsamen Festes aus der Zeit um 400 v. Chr. Zuschauer und Bewaffnete kommen an, sie opfern in einer feierlichen Prozession, bevor sie zum Trinkgelage schreiten. Es folgen musischer und sportlicher Wettstreit (nackte Faustkämpfer), ehe als Höhepunkt das Wagenrennen ausgetragen wird.

Der offenkundige Prunk einer solchen Veranstaltung steht in auffallendem Gegensatz zum keltischen Alltagsleben. Das Museumskonzept sieht vor, den Einzelfunden, die in den Räumlichkeiten des Schlosses von Asparn gezeigt werden, die Lebensrealität gegenüberzustellen. So trifft der Besucher hier im Schlosspark nicht auf kunstvoll

Praktische Hinweise

Lage: Asparn liegt ca. 40 km nördlich von Wien nahe Mistelbach; der Grabhügel Großmugl etwa 20 km südwestlich von Asparn bzw. 10 km nördlich von Stockerau.
Museum: Museum für Urgeschichte, Franz-Hampl-Platz 1 (Schloss), 2151 Asparn/Zaya, Tel. 00 43/(0) 25 77/80 39, www.urgeschichte.com; geöffnet Di. bis So. 9–17 Uhr (Dez. bis April geschlossen); öffentliche Führungen Sa./So. im Museum (11 Uhr), durch das Freigelände (14 Uhr), außerdem gibt es archäologische Mitmachaktionen (15 Uhr).

Schlosspark mit ungewöhnlicher Nutzung: Prähistorische Häuser im Freigelände des Urgeschichtsmuseums von Asparn/Zaya.

gezierte Beete, vielmehr steht dort unter hohen Laubbäumen eine kleine Siedlung vorgeschichtlicher Bauten. Beginnend mit Fellhütten eiszeitlicher Jäger, sind die großen Menschheitsepochen jeweils mit typischen Behausungen vertreten. Die keltischen Wohnbauten waren zwar vergleichsweise geräumig, aber die Verhältnisse wie allenthalben von Kargheit geprägt. Ohne Wandabtrennungen scharten sich die Bewohner um eine zentrale Feuerstelle. Separat lagen die Fertigungsstätten. Nach verschiedenen Befunden sind Back- und Töpferöfen sowie eine große Eisenschmiede rekonstruiert. Bei Mitmachaktionen und „Tagen experimenteller Archäologie" schürt man die Feuer. Gegen Beteiligung der Materialkosten dürfen die Erzeugnisse erworben werden. Gebacken wird auch während regulärer Besuchstage.

HAINBURG
Weiter Blick zurück

Die weite Donauebene zwischen Wien und Bratislava hat schon viele Schlachten gesehen. König Rudolf von Habsburg schlug hier im nördlichen Marchfeld 1278 seinen Widersacher Ottokar von Böhmen – der Anfang des unaufhaltsamen Aufstiegs der Habsburger; Prinz Eugen hielt 1683 die Türken vor den Toren Wiens auf – das Ende einer latenten Gefahr für das alte Europa; 1809 brachten die Koalitionstruppen Napoleon bei Aspern an den Rand einer Niederlage – der Beginn eines bröckelnden Nimbus; sowie – nicht zu vergessen – der friedliche Kampf Tausender Demonstranten im klirrendkalten Dezember 1984 bei Stopfenreuth gegen den Bau eines Wasserkraftwerkes – was das Aus für eine der letzten intakten Auenlandschaften Europas verhinderte.

Außenposten: Rekonstruierter Wachturm auf dem Hainburger Braunsberg nahe der österreichisch-slowakischen Grenze.

Wurde hier in der Donauebene auch eine der wenigen Schlachten geschlagen, die aus der keltischen Überlieferung bekannt sind? Das fragt sich die Forschung, seitdem man den Endkampf des großen Stammes der Boier auf seine Örtlichkeiten hin untersucht. Dessen Zentren lagen seit etwa 100 v. Chr. auf der Pressburg bei Bratislava und am Braunsberg bei Hainburg. Nach der Vertreibung durch Germanen aus ihren angestammten Gebieten in Böhmen siedelten sie zwischen Niederösterreich und der Slowakei. Weiteren Expansionsgelüsten nach Südwesten waren die Noriker vor. Als sich die Boier darauf nach Osten wandten, wurden sie von den Dakern um 40 v. Chr. vernichtend geschlagen. Von ihnen blieb kaum mehr als der Name – „Böhmen". Die Pressburg nahm ein gewaltsames Ende, die Siedlungen bei Hainburg gingen vermutlich kampflos zugrunde.

Ob die Boier das Oppidum errichtet hatten, das auf dem mächtigen Braunsberg stand, ist nicht einmal sicher. Der Wall, die Bauten, alles verfiel über die Jahrhunderte, bis am Ende nur mehr eine Geländekante an die einst 23 Hektar große Anlage erinnerte. Erst verschiedene Grabungen seit den Achtzigerjahren des 20. Jahrhunderts, wobei Hauspodien und der Wallverlauf festgestellt wurden, entrissen das Verbliebene der endgültigen Erosion. Zum vorläufigen Abschluss der Untersuchungen – sie sind Teil eines ehrgeizigen Projekts, alle keltischen Befestigungsanlagen entlang der mittleren Donau zu erfassen – rekonstruierte man 2001 ein Stück der von einem Erdwall hinter-

Praktische Hinweise

Lage: Man kann von Hainburg auf den Braunsberg fahren; ebenso führt ein viertelstündiger Fußweg ab dem Schwimmbad hinauf.
Museum: Funde vom Berg, ein nachgebautes Grab sowie eine Dokumentation zu den Grabungen zeigt das im mächtigen Wiener Tor der Stadtmauer untergebrachte Stadtmuseum: 2410 Hainburg, Tel. 00 43/(0) 21 65/6 21 11 (Stadtverwaltung), www.wienertor.at; geöffnet So. 10–12 und 14–17 Uhr (Nov. bis Mai geschlossen).

schütteten Holzpalisaden, einschließlich eines Türmchens. Das dürfte weniger der großräumigen Beobachtung des Marchfeldes als dem „toten Winkel“ an den steil abfallenden Braunsbergflanken gedient haben.

Aus der Ebene hätte sich ohnehin niemand unbemerkt dem tafelbergartigen Felsrücken nähern können. Mit etwas Phantasie sieht man die Türme des Wiener Stephansdoms am Horizont aufragen. Vielleicht sind es aber auch Pappeln der Donauauen. Nach dem Sieg der Naturschützer 1984 und der Einrichtung eines Nationalparks mit dem Status eines UNESCO-Biosphärenreservates 1996 blieb diese einzigartige Auenlandschaft auf rund 40 Kilometer bis vor die Tore Wiens erhalten. Blickt man vom Braunsberg auf das grüne Band entlang der linken Donauseite, gleicht dies einem Blick zurück in die Vergangenheit. Das fast urwaldartig anmutende Gelände mit seinen weiten Überflutungsgebieten dürfte vor 2000 Jahren kaum anders ausgesehen haben. Dank rigoroser Umweltauflagen soll das auch so bleiben. Die einzigen, die hier Bäume fällen dürfen, sind Biber.

SCHWARZENBACH
Aufbruch in die Vergangenheit

Österreich besitzt einen reichen Schatz an Hinterlassenschaften der Eisenzeit. Auf dem Höhepunkt der „keltischen“ Phase vor 500 v. Chr. lag der alpine und niederösterreichische Raum im Schnittpunkt von vier großen Kulturräumen: West- und Osthallstattkreis, einer südsteierischen Gruppe und schließlich Hallstatt selbst, das durch seinen herausragenden Stellenwert zum Namensgeber einer ganzen Epoche wurde. Nur eines fehlt – bedeutsame Wallanlagen, kein Vergleich zur großen Dichte nordwestlich der Alpen. Das mag mit der Unwirtlichkeit des Gebirges zusammenhängen oder auch mit späteren Überbauungen. Befestigungen entlang der Donau waren nachfolgenden Völkern ein sicherer Hinweis, dort gute Bedingungen für dauerhafte Sesshaftigkeit vorzufinden. Wien oder Linz stehen auf keltischem Grund. Aber auch die nachweisbaren Großsied-

Praktische Hinweise

Lage: Schwarzenbach findet man etwa 20 km südlich von Wiener Neustadt nahe der S 31 und B 50, Höhe Sieggraben. Die Zufahrt auf den Burgberg ist ausgeschildert, zwei Parkplätze liegen unterhalb des Gipfels. Ab Stellfläche „Tankstelle“ führt ein ca. 4 km langer Rundwanderweg um die Wallanlage, Markierung: Ziffer 3. Der Turm ist frei zugänglich. Es gibt regelmäßig Aktionsprogramme für Kinder. Termine über die Gemeindeverwaltung, Tel. 00 43/(0) 26 45/52 01, www.keltendorf.com

Museum: Viele eisenzeitliche Funde aus dem östlichen Österreich sowie Westungarn zeigt: Burgenländisches Landesmuseum, Museumsgasse 1–5, 7000 Eisenstadt, Tel. 00 43/(0) 26 82/6 27 15, www.burgenland.at/landesmuseum; geöffnet Di. bis So. 9–12 und 13–17 Uhr.

Tipp: Am Wochenende um den 21. Juni (Sonnenwende) findet auf dem Burgberg jährlich ein dreitägiges Keltenfest statt.

Alle helfen mit: Archäologen und Schwarzenbachs Einwohner legen auf dem Burgberg die Vergangenheit frei.

lungen erreichten zur Latènezeit kaum die Ausdehnung stadtähnlicher Oppida andernorts, vom Erhalt nicht zu reden.

Mit einer Ausnahme. Wie das berühmte gallische Dorf aus dem „Asterix"-Comic überstand eine respektable Keltenburg alle Ein- und Angriffe. Sie liegt nahe der 1300-Seelen-Gemeinde Schwarzenbach am Rande der Buckligen Welt, der noch weitgehend intakten Mittelgebirgsregion im Süden Niederösterreichs. Vielleicht hat diese etwas abgeschiedene Lage mitgeholfen, „die größte und besterhaltene keltische Wallanlage Österreichs" zu konservieren. Stolz nennt sich deshalb Schwarzenbach jetzt „Keltendorf". In kaum einem zweiten Ort der Republik dürfte die Bevölkerung so ihre Rolle als Kelten verinnerlicht haben. Auf den Speisenkarten stehen entsprechende Gerichte („Wildschweinbraten Teutates") und selbst offizielle Gemeindeschreiben ziert der Schriftzug „Keltendorf".

Wer hinter dem Schwarzenbacher Aufbruch in die Vergangenheit nur einen Werbegag vermutet, verwechselt Ursache mit Wirkung. Der Ritterschlag kam von der Wissenschaft. Erst als hier Archäologen 1992 planmäßig den Spaten ansetzten und Messungen mit dem Bodenradar durchführten, zeigten sich die Dimensionen der Befestigung samt Bebauungen. Wallschnitte brachten Mächtigkeit und Aufbau der weitgehend überwachsenen Wälle auf dem Burgberg zum Vorschein. Diese, noch bis zu sieben Meter hoch und im so genannten Pfostenschlitzverfahren errichtet, umschlossen das 18 Hektar große Areal; ein Zangentor konnte im Osten lokalisiert werden. Die geschickt an der Hangkante entlang geführte Mauer stammt aus der Hochphase der so genannten Oppida-Kultur, also dem späten 2. Jahrhundert v. Chr. – erbaut auf Fundamenten einer etwa 1500 Jahre älteren Befestigung der Bronzezeit.

Die Befunde waren aussagekräftig genug, um im Inneren der umwehrten Fläche einen Wallabschnitt mit Wehrturm zu rekonstruieren. Da auch Hausgrundrisse bei den Untersuchungen zum Vorschein kamen, baut das Keltendorf Schwarzenbach nun auch ein „richtiges" Keltendorf. Nach und nach soll auf dem Burgberg eine größere Siedlung erwachsen. Handwerkerhaus, Wohngebäude mit Speicherbau und Keramikbrennofen stehen bereits. Ein kleines Museum mit Grabungsfunden – Glasarmring, Münzen, Gürtelhaken und Rasiermesser – ist im Eingangsbereich des Aussichtsturms auf dem Areal eingerichtet. Von dem 26 Meter hohen Campanile bietet sich ein herrlicher Blick bis weit in die ungarische Tiefebene und nach Süden zur Oberpullendorfer Bucht. Von dort kam einstmals qualitätvolles Eisen. Das könnte erklären, warum die Bucklige Welt von einem mächtigen Oppidum geadelt wurde. Dessen Metallerzeugnisse sollen bis ins Römische Reich exportiert worden sein.

KULM/GRAZ
Berg mit Perspektive

Was der bloße Augenschein vermuten lässt, bestätigt die Statistik: Österreich besitzt weltweit einen der höchsten Pro-Kopf-Anteile an Eigenheimen. Ob diese Quote auch etwas mit der großen Dichte an Freilichtmuseen zu tun hat, werden nur die Österreicher wissen. Im liebevollen Bewahren von Bauten der Altvorderen übertrifft sie so schnell niemand. Das reicht weit über die bäuerlich-vorindustrielle Welt hinaus. Alleine die Eisenzeit vertreten gleich fünf Dörfchen oder mehrere Häuser im Rahmen urzeitlicher Siedlungen: Hallein, Mitterkirchen, Asparn, Schwarzenbach und Kulm. Jede der Siedlungen ist natürlich um größtmögliche Authentizität in Sachen frühere Lebensumstände bemüht, ohne dass deshalb die Standorte historisch sein müssen. Das gilt nicht für Schwarzenbach – dort beginnt aber erst der Aufbau – und auch nicht für Kulm in der östlichen Steiermark, wo in gut 700 Metern Höhe ein urgeschichtliches Freilandmuseum steht („Kulmkeltendorf").

Hier auf dem aussichtsreichen Berg beginnt bereits um 4000 v. Chr. die Besiedlung. Drei Jahrtausende später zur Urnenfelder- und frühen Hallstattzeit wird es richtig eng an dem Gipfel. Um Platz zu schaffen, schlägt man Hausterrassen in die Nordflanke. Auf dem drei Hektar großen Plateau leben jetzt 350 Menschen, vielleicht auch mehr, weist man die vielen in der Umgebung ge-

Praktische Hinweise

Lage: Der Kulm liegt ca. 35 km nordöstlich von Graz; erreichbar über die B 72 und Weiz oder von Süden über Gleisdorf, B 64 oder B 54.
Museen: Urgeschichtliches Freilichtmuseum Kulmkeltendorf, 8212 Pischelsdorf 236, Tel. 00 43/(0) 31 13/23 52, www.kulm-keltendorf.at; geöffnet Di. bis Fr. 10–16.30, Sa./So. bis 17.30 Uhr (Nov. bis Mai geschlossen).
Landesmuseum, Eggenberger Allee 90 (Schloss Eggenberg), 8020 Graz, Tel. 00 43/(0)3 61/80 17 96 60, www.museum-joanneum.at; geöffnet Di. bis So. 9–16 Uhr (Dez. bis März geschlossen).
Ein weiteres Museum liegt südlich von Graz in Großklein. Dort werden Funde aus der Großnekropole vom Burgstall gezeigt, darunter die berühmte Bronzemaske mit Handblechen (Original in Graz): Hallstattzeitliches Museum, Großklein, Tel. 00 43/(0)6 64/2 71 44 14, www.archeogrossklein.at; geöffnet täglich 10–12 und 14–16.30 Uhr (Nov. bis Karfreitag geschlossen). – Über den Burgstall führt ein Archäologischer Lehrpfad, Beginn am Museum. Dieser ist als 8,5 km lange Streckenwanderung angelegt, Markierung: Ziffer 4.

machten Einzelfunde möglichen Behausungen zu. Damals dürfte am Kulm eines der wichtigsten wirtschaftlichen und sicherlich auch kultischen Zentren Ostösterreichs gestanden haben. Ein beeindruckendes Schauspiel muss es gewesen sein, wenn die Siedlungen der umliegenden Berge, Ringkogel bei Hartberg, Fötzberg bei St. Margarethen oder der Königsberg bei Tieschen mit seiner fast stadtähnlichen Siedlung im abendlichen Feuerschein aufflackerten. Nicht zufällig lag auf dem Kulm während der Türkenkriege im 16. Jahrhundert eine Kreidfeuerstation. Nach Osten reicht die Sicht bis ins pannonische Tiefland.

Zuletzt ließen sich Menschen der späten Latènezeit von den prachtvollen Perspektiven des 1000 Meter hohen Berges anlocken. Um 100 v. Chr. wurde dieser zudem mit einer massiven Wehranlage gesichert. Umfangreiche Grabungen erbrachten die historische Siedlungsfolge, und so verstehen sich die sieben Häuser am Kulm als Illustration der jeweiligen Epochen. Massiv fällt das mit Rundstämmen errichtete Blockhaus der frühen Hallstattjahre aus, während zur späteren Keltenzeit so genannte Riegelbauten mit Fachwerkwänden bevorzugt wurden. Das weit vorspringende Pultdach am Eingang gibt diesem Haustypus etwas Beschwingtes, ohne vergessen machen zu können, welchen klimatischen Bedingungen hier oben Mensch, Tier und die Gebäude ausgesetzt sind. Die tief herunter gezogenen Schilfdächer wirken wie ein Vorgriff auf die spätere Architektur im Alpenraum. Alle Häuser beleben realistisch arrangierte Alltagsszenen; nachgebaut sind auch Schmiede und Backofen. Regelmäßig wird dort vorgeführt, wie früher eingeheizt wurde, um Eisen zu bearbeiten und das tägliche Brot zu backen.

Das herausragende Museum der Steiermark ist das Joanneum in der Landeshauptstadt Graz. Einen Namen hat es sich mit seiner großen Kunstsammlung gemacht, aber auch die Vorgeschichte kommt nicht zu kurz. Im Schloss Eggenberg steht neben keltischen Münzen, zahllosen Fibeln, Eisenwerkzeug und Waffen vor allem ein exklusives Exponat im Zentrum der Aufmerksamkeit – der Wagen von Strettweg. Sein ungewöhnlicher Aufbau hat schon zu vielerlei Interpretationen herausgefordert: Eine spiegelbildlich angeordnete Figurengruppe aus berittenen Kriegern und idealisierten, jeweils einen Hirsch führenden Menschen, in deren Mitte eine hoch aufragende Frau steht, die einen Kessel mit 30 Litern Fassungsvermögen trägt. Zweifellos diente das 1851 aus einem Grabkomplex im Aichfeld, oberes Murtal, geborgene Gefährt aus der Zeit um 600 v. Chr. kultischen Zwecken, wahrscheinlich einem Fruchtbarkeitsritus. Aus dem „Kessel der Fülle" schöpfte man für die Götter, ehe man selbst daraus trank, begleitend zu einer Opferungszeremonie, wie hier der von Hirschen.

KLAGENFURT
Die Macht des Praktischen

Berühmt wurde der Magdalensberg für seine römischen Hinterlassenschaften. Eine regelrechte Stadt ist hier hoch über Klagenfurt in jahrzehntelanger Forschung freigelegt worden. Als beeindruckendes Freilichtmuseum stehen die Rekonstruktionen heute jedermann offen. Je länger man zwischen den um ein Forum gruppierten Häusern und Werkstätten herumklettert, desto mehr steigt die Verwunderung, warum die Römer hier in 1000 Metern Seehöhe Fuß fassten. Zunächst grün-

Römische auf keltischer Siedlung: Der Magdalensberg hoch über Klagenfurt.

deten sie im 1. Jahrhundert v. Chr. eine kleine Handelsniederlassung, aus der nach der römischen Besetzung um 15. v. Chr. eine veritable Siedlung erwuchs. Da fehlte es dann auch nicht an einem Tempel und den obligatorischen Badehäusern. Ganz offensichtlich gab es gute merkantile Gründe, dass dieser Ort innerhalb kürzester Zeit zu einem der bedeutendsten Handelszentren der Ostalpen aufstieg. Man suchte die Nähe zur einheimischen Bevölkerung, die auf dem Magdalensberg ein bedeutendes Zentrum besaß. Vermutlich handelte es sich aber nicht um die legendäre Hauptstadt Noreia des keltischen Königreichs Noricum. Sicher war der römische Zuzug auf den Magdalensberg auch eine politische Geste, hatte doch das seit dem frühen 2. Jahrhundert v. Chr. bestehende Königreich – ein eher loser Zusammenschluss mehrerer Stämme unter Führung der Noriker – den Römern keinen Ärger bereitet und es dann auch vorgezogen, auf dem Hintergrund der gallischen Erfahrungen, die Legionäre kampflos in die Ostalpen zu lassen. Schon immer verstand man sich in Österreich auf die Kunst des Möglichen.

Die Vorzugsbehandlung der Noriker dürfte mit ihrem größten Schatz, äußerst qualitätvollem Eisen („ferrum noricum"), quasi der antike Krupp-Stahl, zu tun gehabt haben. Nach der römischen Besatzung wurden das Roheisen und andere Rohstoffe eigens zur Verarbeitung auf den Magdalensberg gebracht. Vielleicht wollten die Schmiede und Kunsthandwerker in der Nähe „ihres" Heiligtums auf dem Berg verbleiben. Ein solches nämlich hat hier in vorrömischer Zeit bestanden. Die originelle Tonfigur eines kahlköpfigen Ruderers in einem Kahn („Himmelboot-Fahrer") spricht hierfür ebenso wie das so genannte Dreikopfbecken. Es steht heute im Eingangsbereich

Praktische Hinweise

Lage: Der Magdalensberg ist ab der B 317 zwischen Klagenfurt und St. Veit ausgeschildert; auf dem Gipfel auch ein zünftiges Gasthaus.
Museen: Der Archäologische Park auf dem Magdalensberg öffnet täglich 9–19 Uhr (Mitte Okt. bis Mai geschlossen), Auskünfte über das Landesmuseum, zusammen mit diesem gibt es auch eine Kombikarte. – Landesmuseum Kärnten, Museumgasse 2, 9020 Klagenfurt, Tel. 00 43 (0)4 63/56 33 05 52, www.landesmuseum-ktn.at; geöffnet Di. bis Sa. 9–16, So. 10–13 Uhr.

der spätgotischen Wallfahrtskirche am höchsten Gipfelpunkt, der übrigens herrliche Aussichten über die Gurktaler Alpen bietet. Etwas unterhalb der Kirche, an der nördlichen Seite, sind auch Reste einer Befestigung sichtbar. Die Macht des Praktischen beendete dann aber doch die Blüte auf dem Magdalensberg, und um 45 n. Chr. erbaute man eine verkehrsgünstigere Siedlung unten im Tal, das antike Virunum im Zollfeld.

Erst der Zufallsfund eines Bauern 1502 erinnerte wieder an die alte Handelsniederlassung. Beim Pflügen war die Bronzestatue des „Jünglings vom Magdalensberg" zum Vorschein gekommen. Sie ging später verloren. Glücklicherweise wurde von der Plastik bereits im 16. Jahrhundert ein Abguss genommen: Und so steht heute das Wahrzeichen vom Magdalensberg als Kopie der Kopie sowohl hier oben im Ausstellungsbereich der römischen Siedlung als auch im Kunsthistorischen Museum von Wien und nicht zuletzt im Kärntner Landesmuseum zu Klagenfurt.

Dort, gleich in Nachbarschaft zum Gebäude der Landesregierung, hütet man die Kärntner Schätze. Namentlich die vor- und römerzeitlichen Abteilungen wurden in den vergangenen Jahren stark aufgewertet. Vieles des in den Vitrinen auf dem Magdalensberg Gezeigten ist hier im Original zu sehen – einschließlich „Kahnfahrer". Dass der Übergang in die römische Zeit friedlich war, zeigen die steinernen Büsten und Grabsteine. Unverändert tragen die einheimischen Frauen ihre norische Tracht mit hoher Kopfbedeckung, vergleichbar einer Mitra. Durch Neufunde kam zuletzt überregionaler Glanz nach Klagenfurt. Aus einem Brunnen oder Kultschacht bei Förk trat eines der qualitätvollsten Waffendepots aus der Zeit um 300 v. Chr. zutage: 14 Helme unterschiedlicher Machart sowie Lanzen, Schilde und Schwerter mit Scheiden, teilweise ornamentiert. Durch die Förker Schutzhauben hat sich die Zahl der in Europa bekannten Helme aus der Latènezeit glatt verdoppelt.

SCHWEIZ

BASEL
Keltische Konföderation

CH – das Nationalitätenkennzeichen der Schweiz dürfte schon zu Rätseln Anlass gegeben haben. Selbst die Auflösung „Confoederatio Helvetica" macht ja zunächst wenig Sinn. Keiner der 26 Kantone oder eine andere Einrichtung von nationaler Bedeutung versteht sich als „helvetisch". Man muss schon bei Caesar graben, um der Sache näher zu kommen. In seinem Bericht über den „Gallischen Krieg" versäumte es der römische Prokonsul nicht, an die Episode um den Auszug und die Rückführung der keltischen Volksgruppe der Helvetier zu erinnern. Demnach lebten deren Angehörige im heutigen Mittelland zwischen Oberrhein und Genfer See. Als sie nach Westgallien auswandern wollten, stellte sie Caesar nahe des burgundischen Bibracte 58 v. Chr. und schickte sie nach gewonnener Schlacht – als Schutzschild gegen von Norden nachdrückende Germanen – in die angestammten Gebiete zurück, nicht ohne die Überlebenden zu zählen: 110 000 Köpfe. Dies entsprach, wenn Caesars Angaben stimmen, noch einem Drittel der ausgewanderten Helvetier.

Das war also die (nichtalpine) Urbevölkerung der Schweiz. Bis zur Staatenbildung sollte es freilich noch dauern. Vom Bund der Eidgenossen 1291 über die formale Unabhängigkeit 1648 zur Bundesverfassung von 1848 führte ein langer Weg. Da kantonale Eigenarten berücksichtigt sein wollten und eine passende geschichtlich-geographische Mittlerrolle zwischen französischer West- und deutscher Ostschweiz benötigt wurde, verfiel man bei der Konstitution 1848 auf eine unverfängliche Konföderation der Helvetier. Wie bestellt, sorgte die Archäologie dann für materielle Unterfütterung der gedachten „keltischen" Identität. Zunächst entdeckte man ab 1849 in der Tiefenau bei Bern ein rund 1000 Gegenstände umfassendes Eisendepot, übertroffen dann noch seit 1857 vom Riesenhort aus dem Neuenburger See bei La Tène. Durch spätere Funde griechischer Importware in Châtillon-sur-Glâne bei Fribourg sowie auf dem Üetliberg von Zürich trat die Schweiz auch in den erlauchten Kreis der späthallstatt- und frühlatènezeitlichen „Fürstensitze" ein. Großartige Einzelstücke wie die „Hydria von Grächwil" (ausgestellt in Bern) oder der „Goldschatz von Erstfeld" (Zürich) bestätigten im weitesten Sinne die Zugehörigkeit zum keltischen Kulturkreis.

Viele der vorgeschichtlichen Hinterlassenschaften gingen allerdings durch dichte Bebauung über die Jahrhunderte verloren. Groß war deshalb das Erstaunen, als man 1971 unter der Altstadt von Basel auf ein veritables Oppidum stieß. In der nördlich liegenden Siedlung „Basel-Gasfabrik" wurde zwar bereits 1911 eine größere keltische Niederlassung entdeckt (die bis 2006 vollständig erforscht sein soll). Mit Mauern einer spätlatènezeitlichen Befestigung, nur wenige Schritte vom romanisch-gotischen Münster entfernt, war aber nicht unbedingt zu rechnen. Beim Bau einer Turnhalle kamen sie zum Vorschein. Nur was macht man mit der Erkenntnis antiker Fundamente unter bebauter Fläche? Das Münster ließ sich ja schlecht beiseite schieben. Immerhin konnte an einigen Stellen der Spaten angesetzt werden, sodass man heute ein ungefähres Bild des Oppidums aus dem 1. Jahrhundert v. Chr. besitzt. Seine Mauern umschlossen den Münsterhügel zwischen Rittergasse im Osten und der Kirche St. Martin in Höhe der Rheinbrücke. Das 15 Hektar große Gelände schützten steile Terrassen zum Rhein und nach Süden zum Flüsschen Birsig. Ein gewaltiger Annäherungsgraben musste vor dem östlichen Wall ausgehoben werden. Als muldenartige Vertiefung ist er noch in der Rittergasse erkennbar.

Es traf sich gut, dass am Ende der archäologischen Auswertung die 700-Jahr-Feier der Schweiz anstand: Ohne die Erinnerung an den legendären Rütlischwur von 1291 wären nicht von Amts wegen ungeahnte Mittel für zahlreiche historische Projekte geflossen. In Basel verfiel man auf die originelle Idee, die Grabungslöcher im Turnhallenbereich unter Glas von oben einsehbar zu ma-

Praktische Hinweise

Lage: Der „Archäologische Park" im Hof des heutigen Bau-Departements, Rittergasse, liegt etwas südlich vom Münster in der Altstadt (Münsterhügel). Weitere Informationen: www.archaeobasel.ch
Museum: Historisches Museum/Barfüsserkirche, Barfüsserplatz, 4051 Basel, Tel. 00 41/(0)6 12 05 86 00, www.historischesmuseumbasel.ch; geöffnet Mi. bis Mo. 10–17 Uhr.

chen – gedacht als „Erdfenster" für die Verbindung von Vergangenheit und Zukunft. Wenn die Scheiben geputzt sind, erkennt man den (rekonstruierten) Gitteraufbau der Balken und sogar Teile der originalen Mauern. Der „Schichtenhorizont" endet aber nicht mit den Kelten. Ein römischer Belag („Unterkofferung") liegt auf, darüber mittelalterliche Gräber und schließlich die Planierung aus dem 19. Jahrhundert. Im Hof markieren rote Stangen den Mauerverlauf und die Ausdehnung der Untersuchungen. Funde aus dem Oppidum sowie ein großes Modell zeigt das Historische Museum von Basel. Zu finden ist dies übrigens in der hochgotischen Barfüsserkirche.

Kanton Neuchâtel
Ein ausgezeichnetes Haus

Das hatte man sich irgendwie erhabener vorgestellt. Ein Ort von weltgeschichtlicher Bedeutung, dann das: Genau an jener Stelle, die einer ganzen Epoche ihren Namen leiht, stehen die Wohnwagen eines Campingplatzes. Nur der kleine Schaukasten vor den Waschräumen erinnert an eine der bedeutendsten archäologischen Stätten: La Tène, gelegen am Nordufer des Neuenburger Sees nahe der Gemeinde Marin-Epagnier. Immerhin sind Stellen kenntlich gemacht, wo seit

Würdiger Rahmen: Zwischen „Laténium" und Mont Vully (im Hintergrund) liegt La Tène (links).

Bergfestung: Wiederhergestelltes Zangentor am Zugang zum Oppidum auf dem Mont Vully.

1857 erste Funde auftraten und dann mehrere Grabungen auslösten. An deren Ende 1918 bildeten rund 2500 Hinterlassenschaften den vielleicht größten (Eisen-)Schatz der jüngeren Keltenzeit. Einige der Stücke, darunter ein gefaltetes Schwert, liegen in dem Infokasten.

Bevor der Besucher nun enttäuscht von dannen zieht, sollte er den Blick zur anderen Seeseite richten. Vor der Kulisse der steil aufragenden Juraberge zeichnet sich ein eleganter brauner Gebäuderiegel ab. Dort wird seit Ende 2001 das Vermächtnis der epochalen Fundstätte gehütet: „Laténium". Das Kunstwort umschreibt eines der aufregendsten Vorgeschichtsmuseen Europas, dem zwar die Entdeckungen von La Tène willkommener Anlass zum Neubau waren, aber beileibe nicht dessen einzige Bestimmung sind. Selbst die Aufgabe, die etwa 50 000 Jahre zurückreichende Vorzeit des Kantons Neuchâtel darzustellen, wirkt in diesem architektonisch und konzeptionell glänzend aufeinander abgestimmten Rahmen fast wie ein Mittel zum Zweck. Und der

Praktische Hinweise

Lage: Zur La-Tène-Fundstätte kommt man ab Marin-Epagnier in Richtung Campingplatz. – Das Oppidum auf dem Mont Vully erreicht man über Ins (zwischen Neuenburger und Bieler See) Richtung Murten; etwa auf halber Strecke ausgeschilderte Zufahrt.
Museen: Laténium, 2068 Hauterive (nördlich von Neuenburg/Neuchâtel), Tel. 00 41/(0)3 28 89 69 17, www.latenium.ch; geöffnet Di. bis So. 10–17 Uhr; das Außengelände ist frei zugänglich.
Weitere Funde aus La Tène zeigt das Museum Schwab, Seevorstadt 50, 2502 Biel, Tel. 00 41/(0)3 23 22 76 03, www.biel-bienne.ch/de/pub/kultur/museen/schwab; geöffnet Di. bis Sa. 14–18, So. 11–18 Uhr.

heißt: Das kann moderne Archäologie und zeitgemäße Präsentation. Davon zeigte sich auch der Europarat angetan und würdigte das Haus 2002 mit dem Europäischen Museumspreis.

Trotz der gerade in jüngster Vergangenheit durch Straßenbau geborgenen Funde, die sich in Tonnen und Stückzahlen im sechsstelligen Bereich bemessen, fand man unter Leitung des unermüdlichen Michel Egloff, der 22 Jahre um „sein" Laténium gekämpft hat, den Mut zur Beschränkung auf das Illustrierende und Wesentliche. Konkret: Nur 3500 Exponate, verteilt auf 2500 Quadratmetern in sieben Abteilungen, werden gezeigt. Der Besucher geht vom Mittelalter auf einem „Zeitstrahl" rückwärts und wird jeweils durch ein „Leitobjekt" und knappe Texte in die verschiedenen Epochen eingeführt, bis er am Ende des Rundgangs in den lebensnah arrangierten Kampf von Steinzeit-Menschen mit einem Bären gerät. Doch keine Sorge, die keuchenden Geräusche des Tieres kommen vom Tonband.

Ein 20 Meter langer Lastkahn aus der Römerzeit steht für den jahrtausendealten Schiffs- und Handelsverkehr am See, dem wichtigen Knotenpunkt zwischen Rhein und Rhône oder, wie es im Museumsuntertitel heißt, „zwischen Mittelmeer und Nordsee". Das eigentlich Aufregende spielt sich hinter dem Kahn im Freien ab – Wellen eines Außenbeckens schlagen gegen die wandhohe Scheibe. Damit ist der frühere, bis zu sieben Meter schwankende Seespiegel hinreichend verdeutlicht. Wie von selbst, so wird einsichtig, bestimmte das Steigen und Fallen des Pegels die Siedlungsgeschichte an dem gut 30 Kilometer langen Neuenburger See. Das ergab die Nähe der Hütten zum Wasser und ihre Konstruktion, etwa auf Pfählen. Große Modelle von stein- und bronzezeitlichen Häusern sowie ein Nachbau im Außenbereich zeigen es. Tausende Pfosten sind durch die Nässe konserviert. Im Museum wird in einem Modellbecken demonstriert, wie die Unterwasser-Archäologie solche Stätten aufspürt, auswertet und sichert.

Fallende Pegelstände haben letztlich zur Entdeckung des riesigen Eisenfundes seit 1857 geführt und ihr auch den Namen gegeben: Die Untiefe (La Tène). Aber erst als der Mensch seit 1868 in den Wasserhaushalt bei der so genannten Juragewässerkorrektion eingriff – und das hieß weiteres Absinken – gab der See seine verborgenen Schätze preis. Nur wenige ausgewählte Stücke aus den rund 2500 Funden präsentiert das Museum, die aber, da frei aufgehängt und indirekt beleuchtet, sehr effektvoll inszeniert. Warum die Menschen hier im 3. und 2. Jahrhundert v. Chr. massenhaft Eisenbarren, Fibeln, Lanzenspitzen und absichtlich verbogene Waffen versenkten, konnten auch nicht die bis ins frühe 20. Jahrhundert andauernden Untersuchungen klären. Das ausliegende, reich illustrierte Tagebuch der letzten Grabungsperiode von 1906 bis 1918 gibt einen Eindruck der gewissenhaften Arbeit.

Aus der im Halbdunkel liegenden La-Tène-Abteilung wird der Blick durch einen „Sichtkorridor" nach Süden auf den Mont Vully (oder Wistenlacher Berg) am anderen Seeufer gelenkt. Dort stand ein spätlatènezeitliches Oppidum von 50 Hektar Größe. Strategisch geschickt hatte man den Höhenzug zwischen dem Neuenburger- und Murtensee gewählt. Der östliche Jura sowie das Mittelland und die Berner Alpen beherrschen das Panorama. Aber nicht nur wegen der schönen Aussichten lohnt der Abstecher hinüber auf das Plateau. Nach Abschluss der jahrelangen Grabungsarbeiten wurde das mächtige Westtor rekonstruiert. Als gewaltiger Schlund stehen die sechs Meter aufragenden Steinwangen vor dem Ankömmling. Bei den Untersuchungen fand man übrigens eine Brandschicht. Ob sie aus dem Jahre 58 v. Chr. stammt, wie von Caesar beschrieben, als die Helvetier bei ihrem Auszug die eigenen Behausungen und Dörfer niederbrannten, kann, muss aber nicht sein. Damals seien „etwa 12 Städte und 400 Dörfer", ebenso die gesamten Nahrungsvorräte, vernichtet worden.

Die Entdeckung von La Tène

Die seit etwa 1850 zu verfolgende Klimaerwärmung zeitigt auch für die Archäologie überraschende Nebeneffekte. Ohne das Abtauen der Gletscher wäre 1991 beispielsweise nicht der berühmte „Ötzi" nach 5000 Jahren aus seinem eisigen Grab aufgetaucht. Ein erster Vorbote allgemeinen Temperaturanstiegs waren die niederschlagsarmen Sommer in den Fünfzigerjahren des 19. Jahrhunderts. Die Gletscher begannen zu schmelzen und die Wasserstände zu sinken. So kamen zunächst im Zürichsee und dann 1857 im Neuenburger See unzählige Holzstümpfe zum Vorschein. Sofort dachte man an prähistorische Pfahlbauten. Die Erkenntnis, dass es die Reste tragender Balken von normalen Holzhäusern sein könnten, die zum Schutz vor Überflutung auf Stelzen standen, dämmerte erst sehr viel später. Noch bedeutsamer war, was die abgesunkenen Gewässer sonst freigaben. Vornehmlich die Metallteile vom Neuenburger See erregten die Aufmerksamkeit, und hier besonders eines Mannes: Friedrich Schwab. Der Hobbyarchäologe ließ sich nach ersten Zufallsfunden zu einem groß angelegten Fischzug anregen. Mit einem Spezialboot und eigens gefertigter Schöpfkelle durchsiebten seine Mitarbeiter den schlammigen Untergrund am Nordende des Sees.

Ihr Fundort machte Geschichte: Eisengegenstände aus dem Neuenburger See bei La Tène, wie sie im „Laténium" präsentiert werden.

Bis 1860 kamen zahlreiche Schwerter samt Scheiden, Lanzenspitzen, Äxte oder Messer zum Vorschein (die Schwab später dem nach ihm benannten Museum in Biel vermachte). Noch wusste man den Fund nicht so recht historisch einzuordnen, da half eine erneute Pegelabsenkung.
Durch Kanal- und Schutzbauten im Rahmen der Juragewässerkorrektion (ab 1868) fielen weitere Gebiete am Seeausfluss trocken. Jetzt konnte endlich die Fundstätte genauer erforscht werden. Maßgeblich waren daran der Archäologe Emile Vouga sowie der ursprünglich aus dem hessischen Friedrichsdorf stammende Neuenburger Universalgelehrte Edouard Desor beteiligt. Neben Tausenden Artefakten stellten sie Gebäude und zwei Brücken fest. Bis heute entzündet sich an den Bauwerken der Gelehrtenstreit.
Stand hier eine Handelsniederlassung oder war dies ein Flussübergang mit einer Art Zoll- oder Raststation? War der Platz an der Untiefe („La

Tène“), wie Desor glaubte, eine Art Waffendepot, zerstört durch Hochwasser oder Feindeinwirkung, oder, wozu die Fachwelt heute überwiegend neigt, ein Kultort, an dem Männer ihre Waffen einer Brücken- oder Wassergottheit übergaben? Hierfür sprechen die Neuwertigkeit der Schwerter in ihren reich verzierten Scheiden, außerdem die Tatsache, dass viele Gegenstände durch Verbiegen oder Zerhacken unbrauchbar gemacht wurden. Vermutlich sollten sie so, wie von vielen „heiligen“ Orten bekannt, dem Profanen entzogen sein. Ob man hier Menschen opferte, bleibt Spekulation. Die im See konservierten Skelette könnten auch von einem Brückeneinsturz rühren. Dem Wasser ist nicht zuletzt der Erhalt von Holz zu danken. Ausgesprochene Raritäten, etwa Pfeilbogen aus Esche oder fast 2,50 Meter lange Lanzenschäfte, waren ebenso darunter wie ganze Schilde. In einem Fall erbrachte ihre Untersuchung das Fälldatum 229 v. Chr. In diesen Zeitrahmen um das Jahr 200 reihen sich alle Funde.

Zu Beginn der Erforschung von La Tène war die chronologische und kulturelle Zuordnung allerdings äußerst vage. Zwischen Römern und Etruskern schwankten die Einschätzungen. Desor und andere erkannten dann auf dem Hintergrund des unterdessen freigelegten Gräberfeldes im österreichischen Hallstatt, dass die Schweizer und weitere Funde aus halb Europa dem gleichen Kulturraum angehörten, aber anders geformt und verziert waren und vermutlich jünger sein mussten. In Hallstatt gab es kaum Schwerter, nur Dolche, geometrisch gemustert wie die Gefäße (siehe S. 169). Dagegen umspielten Spiralen und Ranken in einem eher ornamentalen Stil die Schwerter und Scheiden von La Tène. Als aus Frankreich die Nachricht von ähnlichen Arbeiten kam, die mit römischen Münzen aus der Ära vor der Eroberung Galliens durch Caesar um 54 v. Chr. aufgefunden wurden, besaß man den passenden Schlüssel zur zeitlichen Einordnung im bald so benannten La-Tène-Stil. Auf Vorschlag des schwedischen Archäologen Hans Hildebrand gliederte dann seit 1874 eine ältere und eine jüngere Periode die Eisenzeit. Zwischen 800 und 450 v. Chr. datierte man die Hallstattepoche, die anschließende La-Tène-Periode bis zur Zeitenwende um Christi Geburt. Damit hatte die Forschung nun auch ein sicheres, nach und nach ausdifferenziertes Schema zur Hand, um viele weitere Unterschiede der beiden Abschnitte, etwa den Wandel von der Körper- zur Brandbestattung, genauer einzustufen. Als die große Ehre an den Neuenburger See drang, ein Zeitalter benennen zu dürfen, waren die Untersuchungen noch längst nicht abgeschlossen. Im Gegenteil. Nochmals versuchte man mit zwei großen Grabungen in den Achtzigerjahren des 19. Jahrhunderts sowie von 1906 bis 1918, die bisherigen Erkenntnisse auf eine breitere Basis zu stellen. Am Ende lagen über 2500 Funde vor, darunter 166 Schwerter, 270 Lanzenspitzen, 385 Fibeln, aber auch Handwerkszeug, Eisenbarren, Schmuck und größere Wagenteile. Trotz dieser imponierenden Ausbeute umgibt La Tène bis heute eine geheimnisvolle Aura. Nie wird mehr zu erfahren sein, was diesen Ort für die Menschen vor 2200 Jahren so schicksalhaft machte – zumal, abgesehen vom Tiefenauer Depotfund bei Bern, kaum Vergleichbares in der Schweiz und auch andernorts bekannt ist.

ZÜRICH
Es ist alles Gold, das glänzt

Was auch immer Kelten bewogen hat, den 870 Meter hohen Üetliberg bei Zürich zu besiedeln, eines wird die klimatische und topographische Unbill ausgeglichen haben – die grandiose Aussicht. Es ist, als stünde man im geographischen Zentrum der Schweiz, wenn der Blick vom vorgelagerten Uto-Kulm mit seinem 25 Meter aufragenden Aussichtsturm über die nicht abreißende Bergkette zwischen Glarner und Berner Alpen schweift. Mehr als das. Wer die Welt mit keltischen Augen betrachtet, sieht sich hier zwischen Südwestdeutschland, markiert durch den gut erkennbaren Schwarzwald, und dem im Westen erahnbaren Frankreich auch symbolisch in der Mitte des so genannten Westhallstattkreises – ohne dass der Berg tatsächlich eine bedeutsame Rolle gespielt hätte. Die wichtigeren West-Ost-Verbindungen liefen hier vermutlich nicht vorbei, doch weit reichende Handelsbeziehungen bestanden wohl, insbesondere abzulesen an dem bereits 1840 gemachten Fund griechischer Importware.

Außerdem lag an der Nordspitze des Üetliberges mit dem Sonnenbühl ein großer Grabhügel. Trotz Beraubung weisen die noch angetroffenen Stücke wie goldene Scheibenfibeln den Züricher Hausberg als Herrschaftssitz zur Späthallstatt- und Frühlatènezeit aus. Woraus sich Stellung und Wohlhabenheit speisten, muss im Dunkeln bleiben. Für eine direkte Kontrolle des Züricher Beckens liegt das Bergplateau zu hoch – drei bis vier Stunden Fußweg sind für den Anstieg zu rechnen. Bequemerweise nimmt das heute die S-Bahn ab. Sie endet nur wenige Schritte vor den noch in Resten erkennbaren Abschnittswällen der keltischen Befestigung. Vielleicht lebten die Herren vom Großraum Zürich auch unten im Tal und sicherten den Berg als Ausdruck ihrer Machtstellung. Zahlreiche Gräberfelder – darunter eines der größten der Schweiz bei Unterlunkhofen mit 63 Tumuli – deuten auf eine dichte Besiedlung im Umland. Gegen eine dauerhafte Besatzung des Uto-Kulms spricht zudem die exponierte Lage. Andererseits gibt es Hinweise auf Gebäude unterhalb vom Gipfel. Die saftigen Wiesen der nördlichen Aegerten-Terrasse könnten für Sommerbeweidung genutzt worden sein. Es muss gute Gründe gegeben haben, warum sich hier oben am „Sonnenbühl" im 5. vorchristlichen Jahrhundert ein „Fürst" beerdigen ließ. Hügel und Grabausstattung erweisen den Züricher Herrscher eingebunden in die keltische Welt. Die Ornamente der goldenen Scheibenfibeln erinnern

Praktische Hinweise

Lage: Auf den Üetliberg kommt man vom Züricher Hauptbahnhof mit der S-Bahnlinie 10. Ab Endstation Uto-Kulm sind es kaum zehn Minuten bis zur Spitze; dort ein Aussichtsturm und Restaurant. Die sichtbaren Wallreste liegen etwas links des Weges bis zum östlichen Bergrand. Man kann auch von Adliswil (10 km südlich von Zürich) mit der Felsenegg-Seilbahn hinauffahren; von dort etwa 90 Min. zu Fuß auf einem ausgeschilderten „Planetenweg" zum Gipfel. Den Grabhügel Sonnenbühl erreicht man auf dem Weg neben den Gleisen in ca. 15 Min.
Museum: Schweizerisches Landesmuseum, Museumstraße 2, 8023 Zürich, Tel. 00 41/(0)12 18 65 11, www.musee-suisse.com; geöffnet Di. bis So. 10–17 Uhr.

Goldener Glanz: Die Erstfelder Hals- und Armringe im Züricher Landesmuseum.

an Funde aus dem mächtigen Grabhügel von Kleinaspergle in der Nähe von Hochdorf.

Unabhängig davon gibt es noch den „Goldschatz von Erstfeld", der für die enge Bindung des schweizerischen Raumes an die latènezeitliche Kultur steht. Die 1962 bei Bauarbeiten nicht weit vom Gotthardtunnel zufällig entdeckten sieben Goldringe – vier Hals- und drei Armringe – sind einzigartig und doch auf dem Hintergrund ähnlicher Arbeiten sofort als „typisch" keltisch zu identifizieren. Wer denkt bei den knospenartigen Gebilden der Halsringe nicht an die „Baluster" des Geschmeides aus dem Grab vom Glauberg oder bei dem durchbrochenen Zierart an den Goldschmuck von Waldalgesheim? Schaut man aber genauer hin, entpuppen sich die Ornamente als eine Abfolge phantastischer Fabelwesen, für die es in dieser Form tatsächlich nichts Vergleichbares gibt. Vermutlich unter etruskischem Einfluss entstand eine Figurenwelt menschen- und tierähnlicher ineinander geschlungener und sich verschlingender Wesen. Vielleicht wird das Reich einer „Herrin der Tiere" abgebildet, wie sie im größeren Maßstab die Berner „Hydria von Grächwil" bekrönt. Diese ist allerdings 200 Jahre älter als die aus dem frühen 4. Jahrhundert v. Chr. stammenden, vermutlich als Weihegabe deponierten Erstfelder Goldringe.

Wie einen Staatsschatz hütet man dieses Ensemble im Landesmuseum von Zürich. Ihm wurde der Ehrenplatz auf blauem Samt in einem einsehbaren Tresor reserviert. Ansonsten gilt bei der Präsentation eine Epochen übergreifende Ausrichtung. So stehen unter diversen Oberbegriffen – Gemeinschaft, Glauben, Handel oder Handwerk – auf blanken Holzbohlen römische, keltische und germanische Funde einträchtig vereint. Zunächst gewöhnungsbedürftig (den Unterschied machen farbige Punkte), aber nicht ohne Reiz, erlaubt die Präsentation einmal den direkten Vergleich verschiedener Kulturen der Vorgeschichte.

BERN
Diese Uhren gehen anders

Mit der Zeit, gegen die Zeit, ohne zeitliche Ordnung – drei Museen, drei Möglichkeiten, Vorgeschichte erfahrbar zu machen. Im Historischen Museum von Bern entschied man sich für die traditionelle Variante, ab der Steinzeit voranzuschreiten; beim Neuenburger „Laténium“ wählte man den entgegengesetzten Weg – von der Neuzeit zum Neandertaler; und im Landesmuseum von Zürich geht man weder nach vorne noch zurück, hier gliedern große Themenblöcke: Handel, Wandel, Glaube oder Tod. Kenner der Schweizer Verhältnisse könnten hinter den unterschiedlichen Gestaltungsansätzen den Hang zu kantonalen Eigenheiten vermuten. Ein gewisses Konkurrenzdenken, namentlich zwischen Zürich und Bern, ist nicht zu übersehen. Im Wettrennen um den Zuschlag für das Landesmuseum wurden Ende des 19. Jahrhunderts von beiden Städten gewaltige Musentempel errichtet. Daraus erwuchs in Zürich, das gewann, gleich neben dem Hauptbahnhof eine Burg im schönsten Historismus. Wie es der Zufall will, befinden sich die Häuser derzeit wieder in langfristigen Neu- und Umbauphasen. Die Vorzeitabteilungen sind bereits eröffnet. Mit dem hypermodernen Laténium stehen damit jetzt die Konzepte der drei größten Vorgeschichtssammlungen der Schweiz gleichrangig, aber eben nicht gleichartig nebeneinander.

Griechische Kunst in der Schweiz: Die „Hydria von Grächwil“, Prunkstück im Historischen Museum von Bern.

Gemeinsam ist allen Museen, dem Besucher ein Gefühl für seine Eingebundenheit in die Zeit zu geben. In Bern fand man hierfür das schöne

Praktische Hinweise

Lage: Auf der Aarehalbinsel führt ein 8 km langer Historischer Rundweg über das Gelände mit beeindruckenden Aussichtspunkten ins Flusstal; an den Rändern sind noch Wallreste erkennbar. Zufahrt nördlich von Bern über die B 1 Richtung Zürich (Tiefenaustraße), weiter über Kastell- und Reichenbachstraße bis zur Kirche oder dem Wanderparkplatz am Waldrand. An der Kirche ein Schaukasten mit Infotexten und einigen Funden.
Museum: Historisches Museum, Helvetiaplatz 5, 3000 Bern, Tel. 00 41/(0)3 13 50 77 11, www.bhm.ch; geöffnet Di. bis So. 10–17, Mi. bis 20 Uhr.

Bild einer rückwärts gehenden Bahnhofsuhr. Wie einen dunklen Zeittunnel betritt der Besucher den Bereich Stein- und Bronzezeit, ehe er zur besser ausgeleuchteten eisenzeitlichen Abteilung kommt. Das darf durchaus im übertragenen Sinn verstanden werden. Mit Hallstatt- und Latènezeit schwillt der Fundstrom merklich an. Zwei große Komplexe stehen hierfür. Zum einen die Tiefenau an und das Oppidum auf der Aarehalbinsel vor den Toren der Landeshauptstadt sowie das Gräberfeld von Münsingen. Beim so genannten Massenfund (seit 1849) der Tiefenau mit etwa tausend Eisengegenständen kamen auch gefaltete und mit Hiebkerben versehene Schwerter zum Vorschein. Das könnte auf ein Heiligtum hindeuten. Unklar blieb, ob es mit der Besiedlung auf der von drei Seiten umflossenen Aareenge zu tun hat. Während der Spätlatènezeit stand dort ein Oppidum, dessen Wälle zur größten Ausbaustufe 140 Hektar umschlossen.

Älter als die Befestigungsanlage ist das Münsinger Gräberfeld zehn Kilometer weiter südlich. Für die Archäologie liegt seine Bedeutung im Nachweis von „Horizontalstratigrafie“, der Belegung über einen längeren Zeitraum, wie hier von Nord nach Süd oder von 420 bis 180 v. Chr. fortschreitend. Ganze Familien wurden in den 220 Grabhügeln unverbrannt beerdigt. Mehr als 1100 Objekte konnten aus den ungewöhnlich reich ausgestatteten Hügeln 1906 geborgen werden: schwere Bernsteinketten, Hals- und Fingerringe, vielfältige Fibelgarnituren, Schwerter oder farbenfrohe Glasarmringe.

Das exklusivste Stück im Historischen Museum kommt aus einem anderen Ort, Meikirch, und ist auch älter. Auf etwa 570 v. Chr. wird die „Hydria von Grächwil“ datiert. Für dieses bereits 1851 aus einem Grabhügel gezogene Bronzeprunkgefäß gibt es im nordalpinen Bereich nichts Vergleichbares. Es stammt vermutlich aus Tarent, einer griechischen Koloniestadt in Unteritalien. Hierfür spricht nicht allein die Machart, auch die Figuren sind nur auf dem Hintergrund der griechischen Mythologie verstehbar. Ein „Fürst“ der Hallstattzeit, der das gute Stück vielleicht auf dem Geschenkwege erhielt, dürfte kaum gewusst haben, dass auf dem Henkel die von Homer beschriebene „Herrin der Tiere“ sitzt. Das als Fruchtbarkeitsgöttin angesehene Fabelwesen breitet flügelartige, mit Federn besetzte Arme aus, auf ihrem Kopf sitzt ein Adler und ringsum wachen vier stolze Löwen.

BURGUND

BEAUNE-TAILLY

Nächste Ausfahrt Archäologiepark

Wer bei einer Autobahnfahrt seinen Hunger stillen will, fährt eine Raststätte an. Wer seinen Bildungshunger befriedigen möchte, auch. Jedenfalls in Frankreich. So macht man das: Für populäre Geschichtsvermittlung, die zugleich der touristischen Werbung dient, holt man seine potenziellen Besucher dort ab, wo sie stehen. Kann es einen besseren Ort für einen Archäologiepark (!) geben, als unmittelbar neben einer Autobahn, wie hier der viel befahrenen Nord-Süd-Verbindung A 6 südlich von Dijon bei Beaune? Der Wagen bleibt auf dem Rastplatz zurück, und in wenigen Schritten erreicht man das „Archéodrome de Bourgogne".

Das Ganze ist freilich kein Pseudosammelsurium irgendwelcher Sehenswürdigkeiten, sondern eine gelungene Dokumentation der wichtigsten vorgeschichtlichen Epochen Burgunds – einschließlich eines gallischen Bauernhofes mit lebenden Tieren und Feldbestellung. Seit der Eröffnung 1978 etwas in die Jahre gekommen, wurde das Archéodrome unterdessen grundlegend überarbeitet und auf den neuesten multimedialen Stand gebracht. Jetzt beginnt man ganz am Anfang, noch vor dem ersten Franzosen, beim Urknall. Im „Chronoskop" erlebt der Besucher die Geburt des Universums in einem wahren Bilderrausch. Vom gestirnten Himmel überwältigt, fragt das Kind auf der Leinwand einen Archäologen über den Platz der Menschen im Kosmos aus, und gemeinsam beginnen sie im Buch der Weltgeschichte zu blättern, deren letzte Seiten dann von der Burgunder Prähistorie beschrieben sind.

Von „diabolischer Genialität": Caesars Belagerungswall um Alesia – wiedererstanden im „Archéodrome".

So eingestimmt, ist es nur ein Schritt, zunächst die Fährten der Jäger und Sammler aufzunehmen. Alle Darstellungen entsprechen realen Fundsituationen in dem (heute) von Wein und Wäldern geprägten Landstrich. Zunächst steht man am Höhleneingang von Azé, wo vor 350 000 Jahren der Homo erectus biwakierte und offenkundig Nashörner, Pferde und Kaninchen verspeiste. Dann nimmt der Besucher in den Rundhütten der ersten modernen Menschen Platz (vor 35 000 Jahren stand Mammut auf dem Speisenplan) und lauert schließlich mit Steinzeit-Jägern vorüberziehenden Wildpferden auf. Zu Zehntausenden wurden die Vierbeiner am Fuße der Felsen von Solutré erlegt.

Sehr eindrucksvoll geriet im Archéodrome die Darstellung der keltisch-gallischen Eisenzeit, da hier neben archäologischen erstmals auch schriftliche Quellen sprudeln. Aus der Hallstattzeit wurde ein Hügelgrab begehbar gemacht und das berühmte Fürstinnen-Grab von Vix genau so nachgestellt, wie es sich Ende 1952 dem Entdecker darbot. Das riesenhafte Weinmischgefäß schaut gerade mit einem Henkel aus der Erde. Weiterhin steht ein Stück der Oppidum-Mauer von Bibracte im Archéodrome und – als bedeutendste Rekonstruktion – ein Abschnitt jener Befestigungsanlage, mit der Caesars Legionen die Gallier unter Vercingetorix bei Alesia 52 v. Chr. einschlossen. Auch wenn die Forschung inzwischen glaubt, die hölzernen Wachtürme hätten nicht so dicht gestanden wie hier, darf man sich das Sperrwerk nach Caesars Überlieferung sowie den Grabungen im 19. und Ende des 20. Jahrhunderts so vorstellen: Ein doppelter, 22 und 11 Kilometer langer, vier Meter hoher Wall, gedeckt von Türmen und Zinnen, davor zwei tiefe Gräben. Das Vorfeld sicherten angespitzte Baumstämme, wiederum davor acht Reihen runder Fallgruben mit feuergehärteten Pfahlspitzen. Besonders perfide schließlich die letzte Zone: Holzblöcke, gespickt mit Eisenhaken. Gegen diesen Wall auszubrechen, war faktisch unmöglich. Nicht militärisch, vielmehr vom Hunger besiegt gaben Vercingetorix und seine Kämpfer schließlich auf. Wie ein Symbol für das Ende der keltischen Welt steht das römische Belagerungsmonstrum von „diabolischer Genialität“ (Texttafel) über dem Archéodrome.

Was Caesar nach der Erfahrung anderer Eroberungen vorausgesehen hat, trat dann rasch ein, die weitgehende Durchdringung der gallischen Kultur durch die römische – ohne dass der alte Glaube ausgedient hätte. Kult und Götter wurden nur plastischer, etwa die heilbringende Sequana an der Seinequelle (hier nachgestellt), und die Götterverehrung vollzog man nun in so genannten Umgangstempeln. Eines dieser hoch aufragenden Steingebäude mit laubenartiger Galerie („Fanum“) steht gleich gegenüber von Caesars Belagerungswall. Am Ende wird der Besucher nicht entlassen, ohne die sonstigen Sehenswürdigkeiten Burgunds in einer stimmungsvollen Multivisionsschau („Espace Bourgogne“) vorgestellt zu bekommen. Die Vor- und Frühgeschichte ist keineswegs alles in diesem Herzland Frankreichs, aber ohne sie und ihre großartige Aufbereitung namentlich in Bibracte, wäre vieles nichts.

Praktische Hinweise

Museum: Das Archéodrome liegt in südlicher Fahrtrichtung an der A 6, Raststätte Tailly, kann aber auch über eine Brücke von der anderen Seite erreicht werden. – Archéodrome de Bourgogne, 21190 Mersault, Tel. 00 33/(0)3 80 26 87 00, www.archéodrome-bourgogne.fr; geöffnet täglich 10–18, Juli/Aug. 10–19 Uhr; Okt. bis April Do. bis Di. 10–17 Uhr. – Deutschsprachige Seiten zur Vorgeschichte Burgunds unter: www.burgund-tourismus.com/patrimoine

CHÂTILLON-SUR-SEINE
Eine göttliche Frau

Größtes Gefäß der Antike: Das 1100 Liter fassende Weinbehältnis aus dem Grab der „Fürstin von Vix"; jetzt in Châtillon-sur-Seine.

Das Ende der keltischen Welt Frankreichs überlieferte ausführlich – und weitgehend glaubhaft – Caesars Bericht vom „Gallischen Krieg". Was aber ist mit den Anfängen? Natürlich fehlen auch hier, wie allenthalben für die Späthallstatt- und Frühlatènezeit, schriftliche Zeugnisse. Dagegen mangelt es nicht an materiellen Zeugen für eine bereits damals blühende Kultur. Symbol und Höhepunkt dieser Ära bildet das so genannte Fürstinnengrab von Vix bei Châtillon-sur-Seine. Die Anfang 1953 unzerstört freigelegte, um 480 v. Chr. errichtete Begräbnisstätte nimmt nach Ausstattung und Lage eine außergewöhnliche Stellung ein. Zuvörderst ist da der Platz am Fuße des weithin sichtbaren Mont Lassois. Dieser bot sich in dem flach zur Champagne auslaufenden Nordburgund geradezu als gesicherte Bastion an. Nach drei Seiten steil, im Osten terrassenartig gestuft, war er gut mit einer Wallanlage zu befestigen. Anders als bei vielen keltischen Höhensiedlungen, die abseits und unzugänglich lagen, gibt seine Funktion weniger Rätsel auf. Wer auf dem Mont Lassois saß, so die Annahme, beherrschte den Oberlauf der ab Châtillon schiffbaren Seine. Das aus England kommende, für die Bronzeherstellung so wichtige Zinn und andere Güter könnten hier für den Weitertransport auf dem Landweg umgeladen worden sein, um dann über die Rhône gen Mittelmeer zu gelangen. Dort an der Mündung soll die griechische Kolonie Massalia (Marseille) die weitere Verteilung übernommen haben.

Ganz sicher funktionierte der umgekehrte (Handels-)Weg. Jenes griechische Luxusgeschirr, das nachgerade zum Kennzeichen der nordalpinen „Fürstensitze" um 500 v. Chr. wurde, kam über Massalia und die Rhône ins Land. Zwei „attische" Trinkschalen fanden sich ebenfalls – unbeschädigt – im Fürstinnengrab von Vix. Üblicherweise gehörte zu einem solchen Service ein größeres Weinmischgefäß („Krater"). Was in dieser Hinsicht bei der Grabung 1953 ans Tageslicht trat, sprengte dagegen jedes bekannte Maß. Mehrere

Praktische Hinweise

Lage: Der Mont Lassois liegt etwas nördlich von Châtillon-sur-Seine nahe der N 71; Zufahrt ab Vix ausgeschildert. Ein kurzer Lehrpfad führt über das Plateau (Texte auch deutschsprachig).
Museum: Das Grab der „Fürstin von Vix" ist vollständig ins benachbarte Châtillon übertragen; dazu viele Funde aus gallorömischer Zeit: Musée du Châtillonnais, Rue du Bourg, 21400 Châtillon-sur-Seine, Tel. 00 33/(0)3 80 91 24 67, www.mairie-chatillon-sur-seine.fr/vix; geöffnet Mi. bis Mo. 9.30–12 und 14–17 Uhr, Juli/Aug. 10–18 Uhr.

starke Männer mussten anpacken, um das Riesenbehältnis aus der Erde zu hieven. Bei den nachfolgenden Untersuchungen erbrachte das dickbauchige, gleichwohl elegant wirkende Bronzemonstrum ein Gewicht von 208 Kilogramm bei einer Höhe von 1,64 Meter und einem Fassungsvermögen von 1100 Litern. Damit war das größte Gefäß der Antike entdeckt.

Neben den zahlenmäßigen Superlativen heben weitere einzigartige Merkmale den Krater aus allem Vergleichbaren heraus. Am Gefäßhals verläuft ringsum ein Zug mit 23 Figuren, aufgeteilt in acht Kampfwagen, jeweils gezogen von vier Pferden. Der hahnenkammartige Helmschmuck von Wagenlenkern und dahinter gehenden Fußsoldaten weist sie als korinthische Krieger aus. Auch die breit grinsenden Gorgonen an den Henkeln und die Frauenplastik in langem Gewand auf dem Deckel verraten unschwer die griechische Herkunft, abgesehen von der meisterlichen Bearbeitung der Figuren und der nur einen Millimeter dünnen Wandung. Diese musste mehrmals erhitzt werden und zeigt keinerlei Hammerspuren. Für wen betrieb man diesen Aufwand? Dass die Dame in dem Grab von Vix eine Person von außergewöhnlicher Stellung war, deuten weitere Beigaben an, hier vor allem der einzigartige, 480 Gramm schwere Goldhalsring mit geflügelten Pferdchen auf den Kugelenden. Möglicherweise bekleidete die im Alter von etwa 35 Jahren Verstorbene ein hohes Priesteramt, gar einen gottgleichen Rang. Grabungen eines französisch-deutschen Gemeinschaftsprojektes erbrachten in den Neunzigerjahren des 20. Jahrhunderts den Nachweis eines späthallstattzeitlichen Heiligtums nur wenige hundert Meter von der Grabstätte entfernt. Zwei darin aufgefundene lebensgroße Sitzstatuen aus Stein könnten Götter darstellen, eine davon weiblicher Natur und damit vielleicht ein Abbild der vergöttlichten „Fürstin". Beiden Statuen waren zum Ende der Hallstattzeit absichtlich die Köpfe abgeschlagen worden. Auch im Gallien des 5. Jahrhunderts v. Chr. geriet die Welt in Bewegung. Erst zur Spätlatènezeit erwuchs es wieder zu einer Größe – hier am Mont Lassois durch eine neuerliche Befestigung erkennbar.

SAINT LÉGER-SOUS-BEUVRAY
Von der Geschichte beseelt

Wenn das Caesar und Vercingetorix erlebt hätten: Bibracte, die Stätte ihrer großen Triumphe, mutiert zu einem völkerverbindenden Symbol wie vielleicht kein zweiter Ort der keltischen Welt. Archäologen und Besucher aus vielen Ländern pilgern auf den Mont Beuvray im tiefsten Burgund,

Caesar und Vercingetorix waren auch hier: Der Mont Beuvray im Herzen von Burgund.

um am großen Werk der Wiederauferstehung des Oppidum Bibracte – und späterer Bauten – teilzuhaben. Seitdem der langjährige Präsident der V. Republik, Francois Mitterrand, 1985 das Areal im Naturpark Morvan zur „site national“ erklärt und unter seinen persönlichen Schutz gestellt hatte, herrscht buchstäblich Leben auf und um den 820 Meter hohen Berg. Eine Summe im zweistelligen Millionenbereich floss bislang in das Prestigeprojekt – für ein eigenes Grabungszentrum (mit Betten und Kantine) sowie einen Museumsneubau, dessen Architektur im beschaulich-ländlichen Morvan wirkt, als sei sie von einem anderen Stern gelandet.

Der Überraschungseffekt ist durchaus gewollt, wenn man nach längerer Anfahrt durch ein noch unzersiedeltes Land vor dem lang gestreckten Granitgebäude steht. Schon baulich wird die Besonderheit dieses Ortes signalisiert. Seine wahren Finessen entfaltet das 1996 eröffnete Museum im Inneren. Es besitzt keine geschlossenen Räumlichkeiten, dennoch sind die einzelnen Themenbereichen voneinander abgesetzt. Jede Abteilung steht für sich und kann gleichzeitig von der oberen Galerie als Ganzes, gleichsam als Grabungsfeld, eingesehen werden. Der inhaltliche Aufbau folgt diesem Prinzip – die Gesamtschau über die keltisch-gallische Epoche ist in die historischen Geschehnisse um Bibracte und dessen Erforschung eingebettet.

Die Oppidumgröße von 140 Hektar mit einer doppelten, insgesamt 12,5 Kilometer langen Umfassungsmauer war gewiss imponierend, aber das erhebt den Berg im Zentrum Burgunds noch nicht zu einem Ort von nationalem Rang. Erst durch Julius Caesars „Gallischen Krieg“ wird Bibracte auch von geschichtlichen Ereignissen, Personen und Taten beseelt. Nichts wüsste man ohne den römischen Schlachtenlenker von seinem Kampf gegen die eingewanderten Helvetier.

Hier nahe Bibracte hat er sie 58 v. Chr. gestellt und in ihr angestammtes Gebiet, das schweizerische Mittelland, zurückgeschickt. Weiter soll hier in der „reichsten und schönsten Stadt" des Häduer-Stammes der Arvernerfürst Vercingetorix 53 v. Chr. von den gallischen Großen zum Anführer im Kampf gegen die Römer bestimmt worden sein. Und hier schließlich will Caesar nach vollbrachter Tat im Winter 52/51 v. Chr. sein Opus niedergeschrieben haben.

Nicht zufällig wurde Bibracte nach der römischen Besetzung Galliens rasch „romanisiert". Spätestens um 30 v. Chr. stehen die ersten Steinbauten in der Häduer-Hauptstadt. Zuvor unbekannte Materialien wie gebrannte Ziegel, Estrichböden oder Fensterglas halten Einzug. Den weiteren Ausbau verhinderte dann die Entscheidung (12 v. Chr.), unten in der Ebene einen Zentralort, das heutige Autun, zu gründen. Auch dort sind die römischen Spuren, in Gestalt der Stadtmauer und eines 20 Meter hohen Umgangstempels, noch sichtbar.

Dass die gallischen, römischen und selbst mittelalterlichen Fundamente (eines Franziskaner-Klosters) auf dem Mont Beuvray wiedererstehen, gehört zum Großprojekt „Bibracte". Präsident Mitterrand, ganz Patriot und Europäer, erklärte die Erforschung des Nationalmonuments zu einem „Zentrum der europäischen Archäologie". Einträchtig ergraben seitdem zahllose Universitäten und Institute aus halb Europa das Oppidum-Gelände. Unterteilt nach Zonen, legt das Leipziger Seminar für Ur- und Frühgeschichte im Verein mit der Budapester Universität frührömische Bauten im Zentrum frei, Kiel und Brüssel ergruben frühe Fundamente und Grubenverfüllungen. Die Wiener Universität hat es mit der Befestigung zu tun; Bologna, Lausanne, Paris und Dijon sind ebenfalls in eigenen Bereichen aktiv. Während der Sommermonate können Besucher den Archäologen über die Schulter schauen und sich bei Führungen in ihre Arbeit einweisen lassen. Im Wirrwarr der Grundrisse, Gräben und Gruben stechen besonders zwei Rekonstruktionen heraus. Am nordöstlichen Zugang steht ein imposantes Zangentor mit 20 Meter breiter Einfahrt sowie, im Inneren genau auf der Hauptachse, ein steinernes Becken. Es besitzt die Form eines Schiffsrumpfes und könnte rituellen Handlungen gedient haben. Vermutlich gleich um 50 v. Chr. erstellt, war es also noch keltisch, aber durch Lage und Bauweise bereits römisch beeinflusst. Kurz darauf entstand am höchsten Punkt des Mont Beuvray ein Umgangstempel, der bis zum Ende der römischen Herrschaft im 5. Jahrhundert n. Chr. aufgesucht wurde. Später lösten ihn christliche Kapellen ab, deren letzte, St. Martin aus dem 19. Jahrhundert, heute der Gipfel trägt. Umgeben von gedrungenen, mit Flechten und Moos bewachsenen Buchen, liegt ein Hauch Mystik über diesem Platz.

Praktische Hinweise

Lage: Der Mont Beuvray liegt etwa 20 km westlich von Autun. Der Berg sowie Glux-en-Glenne sind von den Fernstraßen D 978 (im Norden) und der N 81 (südlich) ausgeschildert. Das Gesamtgelände ist frei zugänglich. Um das Plateau mit den noch beachtlich vorhandenen Wallanlagen führt ein ca. 7 km langer Wanderweg. Die jährlichen Grabungen laufen von Juni bis Okt., dann täglich öffentliche Führungen: Juni und Sept. um 15 Uhr, Juli/Aug. 11, 14, 15 und 16 Uhr; Start am Museum (n. V. auch deutschsprachig).

Museum: Musée Bibracte, 71990 Saint Léger-sous-Beuvray, Tel. 00 33/(0)3 85 86 52 39, www.bibracte.fr; geöffnet täglich 10–18, Juli/Aug. bis 19 Uhr (Mitte Nov. bis Mitte März geschlossen); Audioguides auch deutschsprachig.

ALISE-SAINTE-REINE
Vercingetorix als Wendepunkt

Sieger im Lauf der Zeit: Vercingetorix wird auf dem Mont-Auxois (Alesia) umrundet.

Caesar sei Dank. Was wäre die gallisch-keltische Geschichte ohne sein Opus „Der Gallische Krieg"? Dieses eigentlich als Rechenschaftsbericht für den Einfall in Gallien gedachte Werk ist und bleibt die wichtigste Quelle zum Verständnis der keltischen Welt. Kein Historiker versäumt zwar den Hinweis, das in acht Teilen angelegte Buch sei wegen seiner Parteilichkeit mit Vorsicht zu genießen. Doch niemand kommt umhin, den Text wörtlich zu nehmen, weil dieser über die eigentliche Kriegsberichterstattung hinaus zu einer Momentaufnahme der keltisch-gallischen Sitten und Gebräuche geriet. Detailverliebt, von (angeblichen) grausamen Opferritualen bis zur Erbregelung zwischen Mann und Frau, lässt Caesar seine Leser nicht im Unklaren über diese fremde Welt im Norden. Dabei liest sich das Ganze alles andere als polemisch. Fast buchhalterisch notiert er beispielsweise genaue – gleichwohl als Phantasie anzusehende – Kopf- und Kriegerzahlen verschiedener Stämme.

Auch das Herzstück, der Gallische Krieg 58 bis 51 v. Chr., wird betont nüchtern erzählt. Selbst seine millitärischen Schwierigkeiten berichtet Caesar getreulich, und was er an eigenen Grausamkeiten zu vermelden hat – Aushungern, Versklaven, Hinrichten – bewegt sich im Rahmen des damals Üblichen. Neu war, dass hier ein ganzes Land von der Größe Frankreichs und darüber hinaus so rasch erobert und in das Imperium einverleibt wurde. Aber kann man überhaupt von einem Land sprechen? Nach Caesar zerfiel ja ganz

Gallien in drei große Teile, besiedelt jeweils von einer Phalanx unterschiedlicher Stämme – dass er sie benennt, bringt übrigens erstmals Ordnung auf die vorrömischen Landkarten. Die vielfach miteinander verfeindeten oder auch mit Rom „befreundeten“ Gruppen waren ja die Chance des Prokonsuls. Und wäre nicht in Gestalt des aus einem Adelsgeschlecht der Arverner stammenden Vercingetorix ein gleichrangiger Anführer aufgetreten, dürfte die Eroberung Galliens vermutlich noch schneller gegangen sein. Wie in einem antiken Drama steuerte mit den beiden Heroen das Geschehen nach wechselhaftem Auf und Ab auf ein großes Finale, wobei der tragische Held, Vercingetorix, tapfer und ungebeugt seinem Schicksal entgegentrat.

So sah es das 19. Jahrhundert. Dieser Arverner-Fürst eignete sich gut als ferner Ahne für das nach Identität suchende II. Kaiserreich Frankreichs. Ganze Heerscharen von Archäologen und Historikern ließ Kaiser Napoleon III. vor 150 Jahren ausschwärmen, um die frühen Wurzeln freizulegen. So wurde man auch am Schauplatz des erbitterten Endkampfs um das Oppidum auf dem Mont-Auxois bei Alise-Sainte-Reine, dem historischen Alesia, fündig. Caesars Angaben stimmten. Demnach muss das Finale 52 v. Chr. so abgelaufen sein: Ein gewaltiger, doppelt ausgeführter Belagerungsring zog die Schlinge um das knapp 100 Hektar große Plateau zu. Vercingetorix saß mit Tausenden seiner Kämpfer, aber auch vielen Frauen und Kindern, in der Falle. Die letzte Hoffung verflog, als die Römer bereits am äußeren Ring ein gallisches Entsatzheer zurückschlugen. Ohne Nachschub und den Hungertod vor Augen, blieb nur die Kapitulation. Unklar ist, wie sich Vercingetorix ergab (einzig bei „Asterix“ wirft er Caesar mit Grandezza die Waffen vor die Füße) und ob er wirklich durch Erdrosseln 46 v. Chr. in Rom umkam.

Der nationale Stolz auf den bezwungenen, aber nicht besiegten gallischen Helden führte zu einem regelrechten Kult und zahlreichen Denkmälern. Natürlich hat man Vercingetorix auch am Ort des Geschehens auf den Sockel gehoben. Blickt man dem sieben Meter hohen Bronzerecken genauer ins Gesicht, wirkt er freilich eher wie ein Abbild Napoleons III., und mit der – an Bronzezeit und das frühe Mittelalter angelehnten – Ausstattung nahm man es auch nicht so genau. Heute ist der Mont-Auxois ein Ort frei von nationaler Überhebung. Im Schatten des Denkmals picknicken Familien, und wenn zum Volkslauf geladen wird, dient Vercingetorix als Wendepunkt. Die meisten Besucher kommen ohnehin, um sich eine großflächig restaurierte römische Siedlung mit Amphitheater anzuschauen. Den besten Überblick über das wellige Terrain bietet eine kegelartige Aussichtsplattform. Wie nun die Belagerungslinien verliefen und wo gekämpft wurde, erfährt man allerdings nicht hier, sondern im Museum von Alise-Sainte-Reine. Dort hängen Übersichtskarten (aus dem 19. Jahrhundert) und werden Funde vom Schlachtfeld, etwa Schleudergeschosse, gezeigt. Auf seine Art ist das Museum auch bereits historisch. Seit der Eröffnung vor 100 Jahren stehen Vitrinen und Exponate unverrückt an ihrem Platz.

Praktische Hinweise

Lage: Alise-Sainte-Reine liegt im nördlichen Burgund etwas östlich von Semur nahe der D 905. Der Mont-Auxois ist frei zugänglich, die römische Siedlung eintrittspflichtig (Kombikarte mit dem Museum Alésia).
Museum: Musée Alésia, Rue de l'Hôpital, 21150 Alise-Sainte-Reine, Tel. 00 33/(0)3 80 96 10 95, geöffnet täglich 10–18, Juli/Aug. 9–19 Uhr (Mitte Nov. bis April geschlossen).

DIJON
Am Ende ist alles Glaubenssache

Mit der Eroberung Galliens durch Caesar bis 51 v. Chr. herrschte nicht gleich Frieden in dem ausgedehnten Territorium zwischen Atlantik, Alpen und Rhein. Mehr noch als immer wieder aufflackernde lokale Aufstände fürchteten die Römer den Einfluss der religiösen Führungsschicht, der Druiden. Sie, deren Autorität und persönliches Ansehen sie zu Hütern der Kulte, aber auch der Rechtsprechung machte, waren neben den Sehern (Vates) und den Stammesherrschern oder »Rittern«, wie sie Caesar nennt, die mächtigsten Männer in der gallischen Welt. Nichts hatte ihre Rolle mit idealisierenden Vorstellungen von gütigen, langbärtigen Herren zu tun, die in weißen Gewändern durch Eichenhaine wandeln und dabei philosophische Weisheiten murmeln. Mit dem Fortschreiten der „Romanisierung", der Auflösung bisheriger Stammesverbände einerseits und dem Aufbau von Verwaltungszentren andererseits, blieb für Druiden weder gesellschaftlich noch für ihre Kulte Platz. Diese auszuüben war unter Kaiser Augustus zunächst römischen Bürgern untersagt, ehe von Kaiser Claudius um 50 n. Chr. „die grässliche und barbarische Religion" ganz verboten wurde. Nur vordergründig galt da die Sorge vermeintlichen oder tatsächlichen Menschenopfern. Innerhalb weniger Jahrzehnte verschwanden die gallischen Priester fast spurlos und mit ihnen ihr großes, nur mündlich weitergegebenes Wissen. Allerdings nicht ganz die bis dahin herrschenden Glaubensvorstellungen.

Unverändert suchte die einheimische Bevölkerung ihre überlieferten „heiligen" Orte auf. Aus Sicht der Römer konnte das keinen Schaden an-

Sie ist Paris heilig: Quellgöttin Sequana am Ursprung der Seine.

Praktische Hinweise

Lage: Die Seine-Quelle (Source de la Seine) liegt 15 km südöstlich von Alise-Sainte-Reine oder 30 km nordwestlich von Dijon nahe der N 71.
Museum: Musée Archéologique, 5 Rue Docteur Maret, BP 1510, 21033 Dijon Cedex, Tel. 00 33/(0)3 80 30 88 54, geöffnet Mi. bis Mo. 9-18 Uhr (Mitte Mai bis Ende Sept.), sonst Mi. bis So. 9–12.30 und 13.30–18 Uhr. (Das Museum liegt zentral zwischen Place Darcy und der Kathedrale.)
Tipp: Der regionale Tourismus-Verband hält gut aufbereitetes Material zur Kultur und Geschichte Burgunds vor (teilweise deutschsprachig): Comité Régional du Tourisme de Bourgogne, BP 1602, F 21035 Dijon Cedex, Tel. 00 33/(0)3 80 28 03 02, www.bourgogne-tourisme.com

richten, zumal die Gallier bald das praktische Glaubensverständnis der neuen Herren annahmen. Problemlos fanden die traditionellen Götter ihre Entsprechungen in römischen oder verschmolzen zu einer Person. Schnell leuchtete ein, dass jeder Gottheit eine besondere Aufgabe zustand und ihr bei Bedarf geopfert werden sollte. Das gab es in vorrömischer Zeit natürlich auch, aber unklar blieb, welche Erwartungen sich mit persönlichen Gaben verbanden. Bei den Römern war das von handfesterer Natur. Und preiswerter außerdem. Statt sein kostbarstes Schwert oder seine beste Fibel herzugeben, genügte nun die symbolische Handlung, eine Tendenz, die sich bereits zur ausgehenden Spätlatènezeit, vielleicht schon unter römischem Einfluss, abzeichnete. Am Titelberg im heutigen Luxemburg taten es beispielsweise miniaturisierte Waffen in Spielzeuggröße. Oder man verdeutlichte mit Schrifttäfelchen sein Anliegen. Aber können Götter lesen? Besser ist da eine unmissverständliche Weihegabe. Bei körperlichen Gebrechen zeigte man mit einem so genannten Ex-Voto an, welches Zipperlein der Genesung bedurfte. Das aus Bronzeblech getriebene Augenpaar oder der hölzerne Lungenflügel ließen keinen Zweifel, wo die Probleme saßen.

An und in der Seinequelle 30 Kilometer nordwestlich von Dijon entdeckte man eine der größten Anhäufungen solcher – auch aus Dankbarkeit für Genesung oder sonstiger Erhörung spendierten – Votivgaben. Im Archäologischen Museum von Dijon wird eine Auswahl der 3000 Ex-Voto aus vier Jahrhunderten gezeigt. Fast gespenstisch mutet die Sammlung im Untergeschoss eines ehemaligen Klosters an – vom steinernen Fuß bis zu metallenen Geschlechtsteilen; aber auch hölzerne Ganzkörperfiguren konservierte der feuchte Untergrund an der Seinequelle. Diese Arbeiten sind von einer künstlerischen Intensität, die an romanische Bildwerke erinnert. Offenkundig versprach man sich von der Quellgöttin Sequana wahre Wunderdinge. Dass sie es war, die angerufen wurde, belegen Weiheinschriften und eine schöne, 1933 aufgefundene Bronzeplastik. Aufrecht steht sie in einer Barke mit entenkopfartigem Bug (ebenfalls in Dijon ausgestellt).

Vom römischen Pilgerzentrum an der Quelle hat nichts überdauert. Nur die Göttin selbst ist noch oder wieder – symbolisch – am Platz. Als die Hauptstadt Paris 1863 die Seinequelle aufkaufte (man betritt also hier in der tiefsten Provinz Pariser Territorium) lagerte man sie als lebensgroße Steinfigur in die nun bassinartig gefasste Quelle, das Ganze wie eine Grotte gestaltet. Dem Wasser werden noch immer „Opfer" übergeben. Die Franc-, Mark- oder Euromünzen wirken wie der ferne Nachhall eines der elementarsten Menschheitsrituale jenseits aller Kulturen: Geben, damit gegeben wird.

Zum Weiterlesen

Birkhan, Helmut: Kelten. Versuch einer Gesamtdarstellung ihrer Kultur, Wien 1999 (3. Aufl.).
„Versuch" ist eine gelinde Untertreibung. Auf 1250 Seiten kommt insbesondere die religiöse Seite nicht zu kurz; als Einführung nur bedingt empfehlenswert. Dagegen macht ein begleitender Bildband gut mit der keltischen Kultur vertraut.

Botheroyd, Sylvia und Paul: Kelten, München 2001.
Trotz gedrängten Platzes von 100 Taschenbuchseiten gelingt den Autoren eine brauchbare, mitunter originelle Einführung.

Cuncliff, Barry: Die Kelten und ihre Geschichte, München 2000 (7. Aufl.).
Eine glänzend geschriebene, reich bebilderte Gesamtübersicht mit dem großen Nachteil magelnder Aktualität (Stand 1979).

Demandt, Alexander: Die Kelten. München 2001 (3. Aufl.).
Der renommierte Althistoriker schreibt hier unter Wert. Das Reihenkonzept, in dem das Bändchen erscheint, sieht (zu) wenig Platz vor. Da bleibt vieles notgedrungen knapp bemessen.

Fries-Knoblach, Janine: Die Kelten. 3000 Jahre europäischer Geschichte und Kultur, Stuttgart 2002.
Eine vertiefte, bis zur Jetztzeit fortgeführte Gesamtdarstellung; allerdings setzt die verwendete Begrifflichkeit Vorkenntnisse voraus.

Haywood, John: Die Zeit der Kelten, Atlas, Frankfurt 2002 (Zweitausendeins-Vertrieb).
Mehr als ein Atlas: Gute Beschreibung mit überlegter Karten- und Bildauswahl (Schwerpunkt auf den britischen Inseln mit Fortschreibung bis heute).

Herm, Gerhard, Die Kelten. Das Volk, das aus dem Dunkel kam. Verschiedene Sonderdrucke.
Auch wenn nicht mehr aktuell, auf Basis der antiken Literatur immer noch die beste, weil fast literarisch geschriebene Gesamtdarstellung.

Die Kelten: Europas Volk der Eisenzeit, Köln 2001 (Time-Life).
Erzählerische, mitunter etwas zu detailverliebte Einführung (Schwerpunkt auf den britischen Inseln).

Kuckenburg, Martin. Die Kelten in Mitteleuropa, Stuttgart 2004.
Opulenter Bildband mit Übersicht auf dem aktuellen Stand der Forschung.

Maier, Bernhard: Die Kelten. Ihre Geschichte von den Anfängen bis zur Gegenwart, München 2003 (2. Aufl.).
Der Untertitel verrät den Anspruch, wobei die Frühgeschichte etwas knapp ausfällt. Dafür ist die Fortschreibung bis zur Jetztzeit, die Schilderung des schwierigen Feldes „keltischer" Identität, das Kenntnisreichste, was man hierzu lesen kann.

Das Rätsel der Kelten vom Glauberg. Katalog, Stuttgart 2002.
Der Begleitband zur Glauberg-Ausstellung 2002 ist besonders als Einführung in die Kunst der Latènezeit geeignet.

Rieckhoff, Sabine; Biel Jörg: Die Kelten in Deutschland, Stuttgart 2001.
Umfassende, sehr lesbare Darstellung der „deutschen" Kelten mit etwas nüchternem topographischem Teil (fast) aller Geländedenkmäler.

Spindler, Konrad, Die frühen Kelten, Stuttgart 1996 (3. Aufl.).
Wer seine Kenntnisse zum „Westhallstattkreis" vertiefen möchte, ist mit dieser sachlichen Bestandsaufnahme der Fürstengräber-Kultur gut bedient.

Register

Bildnachweis

akg-images, Berlin/Erich Lessing: 18
Archéodrome de Bourgogne, Mersault: 195
Archäologischer Erlebnispark Gabreta, Ringelai: 74
Archäologisches Museum Kelheim: 12
Ausgrabung Wareswald, Tholey: 155
Bayerisches Landesamt für Denkmalpflege, Abteilung für Vor- und Frühgeschichte, Außenstelle Oberfranken: 66
Bernisches Historisches Museum (Foto: S. Rebsamen): 192
aus: Biel, Jörg und Rieckhoff, Sabine: Die Kelten in Deutschland, Stuttgart 2001, Tafel 37u
O. Braasch, Landshut: 107
Donnersberg Touristik-Verband, Kirchheimbolanden: 135
Foto Iske, Mengen: 91
Franziskanermuseum, Villingen-Schwenningen: 97
Freilichtmuseum Fürstensitz Heuneburg/Heuneburgmuseum, Hebertingen: 7, 92
Europäischer Kulturpark Bliesbruck-Reinheim: 157
R. Geiß-Dreier, Birkenfeld: 57
J. Habel, Dornburg: 137
Hessisches Landesmuseum der Staatlichen Sammlungen, Kassel: 38
Historisches Museum der Pfalz, Speyer: 131
Keltenmuseum Hallein: 11
Keltenmuseum Hochdorf: 118, 120
Kelten-Hotel „Goldene Aue“, Sünna: 43
Kur- und Verkehrsamt Oberaudorf: 87
Landesamt für Denkampflege Hessen/U. Seitz-Gray: 26, 27
Landesdenkmalamt Baden-Württemberg: 100, 116; O. Braasch: 112/113, 129
Landesinstitut für Pädagogik und Medien Saarbrücken, K. Heinzel: 159
Laténium, Hauterive: 185, 188
Martin-von-Wagner-Museum der Universität Würzburg: 55
Musée Bibracte (Foto: A. Maillier): 199
Musée du Châtillonais, Chârtillon-sur-Seine: 197
Museum Birkenfeld: 151
Naturhistorisches Museum Wien: 173
Rheinisches Landesmuseum Trier: 145
M. Schönfelder, Mainz: 123
Schweizerisches Landesmuseum, Zürich: 81, 191
Siegerland-Museum, Siegen: 32
Sparkasse Pforzheim Calw: 126
M. Thoma, Pommern: 143, 153
Urgeschichtliches Freilichtmuseum Kulmkeltendorf, Pischelsdorf: 178
R. Wohlfahrt: 24

Alle übrigen Abbildungen stammen von T. Klein und E. Dietrich, Frankfurt/Main.

Danksagung

Dank ist eine schöne Ehrenpflicht – man kann nur nie genug davon aussprechen. Alle aufzuzählen, die zum Werden dieses Buches beitrugen, ist unmöglich, einzelne herausheben, hieße anderen Unrecht tun. Deshalb seien nur zwei Personen genannt, denen ich besonderen Dank schulde, da sie mir von Anbeginn nimmermüde zur Seite standen – Stefan Brückner, Lektor des Theiss-Verlages, sowie Dr. Martin Schönfelder, Römisch-Germanisches Zentralmuseum, Mainz.